VOYAGE

A MÉROÉ

ET

AU FLEUVE BLANC.

SE TROUVE A PARIS,

Chez
- DEBURE frères, Libraires du Roi et de la Bibliothèque du Roi, rue Serpente, n.º 7.
- TILLIARD frères, Libraires du Roi de Prusse, rue Hautefeuille, n.º 21.
- TREUTTEL et WURTZ, Libraires, rue de Bourbon, n.º 17.

AVIS.

Plusieurs de MM. les Souscripteurs de mon premier *Voyage à l'Oasis de Thèbes dans les années 1815 à 1818*, se sont adressés à moi pour réclamer la publication du second volume qui doit compléter cet ouvrage. Je dois déclarer qu'à mon retour en février 1819, S. Exc. le Ministre de l'intérieur voulut bien acquérir de moi une petite collection d'antiquités égyptiennes qui fut placée à la Bibliothèque du Roi : j'ajoutai à ces objets, les notes journalières et les divers dessins que j'avais faits alors de mes excursions dans les déserts à l'orient et à l'occident du Nil.

Le Ministre de l'intérieur fit choix d'un membre de l'Académie, déjà familier avec les monumens de l'Égypte, et le chargea de mettre en ordre ces matériaux et de les publier en mon absence. Je partis en effet sur-le-champ pour retourner en Égypte. Là je reçus la première livraison, publiée en 1821 ; et depuis six ans, non moins impatient que MM. les Souscripteurs, j'attends comme eux celle qui doit terminer cet ouvrage. Il est évident, d'après cette explication, que le retard dont on se plaint m'est tout-à-fait étranger.

VOYAGE

A MÉROÉ, AU FLEUVE BLANC,

AU-DELÀ DE FAZOQL

DANS LE MIDI DU ROYAUME DE SENNÂR,

A SYOUAH ET DANS CINQ AUTRES OASIS;

FAIT DANS LES ANNÉES 1819, 1820, 1821 ET 1822,

PAR M. FRÉDÉRIC CAILLIAUD, DE NANTES,

ASSOCIÉ CORRESPONDANT DE LA SOCIÉTÉ ACADÉMIQUE DE MARSEILLE, MEMBRE DE CELLE DE LA LOIRE-INFÉRIEURE, ET DE LA SOCIÉTÉ DE GÉOGRAPHIE.

Accompagné de Cartes géographiques, de Planches représentant les monumens de ces contrées, avec des détails relatifs à l'état moderne et à l'histoire naturelle.

DÉDIÉ AU ROI.

TOME QUATRIÈME.

IMPRIMÉ
PAR AUTORISATION DU ROI,
A L'IMPRIMERIE ROYALE.

1827.

VOYAGE

A MÉROÉ, AU FLEUVE BLANC

ET

A FAZOQL

DANS LE MIDI DU ROYAUME DE SENNAR.

DESCRIPTION

D'UNE MOMIE GRÉCO-ÉGYPTIENNE.

Dans la collection d'antiquités que j'ai rapportée de Thèbes, j'ai cité une momie grecque comme un objet très-curieux. Le corps avec ses enveloppes était d'un poids et d'une grosseur énormes. Les signes du zodiaque et les divers caractères peints sur le cercueil, tout dans ce monument était bien fait pour attirer l'attention des savans à qui je le communiquai dès mon retour dans la capitale. A la vue des légendes hiéroglyphiques et de l'inscription grecque, M. Champollion le jeune témoigna tout son contentement d'y reconnaître une nouvelle preuve de la solidité du système alphabétique dont il avait déjà publié la découverte *. Les noms de Péteménon et Cléopâtre qu'il déchiffra dans les inscriptions égyptiennes, soit phonétiques, soit démotiques, se rencontraient aussi dans l'inscription grecque; et cette coïncidence venait admirablement corroborer la confiance que mérite le travail de ce savant judicieux.

M. Letronne, à qui le grec est si familier, voulut bien, de son côté, étudier l'inscription grecque, quoiqu'elle fût beaucoup endommagée. A l'aide de deux autres inscriptions provenant de momies trouvées dans le même tombeau, il parvint à restituer celle-ci de la manière la plus satisfaisante. La momie elle-même lui fournit l'occasion de mettre au jour des idées lumineuses sur une question intéressante d'archéologie **.

J'ai fait graver avec soin tous les détails qui ont rapport à ce précieux morceau d'antiquité.

La caisse est un carré long : le couvercle est cintré et s'emboîte sur le coffre à tenons et à

---

* *Lettre à M. Dacier*, secrétaire perpétuel de l'Académie.

** *Observations critiques et archéologiques sur l'objet des représentations zodiacales qui nous restent de l'antiquité*, &c.

mortaises; il est fixé tout autour par des chevilles de bronze (*voy*. vol. II, pl. LXVI, fig. 1) : cette caisse ressemble beaucoup à un sarcophage grec ou romain.

Sur le couvercle (vol. II, pl. LXVII, fig. 1), Osiris est représenté assis sur un trône ; derrière lui est Isis : neuf génies accroupis portent le disque sur la tête et tiennent à la main un couteau ; chacun de ces génies est renfermé dans un cadre surmonté de serpens et autres attributs. Ici on n'a fait que simuler les légendes hiéroglyphiques ordinairement placées près des figures. Au-dessous de celles-ci on voit douze croix à anse supportant des bras qui tiennent une espèce de sceptre. Ce premier signe hiéroglyphique est considéré par M. Champollion comme celui de la vie divine. Les mêmes peintures sont répétées deux fois sur le couvercle avec de légères différences; elles sont séparées par l'inscription grecque et une ligne d'hiéroglyphes où se trouve le nom propre de Pétémen ou Pétéménon en caractères phonétiques (pl. LXXI, fig. 5).

Sur la même planche sont figurés les deux bouts extérieurs de la caisse. Le côté de la tête (fig. 2) est le plus riche en ornemens : on y voit une barque; au-dessus un scarabée entouré d'un serpent, et en dehors deux figures assises, qui semblent tenir d'une main une palette de scribe et de l'autre main la croix à anse. Sur les deux montans sont peints des serpens, masqués en partie par deux petites colonnes faites au tour et adaptées en relief, comme celles dont nos ébénistes ornaient naguère leurs ouvrages d'ameublement. Elles supportent deux corniches saillantes aussi, ornées des disques ailés avec les serpens, et surmontées d'une frise présentant plusieurs de ces mêmes reptiles vus de face et tous avec le globe sur la tête : des rosaces, la forme des chapiteaux et quelques autres ornemens, ne sont point du goût égyptien.

Le bout du côté des pieds (fig. 3), a sur ses montans des hiéroglyphes qui contiennent encore le nom propre du défunt, mentionné dans l'inscription grecque. A la partie supérieure, on voit un scarabée, auquel on a adapté deux grandes ailes qui ne peuvent lui appartenir; cet insecte est ici de couleur noire, tandis que celui du côté de la tête est vert : d'où l'on peut conjecturer avec vraisemblance que l'un et l'autre de ces insectes étaient alors vénérés en Égypte. Au dessous, deux chakals portent attachée au cou une clef à dent, à-peu-près semblable à celles qui sont encore en usage dans le pays et dans tout le levant*. On sait que le chakal était regardé chez les anciens comme le symbole de la vigilance et de la fidélité : par-tout il figure sur les monumens; et la représentation qui le montre ici dépositaire de la clef du tombeau, confirme la haute idée de confiance qu'il inspirait.

Sur une des faces latérales de la caisse (pl. LXVIII, fig. 1), le dieu Ammon, au milieu du globe, est placé dans une barque que traînent quatre chakals; un long serpent qui y est attaché leur sert de cordelle. Quatre cynocéphales, qui semblent avoir des bras, se présentent au devant d'eux; derrière on remarque le signe supposé du nilomètre, un serpent ailé avec deux jambes, et trois génies accroupis, semblables à ceux du couvercle.

L'autre côté de la caisse (fig. 2) est à-peu-près semblable à celui-ci; mais au lieu d'Ammon dans le globe, on y voit l'œil, emblème du soleil. Sur les montans des côtés des pieds sont tracés des hiéroglyphes où M. Champollion

---

* Parmi mes objets d'antiquité, il se trouvait une de ces clefs en fer. Elle est déposée aujourd'hui à Paris dans les collections du Roi.

a lu une variante curieuse sur l'orthographe du nom propre de la momie (pl. LXXI, fig. 6). Les montans à l'autre extrémité sont ornés d'un sceptre avec des serpens. Autour du coffre règne une corniche en relief. Enfin l'ensemble de ce cercueil atteste que l'art de la menuiserie était très-avancé à l'époque où il fut construit.

L'intérieur de la caisse représente au fond une déesse (pl. LXVI, fig. 2) devant le feuillage ou l'arbre de la vie céleste, arbre qui est celui que les Égyptiens adoptèrent postérieurement; car sa forme n'a déjà plus aucun rapport avec le baobab. Cette divinité est représentée avec une longue chevelure; elle est vêtue d'une riche tunique ornée de divers dessins et traversée au milieu dans toute sa longueur par une ligne d'hiéroglyphes, où on lit le nom de Cléopâtre, mère de Pétémenon (fig. 9, pl. LXXI). Elle a aux poignets des bracelets d'or figurant des serpens; des anneaux de la même forme sont suspendus à ses oreilles; ses doigts sont garnis de bagues; sa tête est ceinte d'un bandeau : au-dessus, est un caractère hiéroglyphique représentant un vase. Elle a à ses pieds deux chakals portant encore ici au cou la clef du tombeau. Sur la paroi du coffre, du côté de la tête (fig. 4), on a grossièrement peint une espèce d'épervier portant le disque sur la tête, et autour duquel des étoiles éparses indiquent le ciel. A l'autre bout, du côté des pieds, une vache, représentée sur la corniche d'un temple, a le disque et le croissant sur la tête; au-dessus, on voit un disque ailé que traverse un serpent; devant le taureau marche un monstre à corps d'oiseau, bras et figure humaine, portant aussi le disque; des étoiles dont le fond est parsemé indiquent encore le ciel. Les peintures intérieures de la caisse développée (pl. LXIX) représentent les douze signes du zodiaque : au milieu est une grande figure de Tiphé, divinité égyptienne, placée aussi là comme emblème du ciel, et qui tient entre ses bras quatre espèces de scarabées à tête de serpent; au-dessus d'elle est un signe hiéroglyphique regardé comme des rayons de lumière. Cette figure, comme celle qui existe sur le plafond du zodiaque de Denderah*, a les bras élevés sur sa tête : à droite et à gauche, les douze constellations zodiacales sont, pour la disposition et la forme, à-peu-près semblables à celles du monument cité. Mais ici, chose assez singu-

---

* Sur la partie qui est restée en Egypte.

lière, le capricorne n'occupe pas le rang qui lui appartient : on avait conjecturé que ce déplacement avait pour but de marquer le mois de la naissance du défunt ; et les savantes recherches de M. Letronne ont confirmé plus tard cette supposition. Tout le fond du tombeau, parsemé d'étoiles, représente le ciel : sur chaque face latérale, à côté de cette représentation, douze figures peintes en diverses couleurs ont toutes les bras levés et portent le disque sur la tête ; devant chacune d'elles est le tracé simulé des légendes qui se voient ordinairement dans les sujets égyptiens.

Quant à la momie elle-même (pl. LXX, fig. 1 et 2), une toile peinte avec de riches détails en formait la dernière enveloppe. On voit sur cette toile une grande figure regardée comme une image d'Osiris tenant le sceptre crossé et le fouet, et ayant sur la poitrine un scarabée de couleur noire. Au milieu de sa longue tunique, couverte d'un filet, est tracée une ligne d'hiéroglyphes où les noms de Pétéménon et de Cléopâtre sa mère sont exprimés en caractères phonétiques ; à droite et à gauche, on distingue divers génies, deux barques, l'œil, emblème d'Osiris, des serpens, des lotus et autres ornemens ; aux pieds de cette grande figure sont encore deux chakals porteurs de la clef du tombeau.

Je procédai au développement de la momie le 30 novembre 1823, en présence de diverses personnes distinguées. Avec ses enveloppes, elle pesait cent six kilogrammes ; la circonférence de la tête, en cet état, était d'un mètre 38 centimètres. On commença par dérouler les bandelettes qui fixaient sur le corps la toile peinte dont je viens de parler, et entre lesquelles se trouvait un manuscrit sur papyrus, en caractères hiératiques, où se lisent les noms de Pétémenon et de Cléopâtre, manuscrit dont M. Champollion le jeune a bien voulu me donner un aperçu. Venaient ensuite divers morceaux de toile assez grossière, puis d'autres d'un tissu plus fin : une espèce de cravate était liée avec un nœud plat autour du cou. On continua d'enlever beaucoup de linges serrés par d'étroites bandelettes, entre autres trois petites serviettes de toile qu'on eût dit être encore neuves, effilées aux deux bouts en forme de franges, et pareilles à celles qui sont encore en usage dans le pays. La troisième enveloppe, disposée comme la précédente, se composait de cinq serviettes et de longs morceaux de toile pliés en plusieurs doubles, servant à grossir les côtés; le tout fixé par de longues bandes. La quatrième enveloppe, entourée de bandes plus larges en vieux linge grossier, contenait quatre tuniques égyptiennes ou chemises sans manches et en partie décousues sur les côtés : ces tuniques ont trois pieds huit pouces de largeur, et les coutures en sont artistement faites; quelques-unes, moins soignées et en partie usées, ont des pièces adroitement rapportées et des reprises ; on remarque sur une divers caractères faits à l'encre. Par-dessus ces tuniques, trois espèces de linceuls, fortement imprégnés de bitume, enveloppaient entièrement la momie. La cinquième enveloppe offrait des bandelettes roulées les unes en longueur de la tête aux pieds, les autres transversalement, qui maintenaient quatre grandes pièces de toile assez fine et divers morceaux de beau linge, parmi lesquels se trouvaient trois serviettes en pièce, c'est-à-dire, encore unies par leurs extrémités, que de petits liteaux et l'interruption de la trame font reconnaître. Paraissait ensuite une nouvelle couche d'asphalte.

Les toiles placées entre ces couvertures bitumineuses sont dans un état de conservation si surprenant, qu'il me vint la fantaisie de faire mettre à la lessive une des serviettes, et je l'employai quelque temps à mon usage : elle supporta huit fois le blanchissage sans éprouver une détérioration très-sensible. C'est avec une sorte de vénération, je l'avoue, que chaque jour je déployais ce linge si périssable, qui cependant avait été tissu depuis plus de dix-sept cents ans.

Parmi celles de ces antiques dépouilles auxquelles une si longue succession d'années n'a rien fait perdre de leur consistance primitive, on doit distinguer encore trois longues écharpes d'une tissure assez belle, quoique un peu grosse, et frangées en effilé par chaque bout, comme celles qui se fabriquent encore aujourd'hui. Mais ce ne fut pas sans surprise que je vis une de ces écharpes marquée de deux lettres qu'on dirait brodées au crochet, et qui sont les initiales AM. du nom grec du défunt.

Enfin, après avoir enlevé beaucoup de bandelettes et quinze linges pénétrés d'un bitume jaune, nous en découvrîmes, dans la septième et dernière enveloppe, sept ou huit autres enduits d'un bitume noir et tenace, adhérant très-fortement à la peau.

Près de trois heures s'étaient écoulées dans cette opération : en effet, nous avions déroulé trois cent quatre-vingts mètres de bandelettes de deux et trois pouces de largeur, et deux cent cinquante à trois cents mètres carrés (environ deux mille huit cents pieds carrés) de toiles diverses. Il me fallut encore, durant quatre jours, travailler à enlever les dernières plaques de toile et de beaume dont l'adhérence avec le corps m'obligea d'employer pour cela le ciseau et le marteau. Étant parvenu à mettre le visage à découvert, je trouvai au-dessous de chaque orbite oculaire une petite plaque d'or figurant un œil avec les cils, et sur la bouche une autre petite plaque de la forme d'une langue (*voy.* pl. citée, fig. 1). Ces particularités sont étrangères aux coutumes égyptiennes. La bouche de la momie est aussi hermétiquement close. « Toutes les momies égyptiennes que l'on con-
» naît, dit M. Letronne, ont la bouche plus
» ou moins ouverte, et l'on n'aperçoit point que
» les embaumeurs aient voulu la tenir fermée :
» dans celle-ci, les lèvres sont tellement adhé-
» rentes l'une à l'autre, qu'elles font en quel-
» que sorte corps ensemble ; il y a là une inten-
» tion formelle de la part de ceux qui ont pré-

» paré la momie; il faut que quelque rite reli-
» gieux ait prescrit de serrer les deux mâchoires
» de manière que la séparation fût désormais
» impossible. Ce rite, qui n'existait pas chez les
» Égyptiens, était au contraire fort religieuse-
» ment observé parmi les Grecs. Lorsqu'une
» personne venait d'expirer, ses parens et ses
» amis avaient le soin de lui fermer la bouche.
» Nous voyons le disciple de Socrate, Criton,
» s'empresser de rendre à son maître ce pieux
» devoir, aussitôt qu'il eut rendu l'ame* : c'est ce
» qu'on appelait συλλαμβάνειν τὸ στόμα. On
» allait même plus loin : en ornant le corps pour
» l'exposition, on serrait ses mâchoires avec
» des bandelettes de laine, rattachées par-des-
» sus la tête. » « Par Tisiphone (dit Lucien,
» en faisant parler un mort à ses parens), en
» vous voyant dire et faire tant de sottises à
» mes funérailles, j'aurais éclaté de rire, si les
» bandelettes de laine dont vous m'avez si bien
» serré les mâchoires ne m'en eussent empê-
» ché. » « Rien ne me paraît plus propre,
» continue M. Letronne, à expliquer cette cir-
» constance. C'est vraisemblablement par une
» sorte d'expression symbolique de ce dernier

* Plat. Phædon, §. 66, fin.; ubi vide Wyttenb.

» devoir rendu aux morts, qu'on avait placé
» sur les lèvres de la momie une lame d'or
» qui a la forme d'une langue, et dont l'objet
» semble avoir été de sceller la bouche. »

Il en est de même des yeux, que les Grecs étaient aussi dans l'usage de fermer à celui qui venait d'expirer; il n'est point douteux que les deux petites plaques d'or dont j'ai parlé avaient pour objet de les couvrir.

Une couronne artificielle d'olivier, en cuivre doré, ceint la tête de la momie : c'est encore un accessoire étranger aux embaumemens des Égyptiens. On sait, au contraire, que chez les Grecs, une couronne demeurait sur la tête du mort durant son exposition, jusqu'au moment où le corps était placé sur le bûcher, et qu'ensuite on déposait cette couronne sur son tombeau, ou sur son urne cinéraire. Ordinairement ces couronnes étaient des prix remportés dans les jeux publics. Ainsi le corps de Pétéménon étant destiné à être conservé par l'embaumement, on dut, pour se rapprocher des usages de sa nation, laisser sur sa tête la couronne dont elle était ornée durant ses funérailles.

Le corps de la momie est du sexe masculin; sa longueur est d'un mètre soixante-treize centimètres [cinq pieds trois pouces neuf lignes]; la poitrine, l'abdomen et les bras sont dorés en divers endroits en feuilles d'or assez épaisses et fixées sur l'épiderme; mais une partie de cette dorure est restée attachée aux éclats de baume qu'il m'a fallu enlever pour distinguer les formes des membres, qu'une croûte volumineuse de cette substance rendait méconnaissables. Les bras et les mains sont étendus le long des cuisses (*voy.* pl. LXXI, fig. 1, 2, 3); les oreilles sont intactes, et le nez, quoique brisé pour l'extraction de la cervelle par les fosses nasales, est peu déformé. Le profil de la face est plus droit et le front est moins incliné que dans les momies égyptiennes. Les cheveux, fins et bouclés, conservent encore toute leur souplesse; les mains, d'une grande conservation, sont longues; les doigts bien faits et potelés. Dans le côté gauche du corps, il y a une ouverture de quatre pouces de diamètre, qui servit pour retirer les viscères et y introduire ensuite une grande quantité de baume.

On a vu que dans la grande quantité de linge dont ce personnage était enveloppé, il se trouvait des effets d'habillement et autres à son usage : c'est encore une circonstance en partie étrangère aux pratiques égyptiennes; tandis que dans les funérailles des Grecs et des Romains, on regardait comme une sorte d'obligation de placer sur le bûcher quelques-uns des vêtemens qui avaient appartenu au mort; souvent ils n'étaient pas brûlés, mais seulement déposés dans le tombeau avec les restes mortels du personnage. M. Letronne cite un exemple à ce sujet: dans Hérodote, Mélisse, la femme de Périandre, apparaît après sa mort, et se plaint de ce qu'elle a froid, parce que les vêtemens qu'on avait enterrés avec elle ne pouvaient lui servir. C'était une opinion reçue chez ces anciens peuples, que les morts se couvraient de leurs vêtemens dans les Champs élysées, opinion dont Lucien se moque selon sa coutume. « Combien d'habits et d'autres ornemens, dit-il, n'a-t-on pas brûlés ou enterrés avec les morts, comme s'ils devaient s'en servir et s'en parer dans les enfers et ailleurs*! ».

C'est ainsi que les parens de Pétéménou, Grec d'origine et allié à une famille égyptienne, avaient voulu concilier, en l'ensevelissant suivant la coutume du pays, les rites et les préjugés religieux des deux nations.

* Lucian. de Luctu, §. 14, Opp. II, pag. 928.

Avant de rapporter l'inscription qui orne le cercueil de Péténénon, je ferai connaître celles de deux autres caisses semblables de momies grecques, de forme carrée et couvertes d'hiéroglyphes, qui ont été trouvées dans le même caveau. Sur l'une, qui fut apportée par M. Grey[*], on lit une inscription grecque dont voici la traduction : « Cercueil de Tphout, fille d'Héra-
» clius Sôter et de Sarapout. Née la cinquième
» année d'Adrien le seigneur, le 12 d'athyr,
» elle est morte la onzième année, le 20 tybi,
» à l'âge de six ans deux mois et dix-huit jours,
» et a reçu la sépulture en l'an XII, le 12 d'a-
» thyr. »

On voit par-là que la jeune Tphout mourut dix ans sept mois et quelques jours après Péténénon; qu'entre le moment de sa mort et celui de sa sépulture, il s'est écoulé près de dix mois, retard peut-être nécessité par les préparations de l'embaumement ou par quelque autre cause que nous ignorons.

La seconde caisse appartenait à M. Salt. Voici le contenu de l'inscription : « Sôter, fils de Cor-
» nélius Pollius Sôter et de Philout, archonte
» de Thèbes. »

---

[*] Elle est maintenant au musée britannique.

Voici maintenant celle de Pétéménon, restituée par M. Letronne :

Πετεμένων ὁ κ̀ Ἀμμώνιος Σωτῆρος Κορνηλίυ Πολλίυ, μῆτρὸς Κλεπάτρας Ἀμμωνίυ, ἰτῶν εἴκοσι ἑνός, μηνῶν Δ κ̀ ἡμερ͠ν εἴκοσι δύο ἐτελεύτησε ΙΘL. Τραϊανῦ τῦ κυρίυ, παῦνι Ηι

« Pétéménon, dit Ammonius, ayant pour
» père Sôter, fils de Cornélius Pollius Sôter, et
» pour mère Cléopâtre, fille d'Ammonius, est
» mort, après avoir vécu vingt-un ans quatre
» mois et vingt-deux jours, la dix-neuvième
» année de Trajan le seigneur, le 8 de payni. »

Ce texte précieux, dit M. Letronne, devenu maintenant un document historique, nous explique bien des particularités. Pétéménon est mort à vingt-un ans, la dix-neuvième année de Trajan, le 8 de payni, qui répond au 2 juin de l'an 116 de notre ère. Il est facile de discerner, à travers les traits défigurés de la momie, des caractères de jeunesse. D'un autre côté, puisque son père était archonte de Thèbes, on voit qu'il appartenait à une famille distinguée, et probablement riche; ce qui explique la dépense qu'a dû couter sa sépulture.

Dans les trois inscriptions ci-dessus, on

compte cinq hommes, Cornélius Pollius Sôter et Ammonius, Sôter, fils du premier; Pétéménon dit Ammonius, et Héraclius Sôter; et quatre femmes, savoir, Philout, femme de Cornélius Pollius; Cléopâtre, femme de Sôter et fille d'Ammonius; Sarapout, femme d'Héraclius Sôter; et Tphout, leur fille.

Il s'ensuit que tous les noms de femmes sont égyptiens, excepté celui de Cléopâtre, dont le père a aussi le nom grec d'Ammonius; qu'au contraire tous les noms des hommes sont grecs : un seul a un double nom égyptien et grec, Pétéménon dit Ammonius; encore faut-il remarquer que Pétéménon a la même signification en égyptien qu'Ammonius en grec [*]. Cette singularité de noms nous montre bien ici une famille gréco-égyptienne, comme il devait y en avoir beaucoup à l'époque de l'arrivée des Romains, auxquelles ils continuèrent de confier l'administration des nomes et des villes égyptiennes.

En combinant l'accord qui règne dans cette famille, on voit, dit M. Letronne, qu'Héraclius Sôter, le père de la jeune fille nommée

---

[*] *Voyez* les Observations critiques et archéologiques de M. Letronne, d'où j'ai extrait ces renseignemens.

Tphout, était, selon toute apparence, frère de Pétéménon. Ainsi, ajoute-t-il, la série des personnages de cette famille peut être classée de cette manière :

| Cornélius Pollius Sôter, marié à Philout, et père de | Sôter, marié à Cléopâtre, fille d'Ammonius, et père de | Héraclius Sôter, mari de Sarapout, père de Pétéménon, dit Ammonius. | Tphout. |

Ces trois momies, et plusieurs autres de la même famille, proviennent d'un même caveau pratiqué dans la montagne de Gournah, à Thèbes. Je ne pus m'en procurer qu'une seule ; depuis, M. Salt en a acquis deux autres : l'une fut mise en pièces par son janissaire, qui allait brûler la caisse, lorsque ce savant arriva à temps pour en sauver les débris. Je n'ai obtenu aucun renseignement sur celles-là ni sur le contenu de leurs inscriptions ; je sais seulement que ces deux caisses de momies, comme celle que j'ai citée plus haut, sont façonnées de la même manière que le cercueil de Pétéménon, et qu'elles présentent aussi dans leur intérieur les douze signes du zodiaque. Il serait curieux de vérifier si la naissance des individus y est indiquée de même par le déplacement de l'un de ces signes.

M. Drovetti, de son côté, a eu en partage un ou deux personnages de cette famille : elle se trouve donc aujourd'hui éparse dans les musées de Londres, de Paris et de Turin.

Je dois faire remarquer, en terminant, que l'examen des peintures de ces diverses caisses de momies vient confirmer de plus en plus l'opinion déjà émise, 1.° qu'aucune de ces représentations zodiacales, communes en Égypte, n'est antérieure à la domination romaine dans ce pays ; 2.° que ces prétendus monumens d'astronomie ne sont en définitive que des tableaux symboliques ou astrologiques.

NOTICE

Sur le Papyrus hiératique et les Peintures du cercueil de Pétaménoph;

PAR M. CHAMPOLLION LE JEUNE.

Dans les temps antérieurs à la conquête des Perses, c'est-à-dire, à l'époque où la nation égyptienne, soumise à des rois autochthones, se gouvernait par ses propres lois, et remplissait avec ferveur les rites prescrits par les livres sacrés, on plaçait constamment auprès du corps embaumé de chaque défunt une copie plus ou moins soignée du grand ouvrage intitulé DJOM-aN-RÔOU-NA-HORT-heM-HROU-RÈ, c'est-à-dire, *le Livre des portes concernant la manifestation à la lumière,* recueil très-étendu de formules relatives à l'embaumement, au transport des morts dans les hypogées, et contenant une foule de prières adressées à toutes les divinités qui pouvaient décider du sort de l'ame, soit dans l'Amenti, où elle était jugée, soit dans les régions mystiques qu'elle était censée devoir habiter avant de recommencer le cours de ses transmigrations. Les momies les plus anciennes portent avec elles, soit sous les enveloppes qui les couvrent, soit dans l'un des cercueils en bois peint qui les renferment, un exemplaire complet de cette grande composition religieuse, ou tout au moins une portion très-considérable, la première et la seconde, ou la seconde et la troisième des grandes subdivisions de ce formulaire. Mais à mesure que les corps embaumés appartiennent à une époque plus rapprochée de nous, on observe que les manuscrits funéraires deviennent plus rares, moins étendus et infiniment négligés sous le rapport calligraphique. On reconnaît aisément que cette influence qui amena la décadence complète de l'art égyptien agit en même temps et d'une manière tout aussi fâcheuse, et sur l'attachement du peuple aux croyances de ses ancêtres ; et sur l'accomplissement des coutumes religieuses qui pour l'Égypte étaient l'une des principales conditions de son existence politique et sociale. Cette contrée, soumise à la domination étrangère, vit ses arts se corrompre à mesure qu'on abandonna peu à peu les pratiques en vigueur aux anciennes époques, et le luxe des sépultures diminua en même temps que la ferveur pour le culte national. On n'exécutait déjà plus, dès le beau siècle d'Hadrien, même pour les funérailles les plus distinguées des capitales égyptiennes, ces riches sarcophages de granit ou de basalte couverts de sculptures d'un fini précieux, ces beaux cercueils en bois assemblés avec tant de soin et décorés par des milliers de figures ou de signes hiéroglyphiques peints avec une si grande recherche : enfin, au lieu de déposer sur les momies transportées dans les catacombes, de grands volumes de papyrus contenant les textes tracés par une main habile, et accompagnés de vignettes dessinées avec délicatesse et coloriées en entier, on rencontre à peine sur les corps embaumés sous la domination des Grecs et sur-tout des Romains, un papyrus de petite dimension, négligemment écrit, rarement orné de figures, ou, si l'on en trouve quelqu'une, ce n'est plus qu'une caricature grossière des dessins exécutés dans les temps beaucoup plus reculés.

Cette corruption des arts et des pratiques religieuses de l'Égypte, à l'époque même où le système dominant parmi les archéologues modernes voudrait placer au contraire le perfectionnement de l'art égyptien par l'influence de l'art grec, restera désormais invinciblement prouvée par la découverte faite dans la nécropole de Thèbes, d'un hypogée renfermant plusieurs momies d'une famille gréco-égyptienne et qui tenait dans cette ancienne capitale un rang fort distingué, puisque l'un de ses membres, Sôter, fils de Cornélius-Pollius-Sôter, avait rempli les fonctions d'*archonte,* c'est-à-dire, de chef politique de la ville de Thèbes.

Le musée royal du Louvre possède en effet les manuscrits originaux trouvés dans cette catacombe sur les corps de deux individus de cette famille puissante ; et ce ne sont que des feuilles de papyrus d'une très-petite dimension, si on les compare à ces volumes funéraires que l'on découvre si fréquemment sur les momies des époques pharaoniques. Deux de ces petits papyrus se rapportent à un personnage appelé *Sôter* ⲥⲱⲧⲏⲣ, nom exprimé en caractères hiératiques, dans le titre et dans le texte, sous la forme de SÔTR (Sôter) MISÉ-AN-BAPHÔR [*], Sôter enfanté par *Baphor, Vaphor* ou *Waphor,* nom de femme qui paraît être égyptien et non grec comme celui de son

[*] *Voyez* planche I, n.º 2.

fils. Ce Sôter, membre de la famille thébaine à laquelle appartint aussi l'Ammonius-Pétaménoph dont M. Cailliaud a rapporté la momie, ne saurait être l'archonte de Thèbes, *Sôter, fils de Cornelius-Pollius-Sôter*, puisque celui-ci était fils d'une femme nommée *Philout*, tandis que *Baphor* fut la mère de notre *Sôter*, dont la vie fut d'ailleurs trop courte pour qu'il ait pu recevoir le titre d'archonte. Le revers de l'un des papyrus porte en effet en langue grecque les mots ΛΔ ΜΗΝѠΝ ⎯⎯⎯ ΗΜΕΡΑC ϗ, indiquant que ce Sôter a vécu *quatre ans ... mois deux jours*. La partie égyptienne de ce manuscrit nous donne le moyen de suppléer à la lacune du grec; car j'y lis textuellement, lignes 6 et 7, ⲈϤⲞ̀ ⲚⲢⲞⲘⲠⲈ Δ̄ ⲈⲂⲞⲨⲦ Ē ϨⲞⲞⲨ Ƃ̄ * *étant* (âgé) *de quatre ans cinq mois et deux jours.*

Un troisième manuscrit trouvé dans ce même hypogée, et d'environ 11 pouces de haut sur 6 de large, accompagnait, comme les précités, la momie d'un nommé *Cornélius;* et ce nom est tracé à-la-fois en grec, ΚΟΡΝΗΛΙΟC, en égyptien démotique, ΚRΝΕLIS *, en égyptien hiératique, ΚΟRΝΙLIS **, et la mère portait le nom

---

* *Voyez* pl. I, n.º 3.
** Pl. I, n.º 4.

égyptien d'ISÉ-DJER (Isis-la-grande)*. Ce papyrus ne fait aucune mention, ni de ses titres, ni de la durée de sa vie, et rien ne s'oppose à ce que ce Cornélius ait été le Cornélius Pollius, père de l'archonte Sôter, et le grand-père de Pétaménoph.

Ces textes funéraires sont tous d'une écriture négligée, maigre et anguleuse; et le papyrus trouvé sur la momie de Pétaménoph étant le plus récent, porte encore par cela même des traces plus marquées de la décadence de l'art graphique égyptien sous la domination gréco-romaine.

Le manuscrit trouvé sur le corps de Pété-ménon, fils de Cléopâtre, était placé entre les premiers tours des bandelettes, mais de manière à être visible lorsqu'on ôtait le couvercle du sarcophage peint qui renfermait la momie proprement dite. Ce manuscrit, dans son plus grand développement, n'a au plus que 49 centimètres 1/2 de hauteur, sur 22 1/2 de largeur; il porte extérieurement, tracé à l'encre noire, 1.° le nom de ΠΕΤΕΜΕΝωΝ, celui du défunt en grec cursif; 2.° le même nom propre en caractères démotiques, mais sous la forme véritable-

---

* Pl. I, n.° 4.

ment égyptienne *Pétéménoph* ou *Pétaménoph*; 3.° enfin, le titre du texte sacré que contient ce petit papyrus, et qu'il m'a été facile de rétablir, quoiqu'il soit effacé en partie, puisque je trouve que le même titre est celui d'une foule de petits manuscrits parfaitement analogues quant à leur contenu, et déposés aussi sur des momies évidemment d'une époque postérieure à celles qui portent soit le rituel funéraire entier, soit une ou plusieurs de ses parties principales. Voici ce titre :

TASCHO - aN - NÉSENSÔN-aN - PETAMENOPH MISE aN KELOPATR (*sic*),

Si le premier mot, comme cela est probable, se rapporte à la racine copte TASCHO, *multiplicare*, ces mots signifient, *Magnificatio transmigrationum* τοῦ *Petamenôph natus Cleopatrâ**.

La première ligne du texte reproduit la filiation du défunt, en nous faisant connaître un surnom que porta la mère de Pétéménoph ; c'est en quelque sorte un second titre du papyrus, ainsi conçu :

* En transcrivant ce titre en lettres latines, je n'ai eu aucun moyen d'exprimer les signes hiératiques *du mât et de la voile de vaisseau*, qui servent de *déterminatif* au mot phonétique SENSÔN, ni les déterminatif *demeure, homme* et *femme*, qui suivent les mots OPH, PÉTAMÉNOPH et CLÉOPATRE.

Harof an-ousire pétamén-oph misé an-kélopatra (*sic*) entau-that nas ghénitiki ; (ceci se rapporte) *à lui l'Osirien* (ou *l'Osiris*) *Pétaménoph, né de Cléopâtre à laquelle on donne aussi le nom de* ghénitiki. Ce surnom appartient évidemment à une langue étrangère à la langue grecque, celle de cette Cléopâtre, puisqu'il est accompagné dans notre papyrus, ainsi que le nom même de *Cléopâtre,* qui également n'est point égyptien, d'un caractère déterminatif particulier (pl. I, n.° 1) que je trouve à la suite des noms romains Lucilius et Rufus sur l'obélisque de Bénévent, à la suite de la plupart des noms de peuples étrangers sur les bas-reliefs historiques, et qui termine aussi le groupe de signes hiéroglyphiques exprimant le nom de la nation grecque dans la dernière ligne du décret en l'honneur de Ptolémée Épiphane et de sa femme Cléopâtre, décret découvert à Philæ, par M. Henri Salt, et qui reproduit la plupart des dispositions de celui de Rosette, et sur-tout celle qui ordonne d'ériger une stèle en écriture sacrée, en écriture vulgaire du pays et en langue *grecque.* Ce signe est sans aucun doute le déterminatif des *noms propres* et *mots étrangers* introduits dans les textes soit hiératiques, soit hiéroglyphiques. Mais il est plus habituellement employé dans les inscriptions de l'époque primitive; et il était fort naturel que la domination des Grecs et des Romains le fît peu à peu tomber en désuétude, puisque ce déterminatif renferme en lui-même l'idée injurieuse de *pays* ou *contrée des impurs,* ainsi que nous le montrerons ailleurs.

Le surnom de *Ghénitiki* ou *Ghénétiké,* que le papyrus hiératique nous montre avoir été celui de Cléopâtre, mère de Pétaménoph, existe également dans les inscriptions hiéroglyphiques tracées sur la caisse de la momie. Je le retrouve en effet à la fin de la légende funéraire inscrite sur la ceinture rouge retombant sur le devant de la tunique d'une déesse peinte sur le dessous de la caisse qui renfermait le corps embaumé (planche LXVI, n.ºs 2 et 3); car les vingt-cinq derniers signes exprimant la filiation du défunt, transcrits en lettres latines, en suppléant les voyelles et en omettant les déterminatifs, donnent les mots suivans :

MISÉ AN KLÉOPATRA ENTAU-DJÔ NAS GHENITIKI-T*.

---

* Ce T, qui est l'article égyptien féminin singulier, n'est placé, comme toutes les marques de genre, de nombre et de temps,

Né de Cléopâtre laquelle on nomme aussi GHÉNÉTIKI.

Ceci n'est que la transcription du passage hiératique précité : sa seule différence consiste dans l'emploi du verbe DJÔ, *dire, appeler,* qui existe encore dans le copte, à la place du verbe THAT ou THOT, que l'on ne trouve plus dans le copte avec cette acception, qui toutefois m'est incontestablement démontrée par une foule de passages dont le sens ne saurait être douteux.

Le surnom de la Grecque Cléopâtre, mère de Pétaménoph, est certainement grec : l'hiératique GHÉNITIKI et l'hiéroglyphique GHÉNITIKI ne sont que des transcriptions du mot grec ΓΕΝ-ΝΗΤΙΚΗ (ghennitiki), *generandi vim habens, genitalis;* surnom motivé par des circonstances qu'il est impossible de déterminer maintenant.

Je répéterai ici qu'on ne peut considérer *Ammonius,* Αμμωνιος, comme un surnom donné à *Pétéménoph,* quoique l'inscription grecque du cercueil porte textuellement Πετεμενων ο και Αμμωνιος, PÉTÉMENON *dit aussi* AMMONIUS, puisque le nom grec n'est simplement que la traduction du nom égyptien qui signifie l'*Ammonien; celui*

qu'après le mot qu'il détermine : si cet article se prononçait, on l'énonçait avant le nom lui-même.

qui appartient à Ammon le dieu de Thèbes. J'ajouterai que le fils de Cléopâtre ne reçut le nom d'*Ammonius* ou de *Pétaménoph* que d'après l'usage général des Égyptiens de donner à un enfant le nom de l'un de ses aïeux paternels ou maternels. Nous voyons en effet, par l'inscription du cercueil lui-même, que le père de Cléopâtre mère d'*Ammonius-Petaménoph* s'appelait aussi *Ammonius* (Κλιοπἁτρας Αμμωνιου).

A partir de la seconde ligne du manuscrit, commence une invocation à un très-grand nombre de divinités, ou plutôt une sorte de litanies consistant en formules peu variées, mais qui fournissent des renseignemens curieux à l'égard des dieux et des déesses qui influaient sur la destinée des ames après leur séparation du corps. Nous allons citer textuellement une partie de ces litanies, et présenter en même temps l'analyse de tout le contenu du papyrus : il faut espérer que l'étude comparative des manuscrits hiératiques nous procurera bientôt des renseignemens plus étendus sur les régions ou contrées, soit terrestres, soit célestes, dont le gouvernement est attribué aux divers êtres mythiques appelés à protéger l'ame et le corps de Pétaménoph.

Les premières invocations s'adressent aux deux formes principales du soleil, le chef des dieux visibles ; puis à Osiris, le roi des ames et des morts ; ensuite à ses ministres et aux dieux de sa famille (ligne 2) : *Grand est le Dieu RÉ par ses diadèmes* (ou dominations) ! *Grand est Atmou par ses productions ! Grand est* OSIRIS-*Pethempamentes* (l'habitant de l'Occident) *par son sceptre* (gherov) *de Pas-sou-Ré**! *soyez-lui*** *propices, ô vous qui gardez les portes de* (ligne 3) *la contrée occidentale, vous, les deux gardiens des mères divines de la demeure de Siou****, *vous, gardiens des portes de la demeure divine où sont les lotus, l'eau et la bari divine ; sois-lui propice, toi, Anubis, fils d'Osiris, gardien* (ligne 4) *des gardiens des portes des deux divins générateurs de la demeure de Siou; soyez-lui favorables, vous, dieux des régions de Matos; assistans d'*OSIRIS, *assistans de la demeure de Oskh* (la demeure de la Moisson), *des deux divines Vérités dans les champs de Oen-*RO****; *sois-lui favorable, déesse*

---

* Un autre papyrus ajoute HEM-RÉ, *dans le soleil.*
** ROF ou EROF, *lui*, c'est-à-dire, *Pétaménoph.*
*** *La demeure des étoilés*, c'est-à-dire la demeure des *ames* ou *esprits.*
**** Les CHAMPS ÉLYSÉES des mythes égyptiens.

Hathor, qui es la déesse Nèith (ligne 5) *dans la contrée orientale, et la déesse Smé dans les lotus et les eaux......de la contrée occidentale; soyez-lui propices, vous, dieux de la demeure de Siou, votre domaine; soyez-lui propices, dieux* (ligne 6) *qui veillez auprès d'Osiris! Il est grand votre père le Soleil! L'épervier du monde* (l'esprit actif du monde) *qui vous a manifestés avec lui dans les demeures de Sop! Grand est Horus, le fils d'Isis* (ligne 7), *le fils d'Osiris, qui est sur......, sa demeure à toujours! Grand est Har-oeri, seigneur des esprits solaires, l'œil bienfaisant du soleil, &c.* (lignes 8 et 9).

On invoque ensuite successivement Horus, le seigneur deux fois aimable; Horus, le maître de la demeure de Sakhem (ligne 9); *la souveraine gardienne de la région de Matos, qui éloigne les impurs;* le Dieu Thoth, le se- second Hermès, sous son nom mystique de *dieu A* (ligne 10). On appelle à son aide les divinités de la demeure de Siou déjà nommées, en les suppliant de faire admettre l'ame de Péta- ménoph dans le ciel avec les esprits des dieux grands (lignes 11 et 12); on demande qu'il soit accueilli par le dieu Atmou (ligne 13), qu'il soit *purifié dans les eaux saintes de la demeure dite Thyoeri comme l'Oeri des Oeri* (le chef des chefs) *qui sont dans les régions de Masdj;* qu'on le conduise dans toutes les régions de Masdj, *où sont tous les dieux et toutes les déesses de la région supérieure* (lignes 14 et 15), et dans les *régions inférieures à* Osiris, *seigneur de l'occident avec les autres dieux de Pas-sou-ré* (ligne 16), où son ame sera placée *sur la bari* (barque) *des années;* on supplie Thoth de la conduire, et de faire auprès de l'ame les mêmes fonctions qu'il a remplies auprès du dieu Osiris, lorsque celui-ci mourut dans sa manifestation sur la terre (lignes 17 et 18).

Les manuscrits plus complets que celui que nous analysons, présentent ici huit formules d'invocation adressées au dieu Thoth sous le nom de *dieu A*, pour qu'il recommande l'ame de Pétaménoph aux divinités des *huit régions* auxquelles ce dieu préside : mais notre papyrus les abrége considérablement, et ne rapporte (lignes 20 à 25) que les parties essentielles de six d'entre elles, en élaguant les nombreuses répétitions que reproduisent scrupuleusement d'autres papyrus de ce genre. Suivent deux supplications au seigneur de Schop-ri (le deuxième Hermès) et au dieu PHTHA, qualifié de *père des dieux.* Sois favorable à Pétaménoph, lui dit-on, *ouvre-lui la bouche et couvre-lui les yeux comme tu as fait à Sochar-Osiris dans Thynoub* (*l'habitation dorée*) (lignes 24, 25 à gauche, et ligne 26). On adjure enfin *l'esprit* de la divine KOHT, la déesse Léontocéphale de Memphis, la bien-aimée de Phtha, de veiller sur la bouche, les pieds et les bras de Péteménon, et qu'elle *lui ouvre les portes du ciel comme elle fait aux dieux et aux déesses* (lignes 27 à 30), et le dieu ANUBIS de lui *ouvrir les portes de la demeure des ames,* auxquelles président les génies des *Sbé-Hèth*, qui sont les vingt-une portes qui conduisent au palais d'Osiris (lignes 31 &c.)

Des papyrus bien plus complets que celui dont il est question, et portant le même titre, contiennent de plus, à cette même place, une formule fort curieuse dans laquelle on met nommément sous la garde et la protection spéciale de divers dieux ou de différentes déesses toutes les parties du corps du défunt. Tel est un petit manuscrit du musée royal qui accompagnait la momie d'un certain *Arsiési*, qualifié des titres sacerdotaux de *père* (ιοτ), *prêtre d'Amon-ra, roi des dieux, prêtre du dieu Chons* (ou Honsou), *prêtre de Bubastis, &c.*

Cette sorte de partage des membres du corps humain entre les divinités sous la protection spéciale desquelles chacun d'eux était ainsi placé, se lie à-la-fois à l'idée grande et sublime d'après laquelle *Amon-ra* (ou le Grand-Être) était un corps immense dont les dieux et les déesses formaient les membres, et aux vaines spéculations du système astrologique qui soumettaient chaque partie du corps de l'homme à l'influence directe d'un génie particulier.

Sous le premier point de vue, cette formule de consécration des membres du corps humain devient très-intéressante sous le rapport mythologique : je crois utile d'en donner une traduction fidèle. Ayant découvert, d'autre part, que cette formule est extraite du grand rituel funéraire ou *Livre des manifestations*, j'ai pu conférer entre eux plusieurs textes ; et cette collation a été fructueuse, puisque certains manuscrits présentent plus de développement les uns que les autres, et forment un tableau beaucoup plus complet de cette espèce d'*anatomie théologique :* j'ai donc comparé avec le texte hiératique du petit *manuscrit d'Arsiési*, trois manuscrits hiéroglyphiques du rituel, appartenant tous au musée royal, papyrus que je désignerai par les lettres A, B et C ; et de plus, deux rituels hiératiques de la même collection, D et E. Tous présentent des variantes, des additions ou des lacunes qu'il était important de noter.

Voici donc le texte complet de cette partie du rituel, véritable tableau disposé en colonnes perpendiculaires avec les noms, quelquefois divers, des dieux ou déesses auxquels sont consacrées les parties du corps du défunt :

SA CHEVELURE... appartient à PÉMOOU (le Nil céleste, le dieu des eaux primordiales et le père des dieux).

SA TÊTE................. au dieu PHRÉ (le soleil).

SES YEUX................ à la déesse HATÔR (la Vénus égyptienne).

SES OREILLES (1).......... au dieu MACÉDO (dieu à tête de schacal, gardien des tropiques).

(1) Exprimées *figurativement*, ainsi que *la tête* et *les yeux*, dans les manuscrits A et C ; mais *phonétiquement* par le mot MASDJ dans le papyrus hiéroglyphique B et les hiératiques D et E, ainsi que dans le manuscrit d'Arsiési.

PAPYRUS ET PEINTURES.

Sa tempe gauche (1) appart.ᵗ	à l'esprit vivant dans le soleil.
Sa tempe droite (1).......	à l'esprit d'Atmou, dans la demeure de Siou.
Son nez..............	à Anubis, dans la demeure de Sakhem.
Ses lèvres (2)..........	à Anubis.
Ses dents (3)..........	à la déesse Selk.
Sa barbe (4)...........	au dieu Macédo.
Son cou (5)...........	à la déesse Isis.
Ses bras.............	au seigneur de la demeure stable, c'est-à-dire, à Osiris.
Ses genoux (6)..........	à la déesse Neith, dame de Sa (Saïs) (7).

(1) Omises dans les manuscrits A, B, C, et dans le papyrus d'Arsiési.

(2) Exprimées *figurativement* dans les manuscrits A, C, D, E, et celui d'Arsiési; mais phonétiquement par le mot SPOT-SNAU (*les deux lèvres*), dans le papyrus hiéroglyphique B.

(3) Figurativement dans les manuscrits A et C, mais par le mot OBHÉ dans tous les autres.

(4) Manuscrit A, MORS, et MORT en copte; ce sont deux dérivés de la racine MOUR, *cingere*, ainsi que le mot SMOUR, *la moustache*. Cet article est omis dans le manuscrit d'Arsiési et dans ceux notés B, C, D et E.

(5) Phonétiquement exprimé dans tous les manuscrits par le mot TNAHB, copte *idem*. Le papyrus d'Arsiési consacre aussi le cou à la déesse Nephtys, sœur d'Isis.

(6) KEL-RAT ou GHEL-RAT (l'articulation des jambes). Le papyrus B porte GNE-RAT. Toute la différence consiste dans l'emploi des racines KEL et GNE, qui, en copte, signifient toutes deux *plicare, plier*.

(7) Manuscrit d'Arsiési; le manuscrit hiéroglyphique B porte simplement, *à celle qui est la dame de Sa* (Saïs). Le papyrus A dit, *au dieu seigneur de la région de* GHEL ou GHER.

Ses coudes (1).....	appart.^t au dieu seigneur de la région de Ghel ou Gher (2).
Son dos (3)..............	au dieu Sischô (4).
Ses parties génitales.....	à Osiris et à la déesse Koht (la léontocéphale de Memphis).
Ses cuisses (5)............	au dieu Bal-Hor (l'œil d'Horus) (6).
Ses jambes (7)............	à la déesse Netphé (la Rhéa égyptienne) (8).
Ses pieds (9)..............	au dieu Phtha.
Ses doigts................	aux Uréus vivantes (10).

Les savans qui font une étude approfondie

(1) Kel-djboi, manuscrits A, D et E; Ghné-djboi, manuscrit B; omis dans le manuscrit d'Arsiési. *Voyez* la note 6.

(2) Le manuscrit A les attribue à Neith, *dame de Saïs*.

(3) Phonétiquement exprimé par le mot Pésit dans tous les papyrus collationnés.

(4) Manuscrit hiéroglyphique B.

(5) Exprimées phonétiquement par le mot chopsch, qui existe dans le copte sous la forme de schôpsch, manuscrit d'Arsiési; tous les autres manuscrits portent chopt, que je n'ai point encore rencontré dans les textes coptes.

(6) Manuscrit d'Arsiési, manuscrit A, manuscrit B; dédiées aux esprits de *la demeure des fils de roi*, manuscrit E.

(7) Man-rat, manuscrits d'Arsiési et les papyrus A, D et E. Le manuscrit hiératique porte simplement rat.

(8) Manuscrit d'Arsiési, manuscrit A, B et D. Le papyrus E consacre les *jambes à Netphé* et à *Phtha*.

(9) Le manuscrit d'Arsiési et ceux notés A, C, D, E emploient le signe figuratif. Le manuscrit B offre le mot tibs qui, en copte, signifie *calcaneum*.

(10) Orô-evônh, les *Uréus vivantes*, c'est-à-dire les *déesses*. Les doigts sont figurativement exprimés.

des mythes et des croyances égyptiennes, mine féconde d'où sortirent en même temps, pour se répandre dans l'ancien monde civilisé, et les idées les plus relevées, et les superstitions les plus abjectes ; lorsqu'on prit des signes dans leur sens matériel au lieu de n'en saisir que l'expression conventionnelle, nous sauront quelque gré d'avoir donné ici la traduction entière de ce tableau curieux, et sur lequel ils se garderont de porter un jugement définitif avant de connaître plus complétement tout l'ensemble de la théologie égyptienne.

Nous publierons dans une autre occasion un texte soigné de ce tableau, qu'il est d'ailleurs facile de reconnaître dans les rituels funéraires complets (II.e partie, section v.e), car le petit manuscrit de Pétaménoph, aussi bien que celui d'Arsiési, est composé en grande partie de formules extraites de cette grande composition funéraire. Telles sont les dix invocations aux dieux Thoth et Phtha (manuscrit de Pétaménoph, lignes 18 à 31) qu'on trouve, mais plus développées, dans la II.e partie du rituel (section II.e *), et qui

---

* *Voyez* le grand papyrus hiéroglyphique publié dans la *Description de l'Égypte* A. vol. II, pl. LXXIV de la col. 120 à 43 ;

forment un livre particulier. Il en est ainsi des supplications tracées lignes 31 à 36 pour que les dieux lui ouvrent les diverses demeures des âmes divines, et particulièrement celle de Phtha ; ce ne sont que des abrégés des chapitres VI et VII de la IV.ᵉ section du rituel funéraire, II.ᵉ partie.

Enfin, à la ligne 36 du papyrus de Pétaménoph, commence une dernière invocation adressée au dieu Thoth, le double Hermès, sous la forme de son oiseau sacré. « *Grand est l'Ibis divin manifesté par Phtha, celui* * *qui ouvre les portes du monde matériel* ** ; (ô Ibis divin) conserve-lui (à Pétaménoph) *sa tête*; conserve-lui (ligne 37), *conserve-lui sa poitrine; conserve-lui sa bouche*; conserve-lui ses bras ; conserve-lui son..... ; réserve-lui une maison avec de la nourriture et des boissons, des bœufs, des oies (ligne 38); réserve-lui les eaux pures ; réserve-lui son œil pour le monde matériel, réserve-lui son

---

les colonnes étant numérotées dans le sens inverse de la marche réelle de l'écriture.

* Le manuscrit d'Arsiési dit, *pour ouvrir*.

** Le double Thoth est en effet représenté ouvrant ces portes dans les scènes peintes qui accompagnent le texte du rituel, III.ᵉ partie, section IV.

» œil pour la région de Kel (où les ames sont
» jugées); vivifie-le par le pain du dieu Sèv[*],
» désaltère-le (ligne 39) par les eaux du dieu
» Hap-moou (le Nil céleste); donne-lui à boire
» les eaux appelées *Djor*, en forme de re-
» mède[**]; abreuve-le de lait; accorde-lui du
» vin (ligne 40); reçois-le. Les transmigrations
» . . . . Grand est le Dieu puissant
» manifesté dans le monde ! . . . . . . (ligne 41)
» . . . . ils sont grands à toujours. »

Cette invocation au dieu Thoth, que le papyrus d'Arsiési qualifie expressément de *second Thoth*, rappelle l'Hermès *Psychopompe des Grecs, le conducteur des ames dans les régions d'Adès;* et tout le contenu du manuscrit de Pétaménoph sert à démontrer en outre combien étaient étendus et compliqués les mythes sacrés qui se rapportaient à la séparation de l'ame et du corps et aux diverses purifications que la première devait subir successivement dans l'intervalle de ses transmigrations. Dans plusieurs passages du papyrus dont nous venons de tenter la traduction, on semble demander aux dieux des biens tout-à-fait terrestres

---

[*] Le *Kronos* ou *Saturne* égyptien.

[**] Hk, le copte ʜɪᴋ, *remède, philtre.*

pour le défunt ; mais cette sorte de matérialisme n'est qu'apparente, comme nous aurons occasion de le démontrer dans un travail plus spécial. Ce n'est point ici, en effet, le lieu de développer tous les commentaires dont ce texte curieux est susceptible, et il sera seulement permis d'énoncer une opinion raisonnée sur l'ensemble du système psychologique égyptien, lorsque nous connaîtrons plus à fond la hiérarchie entière de cette foule de divinités et de dæmons ou esprits qui étaient censés diriger les ames dans leurs divers états ; lorsque enfin nous saurons la position relative de ce grand nombre de demeures célestes ou terrestres dont il est perpétuellement question dans les textes égyptiens relatifs au culte et aux doctrines religieuses.

Nous terminerons cette notice en jetant un coup d'œil rapide sur les images de divinités qui couvrent les cercueils et les enveloppes peintes de la momie de Pétaménoph. Ces peintures, si on les compare à quelque cercueil d'ancien style, portent bien mieux que le manuscrit encore des marques évidentes de la décadence rapide des arts égyptiens sous la domination étrangère. Les figures humaines en sont courtes, ramassées et sans proportions, et celles d'animaux manquent totalement de caractère. Malgré tous ces défauts, nous reconnaîtrons cependant, au milieu de scènes si négligées quant à leur représentation, une grande partie des divinités invoquées dans le papyrus funéraire.

L'extérieur de la caisse ou cercueil qui renfermait la momie de Pétaménoph, présente du côté de la tête (planche LXVII, n.° 2), au milieu d'ornemens et de décorations architecturales, une *bari* ou barque sacrée sur laquelle est le scarabée, symbole de *Phtha, Tho* ou *Thore*, surnommé *le Père des dieux* (*voy*. le papyrus, ligne 24), se détachant sur le disque lumineux du *soleil*, auquel était consacrée la *tête* du défunt (*voy*. ci-dessus page 38); le serpent, emblème de *l'éternité*, entoure le disque. Les deux divinités assises des deux côtés de la bari, ne portant ni inscriptions ni insignes particuliers, ne sauraient être déterminées.

Du côté des pieds (même planche, n.° 3) se montre encore le scarabée de Phtha, et c'est aussi à ce Dieu qu'étaient censés appartenir les pieds des défunts (*voy*. page 40); au dessous sont les emblèmes d'*Anubis, le gardien des gardiens* (*voyez* le papyrus, ligne 3), deux schacals armés du fouet et portant attachées à leur cou les *clefs* des portes de la demeure des ames (*ibid.* ligne 4).

Des scènes plus compliquées sont tracées sur le couvercle de cette caisse : la bande à droite représente la *région inférieure* (l'enfer égyptien), indiquée par un grand bouquet de l'espèce du lotus, attribué constamment à la région d'en-bas. *Osiris-Pethempamentés*, c'est-à-dire *l'occidental* ou *l'infernal*, le vrai Sarapis égyptien, invoqué dès le début du papyrus funéraire (ligne 2), se montre assis sur son trône, et assisté de son épouse et sœur la déesse *Isis*. Un autel chargé de fleurs, de pains, de fruits et de liquides pour les libations, s'élève en face du dieu. Anubis, reconnaissable à sa tête de schacal coiffée du *pschent*, parce qu'il remplissait, comme l'Hermès des Grecs, d'importantes fonctions et dans la région supérieure (le ciel) et dans la région inférieure (la terre et l'Amenti), présente à son père Osiris le défunt Pétaménoph suppliant, quoique enveloppé des bandelettes funéraires. Il s'agit proprement ici de l'examen des *fautes matérielles* du défunt, puisque son *corps* lui-même paraît devant le juge suprême de l'Amenti. La bande de gauche nous offre le jugement de son *ame*, c'est-à-dire, l'examen de ses pensées et de ses déterminations volontaires. Le principal personnage, assis sur le tribunal, est encore l'époux d'Isis ; mais c'est Osiris assimilé à *Phtha-Sacri* ou Socharis, comme l'indiquent sa tête d'épervier et sa coiffure : devant l'autel est l'ame de Pétaménoph, sous la forme d'un épervier, à face et à bras humains, la tête chargée du cône et du lotus funéraires. L'ame lève ses bras supplians et plaide sa cause ; assistée de la déesse *Smé*, la Vérité ou la Justice personnifiée sous la forme d'une femme de couleur verte, ayant au lieu de tête une grande plume, emblème de la justice (*voy.* Horapollon, livre IIe, hiéroglyphe 118).

Les espèces de portes ou d'édifices dans lesquels sont assis des génies à tête d'épervier, de cynocéphale, d'homme, de schacal, de crocodile, de lion, de vautour, de vanneau et de serpent, tous armés d'un glaive, sont les demeures ou portes dites *Sbè-Hét* et leurs gardiens, mentionnés dans le papyrus funéraire (ligne 31), et dont Anubis devait donner l'entrée (ligne 31) à l'ame du défunt, pour le conduire, en les traversant, au tribunal d'Osiris-Sarapis et d'Osiris-Socharis. On disait que ces demeures mystiques étaient situées, ainsi que nous l'apprend le grand rituel funéraire (III.ᵉ partie, section 2.°, chapitre IV), dans les champs de *Oen-Ro*, où s'élevait *le palais d'Osiris* : on trouve dans le même chapitre les noms des gardiens de ces demeures, qui étaient au nombre de vingt-un ; le couvercle de la momie de Pétaménoph n'en montre que dix-huit seulement. Le serpent ailé à jambes et bras humains, peint à l'extrémité de la bande de droite, est une des formes du Dieu *Atmou*, mentionné dans le papyrus de Pétaménoph (ligne 1) ; mais sous cette apparence, il portait le nom de HFÉ, le *serpent* par excellence. Cette divinité est reproduite sur les côtés droit et gauche de la caisse extérieure (pl. LXVIII, n.ᵒˢ 1 et 2).

A l'intérieur de la caisse, du côté de la tête du mort (planche LXVI, n.° 4), est figuré l'épervier portant un disque rouge, les ailes éployées sur un champ décoré d'étoiles : c'est l'emblème du dieu *Phré*, invoqué dans les premières lignes du manuscrit, le soleil, source de la lumière, *l'épervier* ou *l'esprit actif* de l'univers (papyrus, ligne 6).

La partie opposée du cercueil (même planche, n.° 5), nous montre la déesse *Hathôr*, mentionnée dans la ligne 4 du papyrus; mais elle est ici symboliquement représentée, sous les apparences d'une vache de couleur jaune accroupie sur un autel : l'oiseau à tête humaine, debout devant l'animal sacré, la tête surmontée du disque et les bras élevés en signe d'adoration, est l'un des esprits solaires, c'est-à-dire, une des ames parvenues au plus parfait degré de purification, et dont le chef était Haroëris, l'œil bienfaisant du soleil (papyrus, ligne 7); on a sans doute voulu figurer l'ame du défunt Pétaménoph, que l'on supposait admise dans cette haute classe.

Sur le dessous de la caisse (pl. LXVI, n.° 2), est figurée la déesse *Netphé*, l'épouse du dieu *Sèv*, et la mère d'*Osiris*, caractérisée par le vase placé au-dessus de sa tête, lequel n'est autre chose que la lettre initiale de son nom : cette divinité, assistée de sa fille *Isis* et de la déesse *Hathôr*, est représentée au milieu des branches de l'arbre qui lui était consacré, et du haut duquel elle répartissait aux ames la nourriture et le breuvage célestes (rituel funéraire, II.ᵉ part., v.ᵉ sect., chap. 37 et 39). Les deux déesses qui l'assistent, remplissaient aussi des fonctions semblables; mais l'arbre d'Hathôr était un *sycomore, nouHi*, et celui de Netphé, une espèce de persea nommé *glebakh* dans les textes hiéroglyphiques, mot qui semble être l'origine du mot *lébakh*, en langue arabe, qui désigne aussi l'arbre *persea*. On voit aux pieds de la mère d'Osiris les schacals, emblèmes d'Anubis, le gardien des dieux et des choses divines. On remarque également, au fond des cercueils de momies d'ancien style égyptien, l'image en grand de l'une des déesses nourricières des ames, quelquefois Hathôr, mais presque toujours *Netphé*, comme dans la caisse de Pétaménoph.

Sur le côté droit extérieur de ce cercueil, on a peint le disque du soleil, porté dans la *bari* sacrée, conduite par quatre schacals. Cet astre, au milieu duquel figure le dieu *Ammon-Chnouphis* (le soleil intellectuel) est adoré par quatre cynocéphales: ces deux espèces d'animaux se rapportent, sans aucun doute, les uns, les schacals, aux solstices, et les autres, les cynocéphales, aux équinoxes. Sur le côté gauche du cercueil, une semblable scène est répétée; mais la *bari* sacrée porte en même temps les images du soleil et de la lune combinées ensemble.

C'est encore à l'astronomie religieuse que se

rapporte la composition peinte dans l'intérieur de la caisse de la momie (pl. LXIX). Au milieu du tableau est une déesse richement costumée étendant ses bras et ses pieds comme pour occuper tout l'espace; c'est la déesse *Tpé* ou *Tiphé*, le CIEL personnifié, que l'on sait être exprimé d'une manière tout-à-fait semblable à côté du zodiaque circulaire de Dendérah; on retrouve aussi cette même figure de *l'Uranie* égyptienne, mais vue de profil, dans le zodiaque rectangulaire de Dendérah, et dans les zodiaques ou tableaux astronomiques d'Esné, d'Hermonthis, de Philæ et des tombeaux des rois à Thèbes. Au-dessus de la tête de *Tiphé,* le soleil répand les rayons de sa lumière : cet astre est supposé se trouver dans le signe du capricorne, déplacé à dessein pour indiquer le mois[*] dans lequel arriva la naissance de Pétaménoph, qui eut lieu en effet le 12 de tybi de l'an 5 du règne d'Hadrien, c'est-à-dire, le 12 janvier de l'an 95 de l'ère chrétienne, le soleil étant dans le capricorne.

Les autres signes du zodiaque sont disposés à la droite et à la gauche de la déesse; des étoiles

---

[*] *Voyez* le savant mémoire de M. Letronne, intitulé *Observations critiques et archéologiques sur l'objet des représentations zodiacales qui nous restent de l'antiquité, &c.*

occupent le fond bleu du tableau, et, vers la tête de Tiphé, on a représenté quatre scarabées à tête de serpent, symboles dont la signification nous est encore inconnue.

Vingt-quatre figures de femmes, debout, portant sur la tête le disque du soleil, occupent les deux côtés du tableau, douze à droite et douze à gauche ; ce sont les vingt-quatre heures du jour astronomique personnifiées. Je les ai reconnues d'autre part, toujours au nombre de vingt-quatre et divisées en deux fois douze, les *heures du jour* et les *heures de la nuit,* sur un des côtés extérieurs du magnifique sarcophage du pharaon Ramsès-Meiamoun, dont la munificence royale vient d'enrichir le Musée du Louvre ; mais là, les douze heures du jour sont figurées par douze hommes en marche et faisant face au soleil assis sur son trône ; et les douze heures de nuit par douze femmes se dirigeant dans un sens opposé et à la suite d'un énorme crocodile, emblème de *l'occident**, et dont la première des heures de la nuit semble toucher la queue**, emblème spécial des *ténèbres* ou de *l'obscurité.*

---

* Horapollon, liv. 1.er, hiérog. 89.
** *Ibid.* hiérog. 70.

Les heures ainsi représentées sur le sarcophage royal, ont toutes, au lieu de disque, une *étoile* sur la tête, symbole très-caractéristique, puisque l'*étoile* signifiait, selon Horapollon[*], LE TEMPS (χρόνον) en général; souvent aussi *la nuit* (νύκτα), et les *différentes parties du jour*, δειλην; car le mot δειλη s'applique au matin, au milieu du jour ou au soir, selon le mot avec lequel on le combine. Il n'est point inutile de faire observer aussi que les heures peintes sur le cercueil de Pétaménoph sont de couleurs différentes : huit d'entre elles ont les chairs *jaunes*, huit les chairs *vertes*, et huit autres les chairs *rouges*. Cette division des heures en trois séries tenait sans doute à des idées que nous ne pouvons apprécier encore.

Nous terminerons cet examen de la momie du jeune Pétaménoph, en déterminant les personnages peints sur la toile qui l'enveloppait. La grande figure occupant le milieu, dont les chairs étaient vertes, est *Osiris Sakri* ou *Socharis*. Vers sa tête sont les baris sacrées du soleil et de la lune symbolisés par un *œil droit* et un *œil gauche*. Le dieu est adoré par deux images de Pétaménoph à demi entouré des bandelettes

[*] Liv. II, hiérog. 1.

funéraires. Plus bas, à la droite et à la gauche du dieu, sont peints, mais sans être mis en rapport bien direct, tous les personnages qui jouent un rôle dans la scène du jugement des morts. A droite est *Osiris-Sarapis,* en pied, assisté par *Isis,* dont les chairs sont peintes en rouge; en face, et à la gauche, on voit le dieu *Anubis* coiffé du pschent, présentant à son père le défunt Pétaménoph. En retournant vers la droite, on trouve le dieu *Thoth* écrivant sur sa palette le jugement prononcé; sur l'autre bande, on a figuré le *cerbère égyptien,* monstre composé du crocodile, du lion et de l'hippopotame, armé de glaives; c'est le gardien du palais d'Osiris. Suivent enfin les quatre fils d'Osiris, ses parèdres dans l'Amenti; *Amset,* le génie à tête humaine; *Hapi,* le génie à tête de cynocéphale; *Soumautf,* à tête de schacal, et *Kebh-Sniv,* à tête d'épervier, tenant dans leurs mains des bandelettes bleues, vertes ou jaunes, comme s'ils se disposaient à en envelopper les morts, dont les parties intérieures étaient censées la propriété exclusive de ces quatre génies.

J. F. CHAMPOLLION *le jeune.*

OBSERVATIONS

MÉTÉOROLOGIQUES

FAITES EN ÉGYPTE ET EN NUBIE

Dans les années 1819, 1820, 1821 et 1822.

OBSERVATIONS MÉTÉOROLOGIQUES.

En Nubie, comme en Égypte, les phénomènes de la nature se succèdent avec une grande uniformité : il n'est pas rare que les vents soufflent durant plusieurs mois des mêmes rumbs, et reviennent à des époques constantes. Ceux du nord sur-tout sont les plus fréquens : sur les sept cent soixante-cinq jours d'observations indiqués dans les tableaux qui suivent, ces vents ont régné quatre cent trente jours. En 1821, sur cent cinquante jours de la saison des pluies au Sennâr, les vents constans de la partie du sud ont soufflé cent vingt jours.

On a toujours choisi, autant qu'on l'a pu, pour lieux des observations barométriques et thermométriques, ceux où l'air était le plus tempéré, et dans une chambre ouverte. Pendant les routes, ainsi qu'au désert, elles ont été faites sous une grande tente ouverte.

Je me suis servi, pour ces observations, du baromètre à division métrique de Fortin et du thermomètre centigrade. Je regrettai beaucoup le premier de ces instrumens, qui fut brisé par une chute dans le cours du voyage. A mon retour à Paris, je fis une nouvelle comparaison de mes thermomètres avec ceux de l'Observatoire royal; et j'eus lieu d'être satisfait en reconnaissant qu'ils n'avaient éprouvé aucune altération.

OBSERVATIONS MÉTÉOROLOGIQUES.

AU C...bre 1819.

À HUIT HEURES DU MATIN.				À MIDI.		À QUATRE HEURES DU SOIR.			REMARQUES.
Baromètre.	Thermomèt.	État du ciel.	Vents.	Baromètre.	Thermomèt.	Thermomèt.	État du ciel.	Vents.	
762mm 98.	23° 50.	Nuages épais.	N.O.	762mm 75.	23mm 0.	25° 0.	Pur........	N.	
763. 65.	22. 3.	Pur........	N.	763. 30.	23. 20.	25. 0.	Pur........	N.	
764. 0.	23. 0.	Pur........	N.	762. 85.	22. 75.	26. 2.	Nuages légers.		
764. 60.	22. 8.	Pur........	N.	764. 0.	21.......	....	Couvert.....	N.	
....	....	Couvert....	N.O.	....	....	....	Couvert....	N.O.	
765. 25.	22. 20.	Beau.......	N.	763. 15.	23. 15.	26. 0.	Beau.......	N.	Vent fort.
764. 30.	22. 70.	Nuages.....	N.	763. 15.	23. 60.	26. 50.	Nuages.....	N.	Vent fort.
764. 65.	23. 0.	Nuages légers.	N.	763. 85.	23. 70.	27. 0.	Petits nuages.	N.	
765. 10.	23. 5.	Couvert.....	N.	764. 75.	23. 95.	27. 2.	Nuages.....	N.	
765. 55.	23. 2.	Couvert.....	N.	764. 85.	23.......	....	Pur........	N.O.	
765. 35.	23. 0.	Brume......	N.	764. 50.	23. 5.	25. 7.	Pur........	N.	
764. 10.	23. 0.	Pur........	N.	763. 30.	23. 60.	26. 6.	Pur........	N.	
764. 95.	23. 5.	Quelq. nuages.	N.O.	764. 65.	26. 0.	27. 0.	Quelq. nuages.	N.	Position de Syouah:
765. 95.	23. 8.	Brume......		664. 95.	24. 0.	26. 2.	Nuages.....	N.	Latitude........ 29° 12' 21"
765. 5.	23. 45.	Nuages.....	N.	763. 65.	23. 60.	25. 9.	Quelq. nuages.	N.	Longitude....... 28. 58. 30.
763. 0.	23. 5.	Pur........	N.	762. 60.	23. 35.	26. 8.	Pur........	N.	Variation....... N. O. 12°
763. 50.	20. 90.	Nuages légers.	N.	763. 60.	23. 15.	26. 2.	Nuages.....	N.	

À MEDYNET EL-FAYOUM, Novembre 1819.

764mm 30.	22° 0.	Couvert.....	N.	764mm 25.	263mm 0.	26° 5.	Quelq. nuages.	N.	
765. 15.	20. 90.	Quelq. nuages.	N.	764. 70.	264. 0.	26. 0.	Couvert.....	N.	
766. 75.	22. 4.	Pur........	N.	765. 90.	264. 90.	24. 95.	Nuages.....	N.	Vent très-fort.
766. 35.	20. 85.	Pur........	N.	765. 0.	264. 50.	25. 5.	Pur........	N.	Vent fort.
764. 85.	20. 97.	Petits nuages.	N.	765. 0.	264. 15.	28. 1.	Pur........	N.	
765. 85.	20. 65.	Pur........	Calme.	765. 0.	264. 25.	26. 7.	Pur........	N.	

Caire. {	Plus grande élévation du mercure........	765mm 95, le	} Medynet el-Fayoum. {	766mm 75, le 14.	Position de Medynet:
	Moindre élévation du mercure..........	761. 35, le		763. 0, le 12.	Latitude..... 29° 18' 7"
	Plus haut degré de chaleur............	27° 8, le		28°. 5, le 16.	Longitude... 28. 35. 0.
	Moindre degré de chaleur.............	20. 90, le		20. 65, le 17.	Variation..... N. O. 11°

Reliure serrée

OBSERVATIONS MÉTÉOROLOGIQUES.

ROUTE DU FAYOUAH, novembre 1819.

LIEUX.	JOURS.	À SEPT HEURES DU MATIN.			À SEPT HEURES DU SOIR.				REMARQUES.
		Baromètre.	Thermomèt.	État du ciel.	Baromètre.	Thermomèt.	État du ciel.	Vents.	
près de Gambachy..	20.	766mm 70.	20° 5.	Brouillard....	14mm 60.	27° 0.	Pur........	N.	
	21.	764. 85.	13. 2.	Brouillard....	64. 75.	30. 8.	Nuages......	N.	
	22.	765. 0.	15. 5.	Brouillard....	64. 60.	25. 2.	Pur........	N.	
el-Garah........	23.	765. 60.	13. 5.	Brouillard....	65. 0.	16. 9.	Nuages......	Calme.	
	24.	764. 40.	11. 6.	Nuages......	62. 60.	23. 5.	Nuages......	N.	
Rayân el-Qasr....	25.	762. 75.	17. 9.	Nuages......	60. 90.	25. 3.	Nuages......	N.	Latitude de Rayân, 29° 4' 56". Vent très-fort.
	26.	763. 50.	18. 9.	Orages......	61. 40.	20. 6.	Nuages......	N.	
	27.	752. 55.	14. 9.	Pur........	49. 15.	18. 5.	Nuages......	N.	
Désert........	28.	743. 10.	10. 5.	Pur........	51. 0.	18. 0.	Couvert.....	N.	
	29.	749. 70.	10. 7.	Nuages......	56. 20.	19. 8.	Couvert.....	N.	
Ras el-Baqar.....	30.	755. 20.	9. 0.	Pur........	....	....	Nuages......	O.	

Décembre 1819.

					68mm 0.	20° 5.	Pur........	O.N.O.	
- Ayn Ouara ou Magharah....	1.	767mm 25.	6° 8.	Pur........	65. 0.	15. 5.	Nuages......	O.	
	2.	767. 75.	5. 6.	Clair........	70. 40.	14. 4.	Pur........	O.	
	3.	765. 25.	9. 6.	Clair........	69. 20.	10. 3.	Nuages......	S.	
	4.	768. 40.	7. 9.	Nuages......	68. 55.	16. 3.	Nuages......	N.	
Désert........	5.	762. 60.	9. 9.	Pur........	66. 45.	19. 7.	Nuages......	O.	
	6.	769. 25.	11. 9.	Pur........	64. 55.	16. 9.	Couvert.....	O.	Tout le jour, vent couvert.
el-Garah........	7.	766. 90.	12. 8.	Couvert.....	61. 75.	12. 9.	Pur........	O.	
	8.	765. 15.	12. 9.	Pur........	59. 50.	17. 6.	Pur........	N.O.	
	9.	753. 90.	8. 5.	Pur........	58. 0.	13. 0.	Nuages......	O.	
Désert près Syouah.	10.	768. 25.	8. 1.	Clair........					

Fayoum à Syouah.	Plus grande élévation du mercure. 769mm 50, le 9 décembre
	Moindre élévation du mercure.... 743 10, le 28 novembre
	Plus haut degré de chaleur..... 30° 8, le 21 novembre
	Moindre degré de chaleur..... 8. 1, le 10 décembre

Position d'el-Garah :
Latitude............ 29° 36' 0"
Longitude........... 24. 30. 40.
Variation........... N. O. 12°

OBSERVATIONS MÉTÉOROLOGIQUES.

À SYOUAH... bre 1819.

JOURS.	DE SEPT À HUIT HEURES DU MATIN.				DE MIDI À UNE...		QUATRE À CINQ HEURES DU SOIR.			REMARQUES.
	Baromètre.	Thermomèt.	État du ciel.	Vents.	Baromètre.	Thermomèt.	Thermomèt.	État du ciel.	Vents.	
11.	767mm 80.	10° 0.	Clair.......	Calme.	768mm 60.	...65.	21° 4.	Nuages......	Calme.	
12.	764. 35.	12. 9.	Nuages.....	Calme.	764. 30.	75.	19. 7.	Nuages......	O.	Petite pluie.
13.	765. 50.	13. 8.	Nuages......	O.	....	40.	17. 8.	Nuages......	N. O.	
14.	769. 65.	12. 4.	Pur........	Calme.	770. 95.	95.	19. 5.	Nuages......	N. O.	
15.	771. 60.	11. 7.	Pur........	Calme.	770. 45.	50.	21. 1.	Couvert.....	Calme.	
16.	768. 80.	10. 5.	Nuages.....	Calme.	768. 35.	90.	19. 0.	Nuages......	Calme.	
17.	766. 0.	10. 0.	Nuages.....	Calme.	766. 50.	35.	20. 0.	Pur........	N. O.	
18.	766. 55.	13. 4.	Pur........	N. O.	766. 75.	35.	16. 9.	Nuages......	N. O.	Position de Syouah:
19.	767. 40.	10. 4.	Pur........	Calme.	767. 95.	90.	18. 0.	Pur........	N. O.	Latitude....... 26° 12' 19"
20.	765. 50.	13. 5.	Clair.......	Calme.	765. 65.	20.	19. 2.	Pur........	O.	Longitude...... 23. 38.
21.	762. 25.	13. 5.	Nuages légers.	Calme.	761. 90.	75.	18. 4.	Couvert.....	O.	Variation....... N. O. 13
22.	760. 75.	12. 8.	Nuages......	O.	762. 35.	0.	18. 4.	Nuages......	N. O.	Vent violent le matin.

ROUTE DE SYOUÂH EL-BAHRYEH.

LIEUX.	JOURS.	DE SEPT À HUIT HEURES DU MATIN			DE SIX À SEPT HEURES DU SOIR.				REMARQUES.
		Baromètre.	Thermomèt.	État du ciel.	Baromètre.	Thermomèt.	État du ciel.	Vents.	
El-Baqarah.....	23.	763mm 80.	8° 0.	Nuages.....	4mm 95.	16° 4.	Nuages......	O.	Petite pluie durant 6 heures
Chegueg.......	24.	764. 85.	12. 1.	Nuages.....	3. 60.	16. 5.	Clair.......	Calme.	
Melmât........	25.	765. 75.	7. 7.	Pur........	0. 75.	12. 4.	Pur........	S. E.	
Aráy el-Bahreyn..	26.	770. 70.	3. 5.	Pur........	7. 90.	14. 4.	Pur........	Calme.	Congélation de l'eau dans la
Désert.........	27.	766. 90.	0. 0.	Pur........	7. 30.	13. 2.	Pur........	Calme.	du 26 au 23.
El-Bahreyn.....	28.	766. 50.	1. 2.	Pur........	0. 50.	12. 5.	Pur........	N.	
El-Amrah......	29.	760. 30.	3. 5.	Clair.......	2. 75.	12. 9.	Clair.......	N.	Froid très-vif dans les nuits
Désert.........	30.	752. 40.	3. 7.	Pur........	6. 10.	17. 2.	Nuages......	N.	25 au 31.
Vallée de l'Oasis..	31.	745. 85.	1. 1.	Pur........	6. 40.	15. 2.	Nuages......	N.	

À Syouah....	Plus haute élévation du mercure...... 770mm 95,		Route de Syouah à l'Oasis.	770mm 75, le 25.
	Moindre élévation du mercure........ 759 75,			746. 10, le 30.
	Plus haut degré de chaleur.......... 24° 7,			17° 2, le 30.
	Moindre degré de chaleur........... 11. 7,			0. 0, le 27.

OBSERVATIONS MÉTÉOROLOGIQUES.   À EL-OUÀH EL-BAH... 1820.

LIEUX.	JOURS.	DE SEPT À HUIT HEURES DU MATIN.			UNE HEURE.		DE QUATRE À CINQ HEURES DU SOIR.				REMARQUES.
		Baromètre.	Thermomèt.	État du ciel.	...tre.	Therm.re	Baromètre.	Therm.re	État du ciel.	Vents.	
Ayn-Beledy....	1.	726mm40.	10° 1.	Pur........			756mm80.	20° 0.	Clair.......	N.	
	2.	758. 75.	17. 2.	Pur........	...mm 6.	24° 1.	759. 0.	18. 2.	Pur........	N.	
	3.	758. 80.	10. 8.	Nuages légers.	... 10.	27. 6.	758. 85.	20. 0.	Nuages.....	O.	
	4.	759. 25.	10. 1.	Nuages légers.	... 20.	28. 9.	758. 45.	20. 1.	Nuages.....	O.	
	5.	758. 65.	11. 7.	Pur........	...85.	28. 9.	760. 30.	21. 9.	Nuages.....	N.	Quelques grains de pluie le soir.
	6.	760. 3.	10. 0.	Pur........	...40.	27. 8.	758. 75.	21. 5.	Pur........	N.	
	7.	757. 60.	9. 6.	Pur........	... 15.	28. 1.	757. 85.	23. 7.	Pur........	O.	
	8.	758. 0.	9. 8.	Nuages......	...75.	27. 1.	759. 20.	24. 4.	Nuages.....	O.	
	9.	759. 90.	11. 2.	Pur........	...	.....	758. 55.	30. 6.	Nuages légers.	E.	
	10.	758. 70.	9. 9.	Nuages légers.	...65.	30. 2.	757. 65.	21. 2.	Nuages légers.	E.	
	11.	757. 55.	3. 1.	Pur........	...5.	30. 5.	760. 35.	30. 9.	Pur........	O.	
Zabou........	12.	760. 60.	9. 95.	Pur........	...85.	30. 7.	760. 70.	17. 0.	Pur........	N.	
	13.	760. 30.	8. 5.	Pur........	1..80.	28. 6.	759. 75.	22. 1.	Nuages.....	Calme.	
	14.	757. 80.	6. 5.	Pur........	...60.	29. 4.	759. 70.	20. 4.	Nuages légers.	O.	
	15.	759. 0.	6. 1.	Pur........	...75.	27. 9.	760. 0.	26. 8.	Pur........	Calme.	Gelée dans la nuit.
	16.	758. 60.	7. 5.	Pur........			757. 85.	20. 4.	Nuages.....	Calme.	
	17.	756. 95.	7. 2.	Nuages légers.	...5.	29. 5.	757. 10.	23. 2.	Nuages légers.	Calme.	
	18.	757. 50.	8. 7.	Pur........	...	30. 1.	758. 0.	22. 3.	Pur........	O.	Gelée dans la nuit et vent fort.
	19.	757. 80.	11. 0.	Nuages......	...70.	28. 7.	758. 35.	21. 5.	Nuages.....	N. E.	
	20.	758. 60.	11. 8.	Nuages......	......	27. 9.	758. 70.	21. 2.	Nuages.....	N. E.	
	21.	758. 55.	10. 3.	Nuages......	...	.....	757. 45.	19. 5.	Nuages.....	N. E.	
	22.	758. 75.	14. 9.	Nuages......	...25.	28. 9.	758. 60.	23. 1.	Clair.......	N.	
	23.	758. 80.	11. 8.	Pur........	...0.	31. 8.	758. 80.	28. 4.	Clair.......	N. O.	
	24.	757. 60.	11. 9.	Nébuleux....	...0.	35. 5.	757. 10.	32. 5.	Nuages.....	Calme.	
	25.	756. 0.	13. 2.	Nuages......	... 75.	30. 6.	754. 85.	25. 2.	Nuages.....	Calme.	
	26.	754. 70.	16. 4.	Couvert.....	...0.	29. 1.	753. 25.	26. 6.	Couvert.....	Calme.	
	27.	753. 70.	13. 8.	Nuages......	...55.	25. 7.	753. 75.	20. 5.	Couvert.....	N. O.	
	28.	751. 85.	8. 9.	Pur........	...70.	27. 5.	751. 70.	20. 7.	Nuages.....	O. S. O.	Vent très-fort le soir.
	29.	733. 85.	11. 8.	Nuages légers.	...75.	18. 8.	753. 60.	18. 4.	Nuages.....	S. O.	
Qasr........	30.	756. 45.	9. 4.	Nuages......	...	.....	756. 0.	17. 6.	Nuages.....	S. O.	
	31.	757. 0.	11. 9.	Couvert.....	...7. 45.	24. 7.	756. 25.	21. 9.	Couvert.....	O.	

Plus haute élévation du mercure....... 762mm 35, le 12.
Moindre élévation du mercure....... 751. 70, le 28.
Plus haut degré de chaleur....... 35° 5, le 24.
Moindre degré de chaleur....... 6. 1, le 15.

Position d'Ez-Zabou :
Latitude.............. 28° 21′ 47″
Longitude............. 26. 43. 36.
Variation N. O........ 12. 13.

OBSERVATIONS MÉTÉOROLOGIQUES À EL-OUÂH EL-BAHRYEH et autres oasis au sud, février 1820.

LIEUX.	JOURS.	DE SEPT À HUIT HEURES DU MATIN.			À UNE HEURE.		DE QUATRE À CINQ HEURES DU SOIR.				REMARQUES.
		Baromètre.	Thermomèt.	État du ciel.	Baromètre.	Therm.re	Baromètre.	Therm.re	État du ciel.	Vents.	
Qasr, village d'el-Ouâh el-Bahryeh.	1.	755mm 90.	16° 1.	Couvert.....			754mm 55.	22° 4.	Couvert.....	Calme.	
	2.	755. 90.	15. 6.	Couvert.....	57mm 0.	23° 1.	756. 5.	20. 7.	Couvert.....	N. O.	
	3.	756. 45.	11. 2.	Nuages......	57. 45.	29. 90.	755. 75.	18. 2.	Pur........	O.	
	4.	755. 0.	6. 9.	Nuages légers.			754. 55.	17. 2.	Nuages......	O.	
	5.	753. 80.	8. 5.	Nuages......	55. 45.	29. 3.	753. 75.	18. 3.	Couvert.....	O.	
	6.	754. 55.	10. 9.	Clair.......	54. 80.	27. 8.	753. 85.	17. 6.	Nuages......	N. O.	
	7.	755. 25.	11. 2.	Nuages......	55.	23. 6.	755. 80.	14. 4.	Nuages......	N. N. O.	
	8.	758. 20.	10. 1.	Nuages......	50. 70.	28. 8.	757. 90.	18. 9.	Nuages......	N. N. O.	
	9.	758. 0.	15. 5.	Pur.........	30.	27. 5.	759. 0.	17. 2.	Nuages......	N.	
	10.	759. 10.	9. 4.	Nuages......			757. 26.	14. 8.	Nuages......	N.	Les observations du Qasr au Farâfreh ont été faites le matin et le soir à... heures.
Route du Qasr au Farâfreh......	11.	757. 55.	10. 2.	Nuages......			757. 40.	15. 8.	Nuages......	Calme.	
	12.	756. 65.	7. 5.	Pur.........			754. 90.	15. 5.	Pur........	N. E.	
	13.	753. 50.	4. 1.	Pur.........			745. 0.	13. 2.	Pur........	N.	
	14.	744. 90.	7. 2.	Pur.........			762. 55.	18. 6.	Nuages......	N. O.	
	15.	763. 90.	7. 2.	Pur.........			760. 80.	15. 6.	Clair.......	N.	
Farâfreh........	16.	762. 0.	12. 5.	Pur.........	63. 80.	28. 5.	761. 50.	16. 8.	Nuages légers.	N.	
	17.	760. 60.	12. 0.	Nuages......	61. 10.	24. 7.	759. 60.	22. 2.	Pur........	N.	
	18.	760. 70.	13. 8.	Pur.........	61. 50.	26. 8.	760. 25.	24. 2.	Pur........	N.	
	19.	760. 0.	10. 3.	Nuages......	60. 45.	30. 8.	760. 40.	23. 6.	Nuages......	N.	
	20.	760. 0.	5. 2.	Clair.......	0. 1.		757. 85.	15. 5.	Clair.......	N.	Observations faites à six heures le soir et le matin.
Du Farâfreh à Dakhel	21.	758. 0.	2. 9.	Clair.......			750. 4.	12. 9.	Pur........	N.	
	22.	760. 15.	3. 7.	Pur.........			731. 75.	12. 2.	Pur........	N.	
Sur une montagne..	23.	731. 20.	4. 5.	Nuages......	5.		759. 80.	17. 0.	Nuages......	N.	Le 27 et le 28, barom. a été observé sur une montagne.
Oasis du Dakhel....	24.	759. 65.	11. 2.	Pur.........	300 250.	25. 5.	758. 55.	21. 2.	Pur........	N.	
	25.	759. 25.	14. 1.	Pur.........	50. 80.	24. 4.	758. 30.	24. 6.	Pur........	N.	
	26.	758. 35.	8. 2.	Nébuleux....	0. 1.		757. 10.	17. 4.	Nébuleux....	N. E.	
Du Dakhel........	27.	757. 25.	9. 4.	Pur.........	0. 1.		734. 40.	18. 6.	Pur........	E.	Observations faites de six à sept heures le matin, et de sept à huit heures le soir.
A A'yn-Amour....	28.	733. 15.	12. 2.	Pur.........			725. 40.	19. 8.	Nébuleux....	E.	
	29.	739. 25.	28. 0.	Pur.........			752. 20.	20. 2.	Pur........	E.	

Plus haute élévation du mercure...... 763mm 90, le 15.
Moindre élévation du mercure........ 725. 40, le 28.
Plus haut degré de chaleur........... 30° 8, le 19.
Moindre degré de chaleur............ 2. 9, le 21.

Position du Farâfreh :
Latitude........ 27° 2′ 59″
Longitude....... 25. 50. 28.
Variation...... N. O. 12° 30′

Position du Qasr Dakhel :
Latitude........ 25° 41′ 32″
Longitude....... 26. 39. 6.

OBSERVATIONS MÉTÉOROLOGIQUES.

Route du KHAR... CAIRE, mars 1820.

LIEUX.	JOURS.	DE SEPT À HUIT HEURES DU MATIN.			À UNE HEURE.		DE QUATRE À CINQ HEURES DU SOIR.				REMARQUES.
		Baromètre.	Thermomèt.	État du ciel.	Baromètre.	Therm.^t	Baromètre.	Therm.^t	État du ciel.	Vents.	
...che el-Gard....	1.	751^mm 25.	10° 9.	Pur.......	...60.	28° 4.	755^mm 40.	19° 9.	Nuages légers.	E.	
...hargeh......	2.	754. 70.	11. 5.	Pur.......	...56. 20.	26. 2.	754. 45.	26. 8.	Pur........	Calme.	
	3.	753. 25.	14. 2.	Nuages.....	...54. 0.	29. 1.	752. 75.	35. 8.	Nébuleux....	S. O.	
	4.	750. 60.	15. 9.	Nuages.....	....		747. 0.	30. 5.	Nuages.....	S. O.	
u désert......	5.	748. 0.	16. 1.	Nuages.....	....		734. 20.	23. 0.	Nuages.....	N.	Les observations du Khargeh à Syout ont été faites le matin à six heures, et le soir à sept heures.
oute de Syout...	6.	734. 40.	10. 8.	Nuages.....	....		737. 90.	20. 3.	Clair......	N.	
	7.	736. 0.	10. 6.	Nuages.....	....		742. 0.	23. 8.	Nuages.....	N.	
	8.	741. 10.	11. 6.	Nuages.....	....		750. 60.	25. 8.	Nuages.....	Calme.	
...yout.........	9.	754. 40.	16. 7.	Couvert....	....		754. 85.	21. 3.	Couvert.....	E.	
	10.	754. 80.	16. 8.	Couvert....	....				Nuages légers.	E.	
	11.	....		Pur.......	...59. 95.	22. 7.	758. 10.	23. 8.	Nuages.....	O.	
...eyremoun....	12.	758. 95.	14. 9.	Couvert....	....		756. 50.	24. 5.	Nuages.....	N. O.	
	13.	758. 45.	17. 5.	Nuages.....	...58. 90.	26. 6.	757. 35.	26. 6.	Nuages.....	N. O.	
	14.	756. 95.	15. 1.	Nuages.....	...55. 75.	24. 7.	757. 25.	27. 1.	Nuages.....	N. O.	
	15.	....		Nuages.....	....				Nuages.....	N.	
	16.	....		Nuages.....	....				Nuages.....	N.	Quelques grains de pluie à neuf heures du matin.
...ur le fleuve....	17.	....		Couvert....	....				Nuages.....	N.	
	18.	....		Nuages.....	....				Pur.......	N.	Quelques grains de pluie à onze heures du matin.
	19.	....		Couvert....	....				Couvert.....	N.	
	20.	759. 35.	17. 4.	Couvert....	...59. 90.	19. 7.	760. 25.	19. 1.	Nuages.....	N.	
	21.	762. 40.	16. 6.	Pur.......	...60. 40.	19. 1.	757. 65.	19. 8.	Nuages.....	O.	
	22.	758. 70.	16. 5.	Nuages.....	...61. 35.	19. 1.	761. 35.	21. 2.	Nuages.....	N. O.	Quelques grains de pluie à onze heures du matin.
	23.	763. 55.	15. 7.	Clair......	...60. 80.	19. 5.	760. 90.	20. 8.	Clair......	N. O.	
	24.	758. 80.	18. 3.	Clair......	...59. 25.	19. 8.	758. 30.	25. 9.	Pur.......	N. O.	
u Caire........	25.	760. 90.	18. 8.	Nuages légers.	...59. 50.	20. 8.	757. 45.	22. 2.	Nuages.....	N. O.	
	26.	759. 35.	22. 3.	Nébuleux....	...59. 45.	25. 3.	758. 20.	26. 6.	Couvert.....	S.	
	27.	757. 85.	24. 7.	Nébuleux....	...57. 80.	26. 9.	759. 0.	25. 5.	Couvert.....	S. O.	
	28.	762. 0.	21. 2.	Couvert....	...61. 80.	21. 6.	761. 10.	21. 95.	Nuages.....	N.	
	29.	763. 65.	17. 2.	Pur.......	...64. 50.	18. 9.	765. 20.	19. 6.	Clair......	N.	
	30.	765. 85.	16. 1.	Nuages.....	...65. 55.	18. 2.	764. 25.	19. 8.	Nuages.....	O.	
	31.	764. 35.	14. 9.	Nébuleux....	....		763. 20.	21. 0.	Nuages.....	O.	

Plus haute élévation du mercure...... 765^mm 85, le 30.
Moindre élévation du mercure........ 734. 20, le 5.
Plus haut degré de chaleur.......... 35° 8, le 3.
Moindre degré de chaleur............ 10. 0, le 7.

Position du Khargeh :
Latitude................ 25° 28' 30"
Longitude.............. 28. 16. 0.
Variation............. N. O. 12° 10'

OBSERVATIONS MÉTÉOROLOGIQUES.

AU CAIRE 1820.

JOURS.	DE SEPT À HUIT HEURES DU MATIN.				DE MIDI À UNE HEURE				DE QUATRE À CINQ HEURES DU SOIR.				REMARQUES.
	Baromètre.	Thermomèt.	État du ciel.	Vents.	Baromètre.	Thermomèt.		Thermomèt.	État du ciel.	Vents.			
1.	766mm 55.	14° 95.	Nuages légers.	Calme.	766mm 25.	17	25.	22° 1.	Nuages......	O.			
2.	767. 25.	14. 7.	Nuages légers.	N.	767. 5.	17.			Nuages......	N.O.			
3.	766. 55.	14. 2.	Nuages légers.	N.	765. 95.	16.	0.	21. 9.	Nuages......	N.			
4.	764. 55.	16. 5.	Nuages......	Calme.	764. 0.	19.	70.	20. 1.	Nuages......	N.			
5.	762. 30.	16. 8.	Pur........	Calme.	761. 25.	19.	00. 15.	21. 7.	Nuages......	Calme.			
6.	......	......	Clair......	Calme.	......				Couvert.....	N.			
7.	760. 45.	19. 6.	Nuages légers.	Calme.	760. 15.	21.	85.	27. 2.	Nuages......	N.			
8.	759. 70.	21. 4.	Nuages......	Calme.	759. 15.	24.	10.	27. 9.	Couvert.....	N.			
9.	758. 10.	21. 1.	Pur........	N.	757. 80.	25.	90.	28. 8.	Nébuleux....	N.			
10.	758. 30.	19. 8.	Nébuleux....	N.	758. 0.	24.	30.	26. 6.	Nébuleux....	N.			
11.	756. 65.	21. 1.	Nébuleux....	N.	757. 65.	25.	60.	27. 2.	Nébuleux....	N.			
12.	760. 70.	20. 8.	Couvert.....	N.E.	760. 70.	24.	60.	24. 0.	Nuages......	N.E.			
13.	759. 15.	19. 2.	Couvert.....	Calme.	759. 30.	21.	75.	23. 2.	Nuages......	N.E.			
14.	756. 45.	18. 7.	Nuages......	N.E.	755. 80.	21.	25.	20. 1.	Couvert.....	N.E.			
15.	754. 30.	17. 2.	Nuages......	N.O.	......				......				

À GOURNAH 1820.

26.	755mm 45.	26° 0.	Pur........	Calme.	754mm 85.	31°753mm 45.	33° 3.	Pur........	O.
27.	754. 50.	25. 9.	Pur........	Calme.	754. 0.	33°752. 10.	34. 7.	Pur........	O.
28.	754. 30.	26. 2.	Pur........	Calme.	753. 70.	33°752. 25.	34. 9.	Pur........	N.
29.	754. 50.	27. 2.	Pur........	Calme.	753. 80.	33°752. 65.	32. 7.	Pur........	N.
30.	756. 10.	26. 3.	Pur........	Calme.	755. 20.	31°754. 25.	31. 8.	Pur........	O.
31.	755. 60.	26. 0.	Pur........	Calme.	755. 25.	31°754. 35.	33. 2.	Pur........	O.

1820.

1.	755mm 5.	29° 5.	Pur........	Calme.	......	753mm 25.	33° 0.	Pur........	O.
2.	753. 90.	26. 3.	Pur........	Calme.	752mm 80.	33°751. 90.	34. 1.	Pur........	Calme.
3.	753. 35.	28. 1.	Nuages......	Calme.	753. 10.	31°751. 60.	33. 9.	Nuages......	O.

Au Caire.	Plus grande élévation du mercure........ 767mm 25, le		756mm 10, le 30.	Position de Gournah :
	Moindre élévation du mercure........... 754. 30, le	A Gournah......	751. 60, le 3.	Latitude..... 25° 43′
	Plus haut degré de chaleur............ 28° 8, le		34° 9, le 28.	Longitude... 30. 18.
	Moindre degré de chaleur............. 14. 2, le		26. 0, le 31.	Variation...... N.O.

OBSERVATIONS MÉTÉOROLOGIQUES. À GOUR... 1820.

DE SEPT À HUIT HEURES DU MATIN.				DE MIDI À UNE H...				DE QUATRE À CINQ HEURES DU SOIR.			REMARQUES.
Baromètre.	Thermomèt.	État du ciel.	Vents.	Baromètre.	Thermomètre.	Thermomèt.		État du ciel.	Vents.		
....	....	....	....	....	....	....		....	....		
....	....	....	....	....	....	....		....	....		
754mm 10.	32° 0.	Nuages.....	Calme.	751mm 45.	751mm 70.	35° 8.		Nuages.....	E.		Vent fort et brûlant.
752. 50.	32. 5.	Nuages.....	Calme.	751. 50.	749. 85.	38. 3.		Nuages.....	E.		
751. 85.	33. 3.	Nuages.....	Calme.	751. 35.	750. 50.	38. 7.		Pur........	O.		
752. 15.	32. 7.	Pur........	Calme.	752. 00.	751. 20.	39. 6.		Nuages.....	N.		
752. 35.	32. 2.	Pur........	Calme.	752. 50.	751. 5.	40. 0.		Pur........	O.		
752. 55.	31. 9.	Pur........	Calme.	752. 50.	751. 30.	40. 5.		Pur........	O.		
....	....	Pur........	Calme.	....	....	....		Pur........	O.		
752. 50.	32. 9.	Pur........	N.E.	751. 85.	751. 5.	41. 0.		Pur........	O.		
752. 65.	33. 6.	Pur........	Calme.	752. 5.	751. 15.	40. 4.		Pur........	O.		
754. 10.	35. 5.	Pur........	O.	753. 65.	752. 25.	38. 3.		Pur........	O.		
753. 85.	32. 9.	Pur........	Calme.	753. 30.	751. 80.	38. 3.		Pur........	O.		
754. 10.	31. 0.	Pur........	Calme.	753. 15.	752. 20.	39. 0.		Nébuleux....	N.E.		
754. 0.	30. 9.	Pur........	Calme.	753. 30.	752. 15.	37. 9.		Pur........	N.E.		
754. 5.	32. 3.	Pur........	N.	752. 95.	751. 50.	39. 0.		Pur........	N.		
754. 35.	31. 7.	Pur........	Calme.	754. 5.	752. 45.	40. 6.		Pur........	N.		
756. 10.	34. 4.	Pur........	Calme.	756. 25.	754. 50.	38. 8.		Pur........	N.		
756. 15.	29. 95.	Pur........	N.	755. 20.	753. 15.	35. 95.		Pur........	O.		
754. 75.	30. 8.	Couvert.....	Calme.	753. 90.	753. 00.	36. 0.		Nuages.....	O.		
753. 50.	29. 0.	Nuages.....	N.	752. 65.	751. 10.	35. 0.		Pur........	N.		
752. 60.	28. 4.	Pur........	Calme.	752. 40.	751. 30.	36. 8.		Pur........	Calme.		
752. 70.	29. 7.	Pur........	Calme.	753. 25.	752. 00.	37. 0.		Nuages.....	O.		
753. 95.	30. 8.	Pur........	Calme.	754. 5.	752. 75.	36. 1.		Pur........	N.		
....	....	Pur........	Calme.	....	....	....		Pur........	N.		Tout le mois vent brûlant.
754. 10.	29. 9.	Pur........	Calme.	753. 60.	752. 25.	35. 7.		Pur........	N.		
754. 10.	29. 8.	Pur........	Calme.	753. 55.	752. 50.	36. 4.		Pur........	Calme.		
754. 40.	30. 0.	Pur........	Calme.	754. 25.	753. 5.	37. 0.		Pur........	N.		

Plus haute élévation du mercure....... 756mm 25, le 20.
Moindre élévation du mercure........ 749. 85, le 6.
Plus haut degré de chaleur........... 40° 6, le 19.
Moindre degré de chaleur............ 28° 4, le 24.

OBSERVATIONS MÉTÉOROLOGIQUES.

À GOURNAH, 1820.

JOURS.	DE SEPT À HUIT HEURES DU MATIN.				DE MIDI À UNE HEURE.				QUATRE À CINQ HEURES DU SOIR.				REMARQUES.
	Baromètre.	Thermomèt.	État du ciel.	Vents.	Baromètre.	Thermomèt.	Thermomèt.	État du ciel.			État du ciel.	Vents.	
1.	754mm 75.	30° 4.	Pur......	Calme.	754mm 80.	3..mm 75.	30° 2.	Pur......			Pur......	N.	
2.	754. 5.	30. 2.	Nuages...	N.	753. 55.	3. 10.	35. 0.	Pur......				N.	Vent très-fort.
3.	751. 60.	30. 8.	Pur......	N.	750. 60.	3. 40.	34. 9.	Pur......				N.	Vent très-fort.
4.	751. 5.	30. 0.	Pur......	Calme.	750. 90.	3. 20.	35. 8.	Pur......				N.	
5.	752. 00.	28. 5.	Pur......	Calme.	752. 45.	3..+30.	36. 1.	Pur......				Calme.	
6.	752. 25.	29. 9.	Pur......	Calme.	751. 95.	3. .35.	36. 8.	Pur......				N.	
7.	751. 50.	31. 2.	Pur......	Calme.	751. 15.	3. .25.	38. 0.	Nébuleux...				O.	
8.	751. 35.	31. 2.	Pur......	Calme.	751. 40.	3. .85.	38. 9.	Pur......				N.	
9.	......	......	Nébuleux..	Calme.	......	......	......	Nébuleux...				N.	
10.	751. 55.	33. 6.	Pur......	N.	751. 15.	3. .85.	39. 4.	Nébuleux...				N.	Tout le mois beau temps.
11.	753. 50.	31. 95.	Pur......	N.	752. 80.	3. ..0.	37. 0.	Pur......				N.	
12.	752. 20.	29. 6.	Nuages légers.	Calme.	751. 60.	3. .80.	37. 3.	Nuages légers.				N.	
13.	......	29. 0.	Nuages légers.	N.	......	......	37. 0.	Nuages légers.				N.	
14.	......	30. 5.	Pur......	Calme.	......	......	38. 6.	Pur......				N.	

À ASOUÂN et dans la Nubie, novembre 1820.

LIEUX.	JOURS.	DE SIX À SEPT HEURES DU MATIN.			à une heure.		DE CINQ À SIX HEURES DU SOIR.				REMARQUES.
		Baromètre.	Thermomèt.	État du ciel.		Therm.t	Baromètre.	Therm.t	État du ciel.	Vents.	
Koubanyeh.....	22.	......	......	Pur......	mm 45.	25° 0.	752mm 85.	25° 8.	Nuages légers.	N.	Latitude d'Asouân 24° 4′ 45″.
Gharb-Asouân...	23.	754mm 5.	16° 2.	Nuages légers.	50.	26. 3.	752. 75.	26. 6.	Nuages légers.	N.	
Gharb-Asouân...	24.	755. 5.	17. 7.	Nuages......	40.	28. 9.	754. 90.	28. 3.	Nuages légers.	N.	
Debout.......	25.	755. 60.	17. 2.	Nuages légers.	...27.	6.	747. 45.	20. 2.	Pur......	N.	Vent très-fort matin.
Dehmyr.......	26.	748. 45.	12. 3.	Nuages légers.	30.	28.10.	747. 50.	22. 0.	Nuages légers.	N.	
Qalâbcheh.....	27.	749. 36.	14. 5.	Nuages légers.	40.	28. 0.	......	......	Nuages légers.	N.	Vent très-fort soir.
Kircheh.......	28.	......	......	Nuages légers.			......	......	Pur......	N.	

A Gournah......	{ Plus haute élévation du mercure.... 754mm 80. Moindre élévation du mercure...... 749. 40. Plus haut degré de chaleur......... 39° 4. Moindre degré de chaleur.......... 28. 5.	Asouân et Nubie...	{ 755mm 60, le 24 et le 25. 747. 50, le 26. 28° 10, le 26. 12. 3, le 26.

OBSERVATIONS MÉTÉOROLOGIQUES.

Route de TOMÂS À OUÂDY-EL-HAMYD, décembre 1820.

LIEUX.	JOURS.	DE SEPT À HUIT HEURES DU MATIN.			À SIX À SEPT HEURES DU SOIR.			REMARQUES.
		Thermom.	État du ciel.	Vents.	Thermom.	État du ciel.	Vents.	
omâs............	1.	....	Nuages légers.	Calme.	....	Nuages légers.	O.	
	2.	....	Nuages légers.	Calme.	....	Nuages......	N.	Vent très-fort le soir.
	3.	....	Nuages......	Calme.	....	Nuages......	N.	
-Massas.......	4.	....	Pur........	N.	....	Nuages......	N.	Vent très-fort le soir.
Hagy	5.	12° 6.	Pur........	Calme.	9. 7.	Pur........	N.	
aras...........	6.	13. 8.	Nuages légers.	Calme.	9. 9.	Nuages légers.	N.	
guy	7.	....	Nuages légers.	N.	....	Nuages légers.	N.	
	8.	....	Nuages légers.	N.	....	Nuages légers.	N.	
uâdy-Halfah......	9.	....	Nuages......	N.	....	Nuages légers.	N.	Vent très-fort le soir.
	10.	....	Nuages......	N.	....	Nuages légers.	N.	Vent très-fort tout le jour.
	11.	....	Nuages......	N.	....	Nuages......	N.	Vent très-fort tout le jour.
	12.	11. 9.	Nuages......	N.	4. 5.	Nuages légers.	N.	
	13.	13. 5.	Nuages......	Calme.	3. 5.	Couvert.....	N.	
guy	14.	14. 8.	Pur........	N.	3. 5.	Nuages légers.	N.	Vent très-fort le soir.
	15.	11. 5.	Pur........	N.	5. 5.	Pur........	N.	
	16.	10. 5.	Pur........	Calme.	5. 5.	Pur........	N.	Vent très-fort le soir.
	17.	12. 3.	Nuages légers.	Calme.	4. 5.	Nuages légers.	N.	
uâdy-Halfah......	18.	14. 3.	Pur........	N.	3. 5.	Nuages légers.	N.	
araqen..........	19.	13. 0.	Nuages légers.	N.	3. 5.	Nuages légers.	N.	
	20.	10. 4.	Pur........	Calme.	3. 5.	Nuages légers.	N.	
mneh...........	21.	10. 3.	Pur........	Calme.	4. 5.	Nuages légers.	Calme.	
	22.	9. 3.	Nuages légers.	Calme.	3. 5.	Nuages légers.	Calme.	
mbouko........	23.	8. 4.	Nuages légers.	Calme.	3. 5.	Nuages......	Calme.	
qmeh...........	24.	11. 8.	Nuages......	Calme.	3. 5.	Nuages......	N.	Vent très-fort le soir.
Nârou.........	25.	11. 8.	Nuages légers.	N.	5. 6.	Pur........	N.	Vent très-fort tout le jour.
nnis............	26.	11. 3.	Pur........	N.	8. 5.	Pur........	N.	Vent très-fort tout le jour.
	27.	8. 6.	Nuages légers.	Calme.	5. 5.	Nuages légers.	N.	Vent très-fort le soir.
	28.	5. 9.	Pur........	Calme.	5. 7.	Nuages légers.	N.	
uâdy el-Hamyd.....	29.	6. 2.	Pur........	N.	9. 8.	Nuages légers.	Calme.	Tout le mois beau temps.
	30.	6. 5.	Nuages légers.	N.	3. 9.	Nuages légers.	N.	
	31.	6. 7.	Nuages légers.	Calme.	7. 8.	Nuages......	Calme.	

Plus haut degré de chaleur............ 31° 3, le 31.   atitude de Tomâs...... 22° 44' 45"   Longitude........ 29° 52' 10"
Moindre degré de chaleur............. 5. 9, le 28.   atit. d'Ouâdy el-Hamyd. 20. 40. 28.   Longitude........ 28. 8. 0.

OBSERVATIONS MÉTÉOROLOGIQUES.

Route d'OUÀDY EL-H[...]NGOLAH, janvier 1821.

LIEUX.	JOURS.	DE SEPT À HUIT HEURES DU MATIN.			À [...]IX À SEPT HEURES DU SOIR.			REMARQUES.
		Thermomètre.	État du ciel.	Vents.	Thermomètre.	État du ciel.	Vents.	
Ouàdy el-Hamyd..	1.	8° 0.	Nuages légers.	Calme.	9° 0.	Nuages légers.	N.	
	2.	10. 6.	Nuages.....	N.	8. 8.	Nuages légers.	N.	
Solib............	3.	9. 0.	Pur........	Calme.	8. 6.	Pur........	Calme.	
	4.	14. 2.	Pur........	Calme.	9. 0.	Pur........	N.	
Gourien-Taoua...	5.	11. 5.	Pur........	Calme.	9. 5.	Nuages légers.	N.	
	6.	10. 9.	Pur........	Calme.	9. 0.	Pur........	N.	
Koumar.........	7.	10. 8.	Pur........	N.	7. 3.	Pur........	N.	
Sescé...........	8.	11. 2.	Pur........	N.	1. 5.	Pur........	N.	Vent très-fort le soir.
Kayabar........	9.	14. 0.	Pur........	N.	9. 8.	Pur........	N.	
Charaby........	10.	10. 3.	Nuages légers.	Calme.	9. 3.	Pur........	N.	
	11.	13. 8.	Nuages.....	N.	7. 2.	Nuages.....	N.	
Haffyr..........	12.	16. 2.	Nuages.....	Calme.	9. 8.	Nuages.....	N.	
	13.	12. 1.	Nuages.....	N.	8. 9.	Nuages.....	Calme.	
Benneh.........	14.	11. 6.	Nuages légers.	Calme.	8. 9.	Nuages légers.	Calme.	
	15.	7. 6.	Nuages légers.	Calme.	6. 9.	Nuages.....	N.	
El-Mecyd el-Hadjar	16.	9. 5.	Nuages légers.	Calme.	10. 0.	Nuages légers.	Calme.	
	17.	15. 5.	Nuages.....	N.	9. 2.	Nuages légers.	N.	
	18.	14. 8.	Nuages.....	N.	11. 0.	Nuages légers.	Calme.	
	19.	14. 4.	Nuages légers.	Calme.	9. 9.	Nuages légers.	N.	
	20.	23. 3.	Nuages.....	Calme.	10. 0.	Nuages.....	N.	
Toura..........	21.	19. 2.	Nuages légers.	N.	9. 9.	Nuages légers.	N.	
	22.	15. 7.	Pur........	N.	10. 0.	Nuages légers.	Calme.	
	23.	16. 8.	Nuages légers.	N.	10. 0.	Pur........	N.	
	24.	16. 7.	Nuages.....	N.	9. 0.	Pur........	N.	
Maraka.........	25.	12. 8.	Nuages.....	N.	8. 0.	Pur........	N.	
	26.	11. 3.	Pur........	N.	6. 2.	Pur........	Calme.	
Sortôt..........	27.	10. 1.	Pur........	Calme.	7. 7.	Pur........	N.	Depuis Haffyr, tous les jours, sur le m[...] du la journée, le vent s'est élevé de la p[...] du nord avec violence; le matin, le so[...] toute la nuit, il était presque calme.
Ourbi...........	28.	12. 5.	Pur........	N.	8. 7.	Nuages légers.	N.	
Salaki..........	29.	13. 4.	Pur........	N.	7. 9.	Nébuleux....	N.	
Guisir..........	30.	11. 4.	Pur........	N.	8. 2.	Pur........	N.	
Dongolah.......	31.	11. 9.	Pur........	N.	8. 3.	Pur........	N.	

Plus haut degré de chaleur...... 32° 8, le 23.
Moindre degré de chaleur....... 7. 6, le 15.

Position de Dongolah :
Latitude................. 18° 12' 58"
Longitude............... 28. 47. 0.

OBSERVATIONS MÉTÉOROLOGIQUES.

Route de DONG...OU-EGLI, février 1821.

LIEUX.	JOURS.	DE SIX À SEPT HEURES DU MATIN.			CINQ À SIX HEURES DU SOIR.			REMARQUES.
		Thermomètre.	État du ciel.	Vents.	Thermomètre.	État du ciel.	Vents.	
...golah.....	1.	7° 8.	Nuages légers.	N.	15° 6.	Pur........	N.	
	2.	6. 3.	Pur........	Calme.	15. 0.	Pur........	N.	Vent très-fort, et dans la nuit calme.
...ga-Nârti.....	3.	8. 8.	Pur........	N.	17. 5.	Pur........	N.	
...ât	4.	9. 1.	Nébuleux....	N.	19. 6.	Nébuleux....	N.	Tout le jour et la nuit très-grand vent.
...Kouri.	5.	14. 9.	Nuages légers.	N.	19. 6.	Nébuleux....	N.	Vent fort tout le jour.
...Araq.....	6.	9. 8.	Pur........	N.	20. 6.	Pur........	N.	
...aouch......	7.	12. 3.	Pur........	N.	15. 4.	Nuages légers.	Calme.	
...bel-Barkal....	8.	20. 7.	Nuages légers.	N.	15. 8.	Nuages légers.	N.	
	9.	20. 8.	Nuages......	Calme.	18. 8.	Nuages légers.	N.	
	10.	18. 14.	Nuages légers.	N.	....	Nuages légers.	N.	
	11.	....	Pur........	N.	17. 3.	Nuages légers.	N.	Vent très-fort toute la nuit.
	12.	19. 4.	Nébuleux....	N.	15. 7.	Nuages légers.	N.	
	13.	17. 3.	Nuages légers.	N.	18. 8.	Nuages......	N.	Très-grand vent tout le jour et calme la nuit.
	14.	14. 6.	Nuages légers.	N.	11. 6.	Pur........	N.	
...erf el-Hâmdâb..	15.	11. 9.	Nuages légers.	N.	12. 4.	Nuages légers.	N.	Tout le jour et la nuit très-grand vent.
	16.	15. 5.	Nuages légers.	N.	11. 8.	Nuages légers.	N.	
	17.	12. 3.	Pur........	N.	13. 1.	Pur........	N.	Tout le jour très-grand vent et la nuit calme.
	18.	12. 8.	Pur........	N.	15. 0.	Pur........	N.	
	19.	18. 1.	Nuages légers.	Calme.	13. 5.	Pur........	N.	
	20.	14. 8.	Nuages légers.	N.	15. 0.	Pur........	N.	Vent fort toute la nuit.
...atouel.......	21.	15. 9.	Nuages légers.	Calme.	17. 2.	Nuages légers.	N.	
...Gammra......	22.	12. 8.	Nuages légers.	Calme.	13. 3.	Nuages......	N.	
...bekân......	23.	11. 9.	Nuages légers.	Calme.	18. 2.	Nuages légers.	Calme.	
	24.	14. 9.	Nuages légers.	Calme.	....	Pur........	N.	
...dy el-Argou..	25.	....	Nébuleux....	N.	....	Nébuleux....	N.	
...ra.....	26.	....	Nuages légers.	N.	11. 5.	Pur........	N.	Tout le jour vent très-fort.
...ou-Egli......	27.	....	Pur........	N.	9. 6.	Nuages légers.	N.	
	28.	16. 2.	Nuages légers.	N.	16. 5.	Nuages......	N.	

Plus haut degré de chaleur..... 40° 4, le 24.
Moindre degré de chaleur....... 6. 3, le 2.

Position d'Abou-Egli.......
{ Latitude........... 18° 44′ 5″
Longitude.......... 31. 16. 0.
Variation.......... N. O. 12°

OBSERVATIONS MÉTÉOROLOGIQUES.

Route d'ABOU à QOUBOUCHI, mars 1821.

LIEUX.	JOURS.	DE SIX À SEPT HEURES DU MATIN.			DE VINGT CINQ À SIX HEURES DU SOIR.			REMARQUES.
		Thermomètre.	État du Ciel.	Vents.	Thermomètre.	État du ciel.	Vents.	
Abou-Egli......	1.	18° 8.	Nuages......	Calme.	40° 8.	Nuages......	Calme.	
	2.	20. 6.	Nuages......	Calme.	34. 1.	Nuages légers.	N.	
Faket-Isak......	3.	....	Pur.........	Calme.	30. 0.	Pur.........	N.	
Dekket.........	4.	....	Couvert.....	Calme.	28. 2.	Couvert.....	N.	Quelques grains de pluie à midi.
	5.	....	Nuages......	N.	27. 9.	Nuages......	N.	
	6.	15. 2.	Nuages légers.	N.	24. 1.	Nuages......	Calme.	
	7.	12. 3.	Nuages légers.	Calme.	31. 3.	Nuages......	Calme.	
	8.	19. 5.	Nuages......	Calme.	30. 9.	Nuages......	N.	
	9.	18. 8.	Nuages légers.	N.	29. 3.	Nuages......	N.	A quatre heures du matin, petite pluie.
	10.	21. 8.	Couvert.....	Calme.	25. 7.	Couvert.....	Calme.	
	11.	18. 2.	Nuages......	Calme.	28. 2.	Nuages......	N.	
	12.	18. 0.	Nuages......	N.	24. 8.	Nuages......	N.	Légers grains de pluie à onze heures.
	13.	15. 2.	Pur.........	N.	28. 5.	Nuages légers.	N.	
	14.	17. 2.	Pur.........	Calme.	26. 4.	Pur.........	N.	
	15.	22. 8.	Pur.........	N.	21. 6.	Nuages légers.	N.	
	16.	22. 3.	Nuages......	Calme.	26. 8.	Nuages légers.	Calme.	
	17.	21. 2.	Nuages légers.	Calme.	30. 0.	Nuages......	N.	
Qoubouchi......	18.	21. 1.	Nuages légers.	Calme.	32. 0.	Nuages......	N.	
	19.	20. 7.	Nuages......	N.	27. 0.	Nuages......	N.	Temps couvert la nuit.
	20.	18. 2.	Couvert.....	N.	20. 7.	Couvert.....	N.	
	21.	18. 8.	Couvert.....	Calme.	26. 0.	Couvert.....	N.	
	22.	13. 5.	Pur.........	Calme.	31. 7.	Pur.........	N.	
	23.	16. 4.	Pur.........	N.	33. 8.	Pur.........	Calme.	
	24.	22. 2.	Pur.........	Calme.	32. 3.	Pur.........	Calme.	
	25.	21. 2.	Pur.........	Calme.	30. 3.	Pur.........	N.	
	26.	24. 0.	Pur.........	Calme.	37. 1.	Pur.........	N.	
	27.	26. 6.	Pur.........	Calme.	38. 8.	Pur.........	N.	
	28.	30. 0.	Pur.........	N.	38. 1.	Pur.........	N.	
	29.	28. 4.	Pur.........	Calme.	30. 3.	Pur.........	N.	
	30.	25. 8.	Pur.........	Calme.	33. 0.	Pur.........	N.	
	31.	25. 8.	Pur.........	Calme.	39. 4.	Pur.........	E.	

Plus haut degré de chaleur...... 45° 8, le 27.
Moindre degré de chaleur....... 12. 3, le 7.

Position de Qoubouchi:
Latitude.............. 17° 56′ 48″
Longitude............ 31. 43. 0.

OBSERVATIONS MÉTÉOROLOGIQUES.

Route de QOUBOU-ASSOUR, avril 1821.

LIEUX.	JOURS.	DE SIX À SEPT HEURES DU MATIN.			DE CINQ À SIX HEURES DU SOIR.			REMARQUES.
		Thermomètre.	État du ciel.	Vents.	Thermomètre.	État du ciel.	Vents.	
	1.	26° 7.	Pur........	Calme.	45° 2.	Pur........	E.	
	2.	32. 6.	Pur........	E.	43. 7.	Pur........	E.	
	3.	27. 4.	Pur........	E.	45. 4.	Nuages.....	N.	Vent variable de l'E. au N.
	4.	29. 9.	Nébuleux...	N.	43. 3.	Pur........	N.	
	5.	25. 8.	Nébuleux...	N.	42. 9.	Pur........	N.	
	6.	27. 8.	Nuages légers.	N.	41. 9.	Pur........	N.	
	7.	26. 5.	Nuages légers.	N.	41. 1.	Nuages légers.	N.	A 1 heure 1/2 le thermom. a monté à 48°.
	8.	27. 2.	Nuages légers.	N.	45. 8.	Nuages.....	N.	A 1 heure 1/2 le thermomètre a monté à 48° 2. A 4 heures du soir, orage, pluie et tonnerre jusqu'à cinq heures.
	9.	29. 2.	Pur........	Calme.	46. 7.	Nuages.....	Calme.	
	10.	28. 0.	Nébuleux...	Calme.	44. 0.	Nuages.....	O.N.O.	
abouchi.....	11.	26. 2.	Pur........	N.	43. 3.	Pur........	N.E.	Vent très-fort.
	12.	26. 3.	Pur........	N.	41. 6.	Nuages légers.	N.O.	Vent très-fort.
	13.	27. 2.	Pur........	N.	37. 0.	Pur........	N.	
	14.	28. 8.	Pur........	N.	40. 0.	Pur........	N.	Vent violent.
	15.	23. 8.	Pur........	N.	41. 8.	Pur........	Calme.	
	16.	25. 9.	Pur........	N.	43. 8.	Nuages légers.	Calme.	
	17.	28. 2.	Pur........	N.O.	41. 6.	Pur........	Calme.	A 2 heures le thermom. a monté à 46° 9.
	18.	28. 9.	Pur........	N.	38. 2.	Nuages légers.	N.O.	A 3 heures 1/2 le therm. a monté à 48° 6.
	19.	28. 2.	Nuages légers.	Calme.	45. 2.	Nuages légers.	N.	
	20.	27. 0.	Nuages légers.	N.	43. 4.	Nuages légers.	N.	
salamâb......	21.	28. 3.	Pur........	N.	41. 4.	Nuages légers.	N.	Tout le jour, vent violent.
Zehdâb......	22.	25. 0.	Pur........	N.	..... 2.	Nuages légers.	N.	
bâtty........	23.	24. 6.	Nuages légers.	N.O.	..... 1.	Nuages.....	S.O.	A 4 heures du soir, légers grains de pluie, vent violent et variable.
	24.	25. 8.	Nuages légers.	N.O.	..... 6.	Pur........	N.O.	
	25.	....	Pur........	N.O.	..... 0.	Pur........	N.	
	26.	30. 0.	Pur........	Calme.	.....	Pur........	N.	
sour........	27.	33. 4.	Pur........	N.	37.	Nuages légers.	N.	
	28.	29. 3.	Nuages légers.	N.	....	Nuages.....	N.	
	29.	23. 7.	Nuages légers.	N.	31. 8.	Nuages légers.	N.	Tout le jour, vent violent.
	30.	22. 5.	Pur........	Calme.	43. 39. 0.	Pur........	N.	

Plus haut degré de chaleur....... 48° 6, le 18.
Moindre degré de chaleur........ 22. 5, le 30.

Position d'Assour :
Latitude.............. 16° 56′ 55″
Longitude............. 31. 34. 8.

86 OBSERVATIONS MÉTÉOROLOGIQUES.   *Route d'*ASSOUR à GARTOUM, mai 1821.

LIEUX.	JOURS.	DE SIX À SEPT HEURES DU MATIN.			DE CINQ À SIX HEURES DU SOIR.			REMARQUES.
		Thermomètre.	État du ciel.	Vents.	Thermomètre.	État du ciel.	Vents.	
	1.	27° 0.	Pur........	Calme.	44° 9.	Pur........	N.	À midi très-grand vent.
	2.	28. 0.	Pur........	Calme.	46. 9.	Pur........	N.	À midi très-grand vent.
	3.	26. 0.	Pur........	Calme.	.. 0.	Nuages légers.	N.N.E.	Tout le jour vent très-fort.
Assour........	4.	31. 9.	Nuages légers.	Calme.	46. 9.	Nuages légers.	N.N.E.	
	5.	....	Pur........	N.	47. 1.	Nébuleux....	N.O.	Vent très-fort, depuis dix heures jus[qu'au] coucher du soleil.
	6.	34. 4.	Pur........	Calme.	46. 3.	Pur........	N.O.	
	7.	27. 2.	Pur........	N.	46. 5.	Pur........	N.O.	
	8.	30. 1.	Pur........	N.	45. 8.	Nuages.....	N.O.	À deux heures et demie, le thermom[ètre] est monté à 50° 5.
	9.	27. 1.	Nuages légers.	Calme.	....	Nuages.....	N.O.	
Chendy......	10.	34. 3.	Nuages légers.	Calme.	40. 0.	Nuages.....	E.N.E.	
	11.	33. 0.	Nuages légers.	E.N.E.	40. 8.	Nuages légers.	Calme.	
	12.	35. 2.	Nuages.....	Calme.	40. .	Couvert.....	Calme.	
	13.	29. 9.	Couvert.....	N.	42. 0.	Couvert.....	N.	
El-Matammah....	14.	28. 0.	Nuages.....	Calme.	.. 9.	Nuages légers.	N.	Vent très-fort tout le jour.
	15.	28. 0.	Nuages.....	N.	40. .	Pur........	N.	
El-Homek......	16.	....	Pur........	N.	....	Pur........	N.	
Guerif........	17.	35. 5.	Pur........	N.	.. 7.	Pur........	N.	
Derreira......	18.	27. 7.	Pur........	N.	46. .	Pur........	N.	
Ouâdy-Bichâr...	19.	41. 0.	Pur........	N.	45. .	Pur........	N.	
Guerri........	20.	....	Pur........	N.	44. .	Nuages.....	Calme.	
Sehal........	21.	38. 0.	Nuages légers.	N.	47. .	Nuages.....	N.	
Ouâdy el-Halfây...	22.	39. 4.	Nuages légers.	N.	49. 3.	Nuages.....	S.E.	Quelques grains de pluie sur les dix he[ures] du soir.
	23.	37. 5.	Pur........	Calme.	42. 3.	Pur........	N.	
Mouchra el-Hadjarât......	24.	....	Pur........	Calme.	46. 9.	Pur........	O.	
	25.	30. 4.	Nuages légers.	S.O.	44. 9.	Nuages légers.	Calme.	À trois heures le temps s'est couvert [et a] donné lieu à une tempête.
	26.	29. 9.	Nuages.....	S.	46. 3.	Nuages.....	S.E.	
Omdourmân....	27.	29. 8.	Nuages.....	Calme.	43. .	Couvert.....	S.	
	28.	29. 7.	Couvert.....	Calme.	37. 4.	Couvert.....	S.O.	Dans la nuit de légers grains de pluie.
	29.	28. 9.	Couvert.....	Calme.	40. 5.	Couvert.....	S.O.	
Râs el-Gartoum...	30.	....	Nuages.....	N.E.	....	Nuages légers.	N.	
	31.	31. 7.	Nuages légers.	S.	40. 41. 0.	Pur........	N.E.	

Plus haut degré de chaleur.. 50° 5, le 8 à 2 heures 1/2.
Moindre degré de chaleur.. 26. 0, le 3.

Position de Râs el-Gartoum :
Latitude.......... 15° 37′ 10″
Longitude.......... 30. 17. 30.

OBSERVATIONS MÉTÉOROLOGIQUES.

Route de RAS EL-GARTOUM à SENNÂR, juin 1821.

LIEUX.	JOURS.	DE SIX À SEPT HEURES DU MATIN.			DE UNE À CINQ À SIX HEURES DU SOIR.			REMARQUES.
		Thermomètre.	État du ciel.	Vents.	Thermomètre.	État du ciel.	Vents.	
s el-Gartoum...	1.	....	Pur......	N.	...... 7.	Nuages......	Variable.	
-Harerat.......	2.	....	Nuages légers.	S.O.	47° 2.	Nuages......	Variable.	
keyneh........	3.	....	Nuages légers.	S.	42.	Nuages......	O.	De légers grains de pluie à quatre heures.
râbi..........	4.	....	Nuages épais.	S.	39. 3.	Nuages épais.	Variable.	Temps orageux, vent du S.
-Kamnyn.......	5.	....	Nuages épais.	S.	43. 0.	Nuages......	Calme.	Tout le jour orageux, grains de pluie à trois heures du matin.
âd-Eddefroué..	6.	....	Nuages......	S.	44. 6.	Nuages......	S.S.O.	
edou..........	7.	....	Nuages......	S.	41. 0.	Nuages......	S.	
âd-Modeyn.....	8.	....	Pur......	S.	44.	Nuages épais.	Variable.	Tempête, pluie, tonnerre, le soir.
-Gesseyreh.....	9.	....	Pur......	O.	....	Nuages épais.	Variable.	Tempête, pluie, tonnerre, le soir et toute la nuit.
Hessau........	10.	....	Nuages épais.	S.	38. 0.	Nuages......	S.	
una..........	11.	....	Couvert.....	S.	34. 1.	Nuages épais.	Calme.	
	12.	....	Couvert.....	S.E.	36. 4.	Nuages épais.	Calme.	Temps orageux, pluie dans la nuit.
	13.	30° 0.	Couvert.....	S.	37.	Nuages......	N.O.	
	14.	29. 1.	Nuages......	S.	38. 0.	Couvert.....	O.S.O.	Temps orageux, grains de pluie le soir.
	15.	29. 0.	Couvert.....	S.O.	33. 5.	Nuages......	S.O.	Vent violent.
	16.	29. 7.	Couvert.....	S.	37.	Nuages......	S.O.	
	17.	29. 1.	Nuages......	S.	35. 0.	Couvert.....	S.O.	Pluie, tonnerre et grand vent variab. la nuit.
	18.	27. 0.	Nuages épais.	S.	32. 9.	Nuages......	S.	Tempête dans la nuit.
	19.	26. 5.	Nuages épais.	S.	35. 9.	Nuages......	S.S.O.	Temps orageux.
	20.	29. 2.	Couvert.....	S.S.O.	36. 9.	Nuages épais.	S.O.	Pluie, tonnerre, grand vent variable du N. à l'E., la nuit.
nâr..........	21.	27. 4.	Couvert.....	S.O.	31. 6.	Nuages......	S.	
	22.	27. 2.	Nuages......	S.O.	34. 3.	Couvert.....	O.	Pluie, tonnerre, dans la nuit.
	23.	28. 4.	Nuages......	S.	34. 9.	Nuages......	S.O.	Tonnerre dans la nuit.
	24.	28. 2.	Couvert.....	S.O.	33. 0.	Nuages......	S.O.	A cinq heures et demie du matin, légère pluie, tonnerre et grand vent, dans la nuit.
	25.	28. 5.	Couvert.....	E.	33. 0.	Nuages......	S.O.	De sept à neuf h. du matin, pluie et tonn.
	26.	26. 2.	Couvert.....	S.	28. 1.	Nébuleux...	S.O.	
	27.	26. 5.	Nuages......	S.	34. 3.	Nuages......	S.O.	A trois heures du soir, tempête, pluie, tonnerre ; même temps la nuit.
	28.	27. 0.	Nuages......	S.	35. 4.	Nuages épais.	Variable.	
	29.	26. 6.	Couvert.....	S.	31. 4.	Nuages épais.	S.O.	Sur le minuit, orage, beaucoup de pluie et tonnerre, jusqu'à six heures du matin.
	30.	23. 7.	Couvert.....	S.	29. 4.	Nuages......	S.	

Plus haut degré de chaleur... 47° 2, le 2.
Moindre degré de chaleur.... 23. 7, le 30.

A Sennâr, le thermomètre a été observé dans une chambre ouverte au N.E.

OBSERVATIONS MÉTÉOROLOGIQUES. À SENNAR, ... 1821.

JOURS.	DE SIX À SEPT HEURES DU MATIN.			CINQ À SIX HEURES DU SOIR.			REMARQUES.
	Thermomètre.	État du ciel.	Vents.	Thermomètre.	État du ciel.	Vents.	
1.	25° 4.	Nuages.........	S.	33° 9.	Nuages......	S.	
2.	27. 6.	Couvert.........	Calme.	31. 8.	Nuages......	S.	Dans la nuit petite pluie.
3.	24. 8.	Couvert.........	E.	29. 2.	Couvert.....	S.	
4.	26. 4.	Nuages.........	S.	31. 6.	Nuages......	S.	
5.	26. 0.	Orage..........	S.	31. 0.	Orage.......	S.	A minuit, forte pluie et tonnerre, vent
6.	25. 3.	Couvert.........	S.E.	29. 0.	Couvert.....	Calme.	
7.	26. 0.	Nuages.........	S.	32. 9.	Orage.......	O.	De minuit jusqu'au matin, forte pl. tonnerre
8.	22. 6.	Couvert.........	S.	28. 3.	Nuages......	S.	
9.	25. 6.	Nuages.........	S.	32. 9.	Couvert.....	Variable.	
10.	27. 0.	Couvert.........	Calme.	33. 9.	Orage.......	Calme.	Toute la nuit, petite pluie et tonnerre
11.	26. 1.	Couvert.........	S.	28. 4.	Couvert.....	S.	Toute la nuit, forte pluie, ton. et vent
12.	25. 7.	Nuages.........	S.	28. 7.	Couvert.....	S.	Tonnerre le jour, petite pluie la nuit.
13.	24. 9.	Couvert.........	S.	30. 1.	Nuages......	S.E.	
14.	27. 5.	Nuages.........	....	30. 9.	Nuages......	S.	
15.	24. 8.	Couvert.........	E.	29. 0.	Couvert.....	Variable.	A 9 h. 1/2 petite pluie et tonner. jusq.
16.	26. 5.	Nuages.........	Calme.	28. 0.	Nuages......	O.	A 7 heures du soir tonnerre, et petite p. dans la nuit.
17.	25. 9.	Nuages.........	O.	29. 9.	Nuages......	S.	
18.	27. 6.	Nuages.........	Calme.	31. 2.	Nuages......	O.	
19.	26. 9.	Couvert.........	S.	31. 0.	Nuages......	S.O.	
20.	27. 1.	Couvert.........	S.	34. 0.	Nuages......	S.	De minuit au jour, pluie, tonnerre, vent fort du N. O.
21.	25. 4.	Couvert.........	N.O.	28. 7.	Couvert.....	S.	
22.	26. 9.	Nuages.........	Calme.	31. 8.	Nuages......	S.	
23.	24. 8.	Couvert.........	S.	29. 1.	Couvert.....	S.	Légers grains de pluie dans la matinée
24.	25. 3.	Nuages.........	S.	32. 8.	Nuages......	S.	
25.	26. 2.	Nuages légers....	S.	32. 0.	Couvert.....	O.	
26.	26. 6.	Nuages légers....	S.	33. 7.	Nuages......	Calme.	Toute la nuit temps pur.
27.	27. 2.	Nuages.........	S.	...... 7.	Nuages......	S.	A 2 heures après minuit, pluie et tonne. vent du S.
28.	24. 9.	Couvert.........	S.	27. 2.	Nuages......	S.	
29.	24. 0.	Nuages.........	S.	30. 3.	Nuages......	S.	
30.	25. 5.	Nuages.........	S.	31. 9.	Orage.......	Calme.	Toute la nuit tonnerre
31.	26. 0.	Couvert.........	S.	30. 2.	Nuages......	Calme.	

Plus haut degré de chaleur... 34° 7, le 27.
Moindre degré de chaleur.... 22. 6, le 8.

Position de Sennâr :
Latitude......... 13° 36′ 51″
Longitude........ 31. 24. 34.
Variation N. O.... 11. 3.

À SEPTEMBRE 1821.

JOURS.	DE SIX À SEPT HEURES DU MATIN.			CINQ À SIX HEURES DU SOIR.				REMARQUES.
	Thermomètre.	État du ciel.	Vents.	Thermomètre.	État du ciel.	Vents.		
1.	23° 2.	Couvert........	S.	28. 6.	Nuages......	Calme.		Légère pluie le matin et vent très-fort.
2.	25. 0.	Couvert........	Calme.	27. 7.	Nuages......	O.		
3.	25. 1.	Couvert........	S.	31. 95.	Nuages......	S.		
4.	25. 0.	Nuages........	S.	29. 2.	Nuages......	S.		A 4 h. du matin, petite pluie et tonnerre.
5.	27. 4.	Nuages........	S.	30. 2.	Couvert.....	Calme.		A 7 heures du soir, grand vent du N., tonnerre et petite pluie dans la nuit.
6.	24. 2.	Couvert........	S.	29. 2.	Nuages légers.	S. O.		
7.	23. 6.	Couvert........	S.	28. 6.	Nuages......	S.		Vent très-fort tout le jour.
8.	26. 4.	Nuages légers..	S.	32. 5.	Nuages......	Calme.		
9.	25. 3.	Couvert........	S.	31. 2.	Nuages légers.	S.		
10.	25. 1.	Couvert........	S.	33. 25.	Nuages......	S.		Vent très-fort le matin.
11.	25. 75.	Nuages........	S.	31. 65.	Nuages......	S.		
12.	25. 75.	Nuages........	S.	32. 0.	Nuages......	S.		A 4 h. du mat, fort vent de l'E., grosse pluie, grand bruit de tonn. A 4 h. du soir tonnerre.
13.	26. 4.	Nuages........	S.	30. 75.	Nuages légers.	S.		Légers grains de pluie dans la nuit.
14.	27. 3.	Couvert........	S.	31. 0.	Nuages légers.	O.		Petit vent le matin.
15.	26. 0.	Couvert........	S.	31. 85.	Nuages......	S.		
16.	28. 4.	Nuages........	S.	33. 20.	Nuages......	N. O.		A 4 h. du soir grand vent du N. O., tonnerre et légère pluie d'une demi-heure.
17.	26. 65.	Couvert........	S.	31. 30.	Nuages......	S.		
18.	27. 20.	Nuages........	S.	32. 80.	Nuages......	S.		
19.	27. 60.	Couvert........	S.	32. 0.	Couvert.....	S.		A 8 h. du soir, pluie, ton. et vent d'E. dur. 1 h.
20.	26. 60.	Couvert........	S.	32. 2.	Nuages......	Calme.		Forte pluie et tonnerre dans la nuit.
21.	25. 20.	Couvert........	S.	31. 9.	Couvert.....	S.		
22.	27. 7.	Nuages légers..	S.	33. 0.	Couvert.....	S.		
23.	26. 9.	Couvert........	S.	32. 8.	Couvert.....	S. E.		Dans la nuit, pluie et tonnerre.
24.	24. 8.	Couvert........	S.	27. 9.	Nuages épais.	Calme.		Dans la nuit, légère pluie.
25.	24. 9.	Nuages........	S.	30. 4.	Nuages......	S.		A minuit, forte pluie continuelle et tonn.
26.	22. 9.	Couvert........	S. E.	26. 8.	Nuages......	Calme.		Une partie de la matinée, pluie.
27.	23. 7.	Couvert........	S.	28. 8.	Nuages......	Calme.		
28.	25. 0.	Nuages........	S.	29. 7.	Nuages......	Calme.		A 2 h. après minuit, forte pluie, tonnerre et grand vent d'E. jusqu'au jour.
29.	24. 65.	Couvert........	Calme.	27. 8.	Nuages......	Calme.		
30.	24. 65.	Couvert........	S. E.	26. 0.	Couvert.....	Calme.		De 6 h. du matin à 8 h., forte pluie.
31.	24. 65.	Couvert........	S.	28. 6.	Couvert.....	S.		A midi petite pluie, et le soir du tonnerre.

Plus haut degré de chaleur...... 33° 2, le 16.
Moindre degré de chaleur....... 22. 9, le 26.

À SEPTembre 1821.

JOURS.	DE SIX À SEPT HEURES DU MATIN.			DE CINQ À SIX HEURES DU SOIR.			REMARQUES.
	Thermomètre.	État du ciel.	Vents.	Thermomètre.	État du ciel.	Vents.	
1.	26° 55.	Nuages............	Calme.	29° 0.	Couvert.....	Calme.	Pluie et tonnerre la nuit.
2.	25. 0.	Couvert...........	S.	28. 0.	Nuages.....	Calme.	Vent très-fort le matin.
3.	27. 30.	Nuages............	Calme.	30. 5.	Nuages.....	S.	
4.	26. 20.	Nuages............	Calme.	28. 9.	Nuages.....	Calme.	
5.	25. 5.	Nuages............	S.	30. 3.	Nuages.....	Calme.	A 7 heures du soir, petite pluie.
6.	24. 7.	Nuages............	S.	28. 2.	Couvert.....	S.	Vent très-fort le matin.
7.	25. 8.	Couvert...........	S.	29. 3.	Nuages.....	S.	Petite pluie la nuit.
8.	25. 3.	Couvert...........	O.	28. 3.	Nuages.....	S.	
9.	26. 0.	Nuages légers......	S.	29. 0.	Nuages légers.	Calme.	
10.	26. 0.	Couvert...........	S.	29. 2.	Nébuleux....	S.	
11.	25. 5.	Couvert...........	S.	30. 1.	Couvert.....	E.	Petite pluie dans la nuit.
12.	26. 0.	Nuages............	S.	30. 2.	Nuages légers.	Calme.	
13.	24. 5.	Couvert...........	S.	29. 9.	Nébuleux....	S.	Légère pluie d'un quart d'heure le mati[n]
14.	26. 0.	Nuages............	S.	30. 0.	Pur.........	S.	
15.	26. 0.	Nuages............	S.	31. 8.	Nébuleux....	S.	
16.	27. 9.	Nuages............	S.	31. 3.	Couvert.....	S.	
17.	25. 3.	Nuages............	S.	31. 0.	Pur.........	S.	
18.	25. 9.	Nuages............	S.	32. 6.	Couvert.....	S.	
19.	27. 3.	Nuages............	S.	32. 0.	Couvert.....	E.	Pluie toute la nuit et peu de tonnerre.
20.	25. 8.	Couvert...........	S.	28. 5.	Nuages.....	Calme.	Petite pluie toute la matinée.
21.	26. 0.	Nébuleux..........	S.	30. 0.	Nuages.....	Calme.	
22.	26. 7.	Nuages............	S.	31. 2.	Petits nuages.	S. O.	Dans la nuit, vent très-fort de l'E., pl[uie]
23.	24. 5.	Nuages............	S.	29. 6.	Nuages légers.	Calme.	et tonnerre.
24.	25. 9.	Nuages............	Calme.	32. 6.	Nuages légers.	S.	Vent très-fort le matin.
25.	24. 2.	Couvert...........	S.	30. 1.	Nuages.....	S.	
26.	27. 5.	Nuages légers......	S.	30. 0.	Nuages.....	S.	Après minuit, forte pluie jusqu'au mati[n]
27.	27. 0.	Nuages légers......	S.	30. 8.	Nuages.....	S.	
28.	26. 6.	Couvert...........	S.	31. 9.	Nuages.....	S.	
29.	26. 0.	Nuages............	S.	32. 7.	Nébuleux....	S.	
30.	27. 2.	Couvert...........	Calme.	33. 1.	Nuages.....	S.	Petite pluie à 5 heures du soir.

Plus haut degré de chaleur...... 33° 40, le 30.
Moindre degré de chaleur....... 24. 2, le 25.

OBSERVATIONS MÉTÉOROLOGIQUES.

À SEPTEMBRE 1821.

DE SIX À SEPT HEURES DU MATIN.			DE ... À UNE ...	CINQ À SIX HEURES DU SOIR.		REMARQUES.
Thermomètre.	État du ciel.	Vents.	Thermomètre.	État du ciel.	Vents.	
27° 35.	Pur............	S.	33° 40.	Nuages......	S.	
25. 85.	Nébuleux.......	S.	33. 85.	Nébuleux....	S.	
26. 30.	Nuages.........	S.O.	31. 55.	Couvert.....	S.	A 4 h. 1/2 du s. pet. pluie, ton. pend. 1 h. 1/2
26. 95.	Nuages.........	Calme.	31. 30.	Couvert.....	S.	A 4 h. 1/2, du tonnerre, et toute la nuit petite pluie.
24. 35.	Nuages.........	S.	30. 60.	Nuages......	S.	
27. 80.	Nuages légers...	O.S.O.	31. 20.	Couvert.....	S.	Toute l'après-midi forte pluie et tonnerre.
26. 90.	Nuages.........	S.	31. 0.	Nébuleux....	S.	
26. 0.	Nuages.........	S.	32. 84.	Nuages......	Calme.	
25. 75.	Nuages.........	S.	31. 70.	Nuages......	S.	A 5 h. du soir, tonnerre.
26. 45.	Nuages.........	S.	30. 0.	Couvert.....	E.	A 4 h. du soir, forte pluie, tonnerre, et grand vent d'E. durant une heure.
26. 0.	Nuages.........	S.	32. 0.	Nuages......	S.	
27. 90.	Nuages légers...	Calme.	33. 0.	Nuages légers.	Calme.	
27. 15.	Pur............	S.	33. 0.	Nuages......	Calme.	
27. 0.	Pur............	S.	33. 45.	Nuages......	N.	
28. 45.	Nuages légers...	S.	33. 45.	Nuages......	N.	
28. 5.	Nuages.........	S.	33. 95.	Nuages......	Calme.	Tonnerre dans la nuit.
28. 40.	Nuages légers...	S.	33. 10.	Nuages......	N.	Pluie et tonnerre dans la nuit.
28. 20.	Nuages.........	S.	32. 90.	Couvert.....	S.	
27. 95.	Nuages.........	S.	34. 10.	Nuages......	N.O.	
27. 30.	Nuages.........	N.	35. 40.	Nuages......	N.	
29. 30.	Nuages.........		33. 95.	Nuages......	Calme.	
28. 60.	Pur............	Calme.	33. 40.	Nuages légers.	Calme.	Tonnerre toute la nuit.
27. 90.	Nuages légers...	S.	34. 95.	Nuages légers.	Calme.	A 3 h. du matin, forte pluie durant une h.
29. 20.	Nuages.........	S.	34. 90.	Nuages légers.	Calme.	A 3 h. du s. pluie, ton., durant 1/4 d'heure.
27. 95.	Nuages.........	E.	33. 0.	Couvert.....	S.	Dans l'après-midi, du tonnerre.
27. 30.	Nébuleux.......	S.	32. 50.	Couvert.....	Calme.	
28. 20.	Couvert........	Calme.	32. 70.	Nuages......	Calme.	Le 30, une heure après le soleil couché, l'horizon dans le S. semblait être enflammé; quelques jours avant, le même phénomène se montra dans le N.
28. 80.	Nuages.........	Calme.	34. 0.	Nuages......	N.O.	
28. 30.	Nuages.........	S.	33. 30.	Nuages......	N.	
27. 30.	Pur............	N.O.	34. 60.	Nuages......	N.	
27. 70.	Pur............	....	34. 33. 0.	Nuages légers.	Calme.	

Plus haut degré de chaleur...... 34° 10, le 17.
Moindre degré de chaleur...... 24. 35, le 5.

98 OBSERVATIONS MÉTÉOROLOGIQUES.

À SENÉ, ... vembre 1821.

JOURS.	DE SIX À SEPT HEURES DU MATIN.			DE MIDI À UNE HEURE.		DE CINQ À SIX HEURES DU SOIR.			REMARQUES.
	Thermomètre.	État du ciel.	Vents.	Thermomètre.		État du ciel.	Vents.		
1.	26° 60.	Pur.........	Calme.	35° 0.	35° 0.	Nuages......	N.		
2.	27. 90.	Nuages......	N.	36. 0.	9.	Nuages......	N.		
3.	28. 85.	Nuages légers...	Calme.	35. 70.	36. 0.	Nuages......	N.		
4.	24. 80.	Nuages légers...	N.	32. 30.	34. 6.	Nuages légers.	N.		
5.	22. 35.	Pur.........	N.	32. 0.	33. 70.	Pur.........	N.		
6.	20. 25.	Pur.........	N.	31. 0.	0.	Pur.........	N.		
7.	19. 70.	Pur.........	N.	30. 15.	31. 15.	Pur.........	N.	Petit vent.
8.	20. 90.	Pur.........	N.	31. 75.	0.	Pur.........	N.	
9.	21. 0.	Pur.........	N.	32. 45.	33. 5.	Pur.........	N.	
10.	21. 30.	Pur.........	N.	32. 85.	34. 3.	Pur.........	N.	
11.	21. 20.	Nuages légers...	N.	31. 30.	32. 20.	Pur.........	N.	Vent très-fort.
12.	19. 60.	Pur.........	N.	29. 80.	31. 80.	Pur.........	N.	Vent très-fort.
13.	19. 0.	Pur.........	N.	29. 0.	30. 60.	Nuages légers.	N.	
14.	21. 10.	Pur.........	N.	31. 0.	60.	Nuages légers.	N.	
15.	20. 70.	Pur.........	N.	33. 50.	33. 0.	Pur.........	N.	
16.	....	Pur.........	N.		20.	Pur.........	N.	
17.	20. 80.	Nébuleux......	N.	29. 70.	31. 20.	Nébuleux.....	N.	
18.	20. 90.	Pur.........	N.	30. 20.	31. 50.	Pur.........	N.	
19.	17. 50.	Pur.........	N.	26. 60.	27. 30.	Pur.........	N.	
20.	14. 90.	Pur.........	N.	26. 50.	27. 0.	Nébuleux.....	N.	
21.	14. 85.	Pur.........	N.	27. 20.	27. 20.	Pur.........	N.	Tout le mois, beau temps.
22.	15. 60.	Pur.........	N.	30. 0.	30. 0.	Pur.........	N.	
23.	19. 60.	Pur.........	N.	31. 90.	33. 60.	Nuages légers.	N.	
24.	21. 20.	Pur.........	N.	34. 60.	20.	Pur.........	N.	
25.	22. 20.	Nuages légers...	N.	33. 20.	60.	Nuages légers.	N.	
26.	23. 50.	Pur.........	N.	34. 20.	0.	Nuages......	N.	
27.	23. 60.	Pur.........	N.	32. 85.	33. 85.	Nuages......	N.	
28.	26. 0.	Nuages légers...	N.	32. 0.	33. 20.	Nébuleux.....	Calme.	
29.	21. 50.	Pur.........	N.	31. 20.	31. 75.	Pur.........	N.	
30.	22. 80.	Pur.........	N.	31. 20.	70.	Pur.........	N.	

Plus haut degré de chaleur.. 36° 4, le 3.
Moindre degré de chaleur... 15. 60, le 22.

OBSERVATIONS MÉTÉOROLOGIQUES.

Route de SEN**N**ÂZOQL, *décembre* 1821.

LIEUX.	JOURS.	DE SIX À SEPT HEURES DU MATIN.			MIDI HEURES.	DE DEUX À QUATRE H.	DE CINQ À SIX HEURES.			REMARQUES.
		Thermomètre.	État du ciel.	Vents.	Thermomètre.	Thermomètre.	Thermomètre.	État du ciel.	Vents.	
...âr............	1.	19° 0.	Pur............	....	....	....	....	Nuages légers.	N.	
...el-Mouyl......	2.	....	Pur............	N. 0.	35° 5.	31° 50.	Pur........	N.	Vent très-fort le soir.
	3.	20. 0.	Pur............	N.	....	....	Pur........	N.	
	4.	....	Nuages légers..	N. 60.	31. 20.	30. 65.	Pur........	N.	
...âr............	5.	20. 55.	Pur............	N. 50.	....	29. 0.	Pur........	N.	
	6.	21. 30.	Pur............	N. 60.	29. 30.	29. 0.	Nuages légers.	N.	
	7.	20. 30.	Nuages légers..	N. 20.	....	....	Nuages légers.	N.	
...et-Cheryf.....	8.	....	Pur............	N.	....	....	....	N.	
...eleybah.......	9.	....	Pur............	N.	....	....	Nébuleux...	N.	
	10.	....	Nébuleux......	N.	....	....	Nébuleux...	N.	
	11.	....	Nébuleux......	N.	....	....	Nébuleux...	N.	Petit vent le soir.
...arameyleh.....	12.	21. 0.	Pur............	N. 30.	....	31. 7.	Nuages légers.	N.	
...ânneh.........	13.	20. 0.	Nuages légers..	N.	....	....	Pur........	N.	
...eguiab........	14.	....	Pur............	N. 20.	38. 1.	29. 5.	Pur........	N.	
	15.	....	Nuages légers..	N.	37. 20.	36. 0.	Nuages légers.	N.	
	16.	....	Nuages légers..	N.	38. 10.	30. 5.	Nuages légers.	N.	
	17.	....	Couvert........	N.	39. 0.	28. 9.	Couvert.....	N.	
...erebyn........	18.	18. 9.	Couvert........	N. 80.	39. 80.	26. 80.	Nuages légers.	N.	
	19.	....	Nuages légers..	N. 25.	42. 30.	27. 70.	Nuages légers.	N.	
	20.	....	Nuages légers..	N.	....	....	Pur........	N.	
...qâdy..........	21.	....	Pur............	N. 30.	....	36. 0.	Pur........	N.	
	22.	....	Pur............	N.	....	36. 30.	Nuages légers.	N.	
...ou............	23.	21. 0.	Pur............	N. 90.	36. 30.	32. 5.	Pur........	N.	
	24.	20. 30.	Nuages légers..	N. 80.	35. 0.	31. 5.	Nuages légers.	N.	
...y.............	25.	....	Nuages........	N.	....	....	Nuages légers.	N.	
...ak............	26.	....	Nuages........	N.	....	....	Nuages légers.	N.	
	27.	....	Nuages légers..	N.	....	....	Nuages.....	N.	
...ou............	28.	21. 15.	Nuages........	N. 20.	42. 50.	29. 30.	Nuages.....	N.	
	29.	....	Nuages légers..	N.	....	....	Nuages légers.	N.	
le fleuve........	30.	....	Pur............	N.	....	....	Pur........	N.	
de Fâzoql.......	31.	20. 8.	Pur............	C. 8.	....	32. 0.	Nuages.....	E.	

Plus haut degré de chaleur..... 42° 30, le 19.
Moindre degré de chaleur...... 18. 9, le 18.

Position de Kilgou :
Latitude............... 11° 33' 35"
Longitude.............. 31. 54. 0.

OBSERVATIONS MÉTÉOROLOGIQUES.

Route de Fâzoql à Abqoulgui, janvier 1822.

LIEUX.	JOURS.	DE SEPT À HUIT HEURES DU MATIN.			DE CINQ À SIX HEURES DU SOIR.			REMARQUES.
		Thermomètre.	État du ciel.	Vents.	Thermomètre.	État du ciel.	Vents.	
	1.	....	Nuages légers.	Calme.	....	Pur......	S.	
	2.	....	Pur......	Calme.	44° 80.	Nuages légers.	N.	A 2 heures le thermomètre a monté à 4
	3.	18° 6.	Pur......	Calme.	39.	Pur......	N.O.	A 2 heures le thermomètre a monté à 4
	4.	25. 3.	Pur......	Calme.	42. 6.	Nuages......	N.	
Yara, dans le pays de Fâzoqi....	5.	....	Pur......	Calme.	....	Pur......	N.	
	6.	....	Pur......	N.	40. 0.	Pur......	N.	
	7.	23. 5.	Pur......	Calme.	39. 5.	Nuages légers.	N.	
	8.	20. 4.	Pur......	Calme.	40.	Pur......	N.	A 2 heures le thermomètre a monté à 4
	9.	23. 9.	Pur......	Calme.	41.	Pur......	N.	
	10.	....	Pur......	Calme.	43. 9.	Pur......	Calme.	A 2 heures le thermomètre a monté à 4
	11.	19. 0.	Pur......	Calme.	42. 5.	Nuages légers.	Calme.	
Khor-Baba......	12.	....	Pur......	Calme.	....	Pur......	Calme.	
	13.	....	Nuages légers.	Calme.	....	Pur......	N.	
Aqarô.	14.	20. 6.	Nuages légers.	Calme.	39. 3.	Nuages......	Calme.	
	15.	15. 3.	Nuages légers.	Calme.	38. 9.	Nuages......	Calme.	
Toumat........	16.	....	Nuages légers.	Calme.	....	Nuages légers.	Calme.	
	17.	14. 2.	Pur......	N.O.	42. 0.	Nuages......	N.	
	18.	....	Pur......	Calme.	....	Pur......	N.	
	19.	....	Pur......	S.	40. 5.	Nuages légers.	N.	
	20.	25. 9.	Couvert.....	Calme.	37. 3.	Couvert.....	S.	
	21.	20. 8.	Couvert.....	Calme.	40. 0.	Couvert.....	N.O.	
Abqoulgui, dans la province de Qamâmyl.......	22.	21. 8.	Nuages......	Calme.	31. 8.	Nuages......	N.	
	23.	19. 8.	Pur......	Calme.	38. 2.	Nuages......	N.	
	24.	....	Pur......	S.	38. 6.	Couvert.....	N.	
	25.	19. 5.	Couvert.....	N.	38.	Nuages......	N.	
	26.	25. 9.	Pur......	N.	40. 1.	Nuages......	N.	
	27.	22. 1.	Pur......	Calme.	40. 9.	Gros nuages...	S.	
	28.	18. 1.	Nuages......	S.	40. 0.	Nuages......	N.	
	29.	18. 8.	Calme......	Clair.	30. 1.	Nuages légers.	N.	
	30.	32. 3.	Nuages légers.	Calme.	40. 4.	Nuages......	N.O.	
	31.	25. 2.	Nuages......	Calme.	40. 9.	Nuages......	N.	

Plus haut degré de chaleur... 44° 30, le 2.
Moindre degré de chaleur... 18. 6, le 3.

Position d'Abqoulgui :
Latitude............... 10° 38′ 45″
Longitude.............. 32. 33. 0.

OBSERVATIONS MÉTÉOROLOGIQUES.

*Route d'*ABQOULGUI *à* SING... *retour à* SENNÂR, février 1822.

LIEUX.	JOURS.	DE SEPT À HUIT HEURES DU MATIN.			DE ... CINQ À SIX HEURES DU SOIR.			REMARQUES.
		Thermomètre.	État du ciel.	Vents.	Thermomètre.	État du ciel.	Vents.	
qoulgui.....	1.	24° 0.	Nuages légers.	Calme.	41° 6.	Nuages......	N.	
	2.	....	Pur........	Calme.	44. 0.	Nuages......	N.	
	3.	....	Pur........	N.	41. 0.	Couvert.....	N.	
	4.	25. 0.	Pur........	N.	41. 0.	Nuages légers.	N.	
	5.	....	Pur........	N.	....	Pur........	N.	
	6.	26. 3.	Nuages légers.	N.	35. 50.	Nuages......	N.	
gué.......	7.	....	Couvert.....	Calme.	30. 6.	Couvert.....	N.	
	8.	21. 8.	Couvert.....	Calme.	36. 4.	Nuages......	N.	
	9.	16. 9.	Pur........	N.	31. 3.	Nuages......	N.	
or-Dys...	10.	21. 5.	Nuages légers.	N.	....	Nuages......	N.	
	11.	....	Pur........	N.	......5.	Nuages......	N.	
ssân......	12.	....	Pur........	N.	....	Nuages légers.	N.	
	13.	....	Nuages légers.	Calme.	....	Nuages légers.	N.	Tout le mois, petit vent.
	14.	....	Nuages légers.	N.	....	Nuages légers.	N.	
ssi.......	15.	....	Nuages légers.	N.	33. ...	Pur........	N.	
	16.	....	Nuages légers.	N.	....1. 8.	Nuages légers.	N.	
Messeyl..	17.	19. 5.	Pur........	Calme.	30. 15.	Nuages légers.	N.	
Qerr......	18.	....	Nuages légers.	N.	....	Nuages légers.	N.	
	19.	....	Pur........	N.	....	Nuages légers.	N.	
aguer....	20.	....	Nuages légers.	N.	....	....	N.	
	21.	....	Nuages......	N.	....	....	N.	
	22.	20. 5.	Nuages légers.	N.	32. 4.	Nuages......	N.	
le fleuve...	23.	....	....	N.	....	Nuages......	N.	Du 15 au 26, les observations ont été faites en barque sur le fleuve.
	24.	....	Nuages légers.	N.	....	....	N.	
	25.	....	....	N.	....	Nuages......	N.	
	26.	21. 8.	Nuages légers.	N.	33. 8.	Petits nuages.	N.	
nâr......	27.	....	....	N.	....	Nuages......	N.	
	28.	....	....	N.	....	....	N.	

Plus haut degré de chaleur....... 44° 20, le 2.
Moindre degré de chaleur....... 16. 9, le 9.

Position de Singué :
Latitude.............. 10° 29′ 44″
Longitude............ 32. 20. 30.

OBSERVATIONS MÉTÉOROLOGIQUES.

Route de DJEBEL-BARKAR-SOKKOT, mai 1822.

LIEUX.	JOURS.	DE SIX À SEPT HEURES DU MATIN.			DE... CINQ À SIX HEURES DU SOIR.			REMARQUES.
		Thermomètre.	État du ciel.	Vents.	Thermomètre.	État du ciel.	Vents.	
	1.	26° 7.	Pur........	N.	..... 5.	Pur........	N.	
	2.	31. 0.	Pur........	N.	37. 3.	Nuages......	N.	
	3.	....	Pur........	N.	40. 90.	Nuages......	N.	A 6 heures du soir, orage, pluie et tonn
	4.	32. 35.	Pur........	N.	39. 10.	Nuages......	N.	
	5.	32. 30.	Couvert....	N.	37. 75.	Nuages......	N.	
	6.	....	Couvert....	N.	37. 20.	Nuages......	N.	
Djebel-Barkal....	7.	31. 15.	Pur........	N.	40. 80.	Pur........	N.	
	8.	....	Pur........	N.	39. 25.	Pur........	N.	
	9.	30. 75.	Nuages.....	N.	38. 0.	Pur........	N.	
	10.	30. 90.	Pur........	N.	38.	Nuages légers.	N.	
	11.	....	Pur........	N.	36.	Pur........	N.	
	12.	....	Pur........	N.	40. 0.	Pur........	N.	
	13.	28. 9.	Pur........	N.	38.	Pur........	N.	
	14.	....	Pur........	N.	47.	Pur........	N.	A 9 h, le thermomètre marquait.... 42
Au désert.......	15.	....	Pur........	N.	48. 0.	Pur........	N.	A 11 h. au soleil le therm. montait à 53
	16.	....	Pur........	N.	47. 10.	Pur........	N.	
Serrar-Nârti.....	17.	....	Pur........	N.	43. 20.	Pur........	N.	
Tombos........	18.	....	Pur........	N.	44.	Pur........	N.	Tout le mois, beau temps.
I. Dagarty......	19.	....	Pur........	N.	.....	Pur........	N.	
	20.	....	Pur........	N.	.....	Pur........	N.	
Kouké.........	21.	....	Pur........	N.	45. 75.	Pur........	S.E.	
Rottfareh.......	22.	....	Pur........	N.	44. 80.	Pur........	S.E.	
Solib..........	23.	....	Nuages.....	N.	40. 0.	Nuages......	S.E.	
Byr-Daffer......	24.	....	Nnages.....	N.	.....	Nuages......	S.E.	
	25.	....	Pur........	N.	.....	Pur........	S.E.	
Djebel-Arbagui...	26.	19. 5.	Pur........	N.	37. 0.	Pur........	S.E.	A 5 h. du matin, le therm. marquait 16
(désert.)	27.	25. 9.	Pur........	N.	45. 0.	Pur........	S.E.	A 2 h. le thermomètre montait à... 48
Selimeh.......	28.	....	Pur........	N.	.....	Pur........	S.E.	
	29.	....	Pur........	N.	37.	Pur........	S.E.	
	30.	....	Pur........	N.	40.	Pur........	S.E.	
	31.	....	Pur........	N.	45.	Pur........	S.E.	

Plus haut degré de chaleur au désert 48° 0, le 15.
Moindre degré de chaleur........ 26. 7, le 1.er

Position de Djebel Barkal. { Latitude...... 18° 30′ 51″
Longitude..... 29. 48. 5.

Position de Selimeh...... { Latitude...... 21. 14. 9.
Longitude..... 27. 19. 0.

OBSERVATIONS MÉTÉOROLOGIQUES.   À GOURNAY, ... et 1822.

JOURS.	DE SIX À SEPT HEURES DU MATIN.			DE ... À UNE ... CINQ À SIX HEURES DU SOIR.			REMARQUES.
	Thermomètre.	État du ciel.	Vents.	Thermomètre.	État du ciel.	Vents.	
1.	....	Nuages légers......	N.	....	Pur.........	N.	
2.	....	Nuages légers......	N.	....	Pur.........	N.	
3.	....	Nuages légers......	N.	....	Pur.........	N.	
4.	....	Pur...............	N.	37° 9.	Pur.........	N.	
5.	30° 7.	Nuages légers......	N.	37. 7.	Pur.........	N.	
6.	31. 5.	Nuages légers......	N.	36. 2.	Pur.........	N.	
7.	32. 2.	Pur...............	N.	36. 7.	Pur.........	N.	
8.	30. 6.	Pur...............	N.	35. 8.	Pur.........	N.	
9.	33. 0.	Pur...............	N.	37. 0.	Pur.........	N.	
10.	32. 0.	Pur...............	N.	39. 2.	Nuages légers.	Calme.	
11.	....	Nuages légers......	N.	40. 1.	Nuages légers.	N.	
12.	32. 8.	Nuages légers......	Calme.	40. 8.	Nuages légers.	N.	
13.	33. 7.	Nuages légers......	N.	41. 5.	Pur.........	N.	
14.	34. 5.	Pur...............	N.	40. 0.	Pur.........	N.	
15.	35. 0.	Nuages légers......	N.	40. 3.	Pur.........	N.	Tout le mois, beau temps et petit vent du N.
16.	34. 3.	Nuages légers......	N.	37. ..	Pur.........	N.	
17.	33. 4.	Pur...............	N.	.... 9.	Pur.........	N.	
18.	32. 9.	Pur...............	N.	38. 0.	Pur.........	N.	
19.	33. 4.	Pur...............	N.	.... 6.	Pur.........	N.	
20.	33. 5.	Pur...............	N.	.... 3.	Pur.........	N.	
21.	34. 8.	Nuages légers......	N.	.... 0.	Pur.........	N.	
22.	....	Nuages légers......	N.	.... ..	Pur.........	N.	
23.	32. 0.	Nuages légers......	N.	.... 5.	Pur.........	N.	
24.	34. 0.	Nuages légers......	Calme.	39. 7.	Pur.........	N.	
25.	33. 0.	Pur...............	Calme.	40. 0.	Pur.........	N.	
26.	34. 9.	Pur...............	Calme.	40. 0.	Pur.........	N.	
27.	34. 3.	Pur...............	Calme.	40. 8.	Pur.........	N.	
28.	35. 9.	Pur...............	Calme.	39. 8 2.	Pur.........	N.	
29.	35. 2.	Nuages légers......	Calme.	.... 0.	Pur.........	N.	
30.	....	....	......	....	....	......	

Plus haut degré de chaleur...... 41° 5, le 13.
Moindre degré de chaleur....... 30. 6, le 8.

OBSERVATIONS MÉTÉOROLOGIQUES. — A GOUR... 1822.

JOURS.	DE SIX À SEPT HEURES DU MATIN.			DE... À UNE...	CINQ À SIX HEURES DU SOIR.			REMARQUES.
	Thermomètre.	État du ciel.	Vents.	Thermomètre.		État du ciel.	Vents.	
1.	....	Pur............	N.	......		Pur.........	N.	
2.	....	Pur............	N.	41°		Pur.........	N.	
3.	35° 10.	Pur............	N.	41.	0.	Pur.........	N.	
4.	34. 80.	Pur............	N.	41.	0.	Pur.........	N.	
5.	35. 5.	Nuages légers...	N.	41.	6.	Nuages légers.	N.	
6.	35. 0.	Nuages légers...	N.	42.	5.	Nuages légers.	N.	
7.	35. 0.	Nuages légers...	N.	41.	4.	Nuages légers.	N.	
8.	37. 0.	Nuages légers...	N.	42.	0.	Pur.........	N.	
9.	34. 20.	Pur............	N.	42.	6.	Pur.........	N.	
10.	34. 5.	Pur............	N.	40.	3.	Pur.........	N.	
11.	....	Pur............	N.	......		Pur.........	N.	
12.	32. 8.	Pur............	N.	37.	9.	Pur.........	N.	Tout le mois beau temps et petit vent du N.
13.	33. 80.	Pur............	N.	40.	9.	Pur.........	N.	
14.	32. 5.	Nuages légers...	N.	37.	5.	Nuages légers.	N.	
15.	....	Nuages légers...	N.	......		Nuages légers.	N.	
16.	32. 9.	Nuages légers...	N.	39.	3.	Nuages légers.	N.	
17.	....	....	.....	......		....	.....	
18.	....	....	.....	......		....	.....	
19.	....	....	.....	......		....	.....	
20.	....	Pur............	N.	......		....	.....	
21.	....	Pur............	N.	......		Pur.........	N.	
22.	....	Nuages légers...	N.	......		Petits nuages.	N.	
23.	....	....	.....	......		....	.....	
24.	....	....	.....	......		....	.....	
25.	....	....	.....	......		....	.....	
26.	....	Pur............	Calme.	......		Pur.........	N.	
27.	....	Pur............	Calme.	......		Pur.........	N.	
28.	....	Pur............	N.	8.		Pur.........	N.	
29.	....	Pur............	Calme.	......		Pur.........	N.	
30.	....	Pur............	Calme.	......		Pur.........	N.	
31.	....	Pur............	Calme.	......		Pur.........	N.	

Plus haut degré de chaleur...... 42° 5, le 6.
Moindre degrés de chaleur...... 32. 5, le 14.

JOURNAL DES ROUTES

SUIVIES

DANS LE VOYAGE A MÉROÉ

ET AUX OASIS.

OBSERVATIONS.

Après avoir dressé ma carte, j'aurais pu à la rigueur me dispenser de livrer à l'impression ce long journal des routes que j'ai parcourues; toutefois j'ai pensé qu'il serait au moins de quelque utilité pour les voyageurs qui auront par la suite à faire des marches de la même nature, d'autant plus que les erreurs commises dans les évaluations et les directions de ces routes se trouvent actuellement rectifiées à l'aide des observations astronomiques qui ont servi de base à la construction des cartes. Ce travail minutieux attestera au reste les soins que j'ai pris, les efforts que j'ai tentés pour parvenir à bien faire connaître cette partie de l'Afrique.

On doit faire observer que les noms donnés à diverses stations du désert dans ce journal, varient souvent selon chaque tribu d'Arabes. Dans ces routes au désert, les journées de marche ont été indiquées sur la carte générale par un petit trait transversal à la route.

Les distances sont évaluées en milles marins de soixante au degré.

J'ai donné dans le I.er volume, page 125, quelques observations sur l'évaluation des marches de ce journal. Le lecteur voudra bien y reporter son attention.

Du FAYOUM à SYOUAH.

HEURES DE MARCHE.	ROUTE à la boussole.	VARIATION NORD-OUEST.	ROUTE CORRIGÉE.	MILLES COURUS.	DIFFÉRENCE EN LATITUDE.		DIFFÉRENCE EN LONGITUDE.	
					Nord.	Sud.	Est.	Ouest.
1ʰ				2′ 1/2ᵈ				
2.	S......	11°	S. 11° E.	2. 0.	.....	6.1/2	1. 1/3	
3.				2. 0.				
4.				2. 0.				
5.	S. 20° O.	.....	S. 9. O.	2. 0.		6...	.....	1. 0.
6.				2. 0.				
						12.1/2	1. 1/3	
							1. 0.	

Latitude de départ...... 29° 18′ .7″ N.
Différence en latitude.. 0. 12. 30. S.

Latitude d'arrivée...... 29. 5. 37. N.   0. 1/3

Somme............ 58. 23. 44.
Moyen parallèle....... 29. 11. 52.

Route corrigée....... S. O. 20° E.
Chemin en droite ligne. 4 lieues 1/6.

Longitude de départ.... 28° 30′ 56″ E.
Différence en longitude. 0. 0. 20. E.

Longitude d'arrivée.... 28. 31. 16. E.

Le 19 novembre 1819, parti de Medynet el-Fayoum à midi. Route sinueuse durant 3 heures, à travers des terres labourées coupées de canaux. Le reste du jour, marche au désert, en longeant les terres cultivées. Campé à 6 heures sur un terrain marécageux, à une lieue au S. du village de Gambachy.

HEURES DE MARCHE.	ROUTE à la boussole.	VARIATION NORD-OUEST.	ROUTE CORRIGÉE.	MILLES COURUS.	DIFFÉRENCE EN LATITUDE.		DIFFÉRENCE EN LONGITUDE.	
					Nord.	Sud.	Est.	Ouest.
12h 30m	....	12°	S. 58° O.	1m 1/2a	.....	0. 9.	.....	1. 3.
1.	⎫			0. 3/4.				
2.	O. 20° N.	.....	O. 8. N.	0. 3/4.	0. 9.	.....	.....	6. 0.
3.	⎭			0. 1/2.				
4.	N. O....	.....	O. 33. N.	1. 0.	1. 7.	.....	.....	2. 5.
					2. 6.	0. 9.		9. 8.
					0. 9.			
					1. 7.			

Latitude de départ....... 29° 5′ 37″
Différence en latitude N. 0. 1. 40.
Latitude d'arrivée....... 29. 7. 17.

Somme............... 58. 12. 54.
Moyen parallèle......... 29. 6. 27.

Route corrigée......... O. 10° N.
Chemin en droite ligne... 3 lieues 1/3.

Longitude de départ..... 28° 31′ 16″
Différence en longitude O. 0. 11. 10.

Longitude d'arrivée...... 28. 20. 6.

Le 22 novembre 1819, parti de Gambachy à midi. Après une heure de marche sur des terres en partie baignées par l'inondation du fleuve, la route passe au désert, et traverse çà et là des champs cultivés et de petits ruisseaux qui arrosent cette partie limitrophe du Fayoum. Campé à 4 heures sous les murs d'el-Garah, dernier village de cette province, sur les limites du grand désert.

Du FAYOUM à SYOUAH.

HEURES DE MARCHE.	ROUTE à la boussole.	VARIATION NORD-OUEST.	ROUTE CORRIGÉE.	MILLES COURUS.	DIFFÉRENCE EN LATITUDE.		DIFFÉRENCE EN LONGITUDE.	
					Nord.	Sud.	Est.	Ouest.
9ʰ	O......	12°	O. 12° S.	1ᵐ 3ᵈ	.....	0. 3.	.....	1. 3.
10.	O. 15° N.	.....	O. 3. N.	2. 3.	0. 1.	.....	.....	2. 2.
11.	O. 20. S.	.....	O. 32. S.	2. 0.	.....	1. 0.	.....	1. 7.
12.	O. 15. S.	.....	O. 27. S.	2. 0.	.....	1. 0.	.....	1. 8.
1.	O. 10. N.	.....	O. 2. S.	2. 0.	.....	0. 1.	.....	4. 3.
2.				2. 3.				
3.	O. 30. N.	.....	O. 18. N.	1. 8.	0. 5.	.....	.....	1. 7.
4.	S. O.....	.....	S. 33. O.	1. 1.	.....	0. 9.	.....	0. 5.
5.	O. 5. N.	.....	O. 7. S.	2. 3.	.....	0. 5.	.....	4. 5.
6.				2. 3.				
					0. 6.	3. 8.		18. 0.
						0. 6.		
						3. 2.		

Latitude de départ..... 29° 07′ 17″ N.
Différence en latitude.. 0. 03. 12. S.

Latitude d'arrivée..... 29. 04. 05.

Somme............ 58. 11. 22.
Moyen parallèle....... 29. 05. 41.

Route corrigée........ O. 10° S.
Chemin en droite ligne. 6 lieues 1/6.

Longitude de départ... 28° 20′ 6″ E.
Différence en latitude.. 0. 20. 30. O.

Longitude d'arrivée.... 27. 59. 36. E.

Le 23 novembre 1819, parti d'el-Garah à 8 heures 15 minutes. Jusqu'à 4 heures, sol de sable uni, descendant vers l'O. A 4 heures, multitude de petits monticules qui embarrassent la route. A 6 h. arrivé à Rayân, où sont des sources et des végétaux.

JOURNAL DE ROUTE,

HEURES DE MARCHE.	ROUTE à la boussole.	VARIATION NORD-OUEST.	ROUTE CORRIGÉE.	MILLES COURUS.	DIFFÉRENCE EN LATITUDE.		DIFFÉRENCE EN LONGITUDE.	
					Nord.	Sud.	Est.	Ouest.
8ʰ 8.30ᵐ	O. 2° S.	12°	O. 10° N.	1ᵐ 8ᵈ 1. 5.	.....	0. 2.	.....	3. 3.

Latitude de départ.....	29° 4′ 5″ N.
Différence en latitude..	0. 0. 12. S.
Latitude d'arrivée.....	29. 3. 53. N.
Somme................	58. 7. 58.
Moyen parallèle.......	29. 3. 59. N.
Route corrigée........	O. 2° S.
Chemin en droite ligne.	une lieue 1/6.
Longitude de départ...	27° 59′ 36″ E.
Différence en longitude.	0. 3. 40.
Longitude d'arrivée....	27° 55. 56. E.

Le 24 novembre 1819, parti à 7 heures. Arrivé à huit heures 30 minutes à la grande source de Rayân el-Qasr.

Du FAYOUM à SYOUAH.

HEURES DE MARCHE.	ROUTE à la boussole.	VARIATION NORD-OUEST.	ROUTE CORRIGÉE.	MILLES COURUS.	DIFFÉRENCE EN LATITUDE.		DIFFÉRENCE EN LONGITUDE.	
					Nord.	Sud.	Est.	Ouest.
8^h	N......	12°	N. 12° O.	1^m 0^d	1. 0.	.....	.....	0. 3.
9.	O. 30° N.	.....	O. 18. N.	2. 0.	0. 6.	.....	.....	2. 0.
10.	O. 10. N.	.....	O. 2. S.	1. 5.	.....	0. 1.	.....	1. 5.
11.	O. 20. N.	.....	O. 8. 9.	1. 5.	0. 3.	.....	.....	1. 6.
12.	N. 20. O.	.....	N. 32. O.	1. 5.	1. 3.	.....	.....	0. 7.
1.				1. 0.	0. 8.	.....	.....	0. 5.
2.				1. 0.				
3.	O. 20. N.	.....	O. 8. N.	2. 0.	0. 8.	.....	.....	5. 3.
4.				2. 3.				
5.	O. 10. N.	.....	O. 2. S.	2. 3.	.....	0. 2.	.....	2. 3.
6.	O. 20. S.	.....	O. 32. S.	2. 3.	.....	1. 3.	.....	2. 1.
6.30^m	O. 20. N.	.....	O. 8. N.	1. 0.	0. 1.	.....	.....	1. 0.
					4. 9.	1. 6.		17. 3.
					1. 6.			
					3. 3.			

Latitude de départ..... 29° 4' 59" N.
Différence en latitude.. 0. 3. 15. N.
Latitude d'arrivée..... 29. 8. 14. N.

Somme............ 58. 13. 13.
Moyen parallèle...... 29. 6. 36.

Route corrigée....... O. 11° N.
Chemin en droite ligne. 5 lieues 3/4.

Longitude de départ... 28° 11' 0" E.
Différence en longitude. 0. 19. 40. O.
Longitude d'arrivée.... 27. 51. 20. E.

Le 26 novembre 1819, parti de Rayân el-Qasr à 7 heures. Toute la matinée, petites montagnes de sable. A 8 heures, rocher au N. à demi-lieue de la route. A midi, plusieurs petites montagnes; le reste du jour, sol uni. Arrivé, à 6 heures 30 minutes, à une petite chaîne de montagnes.

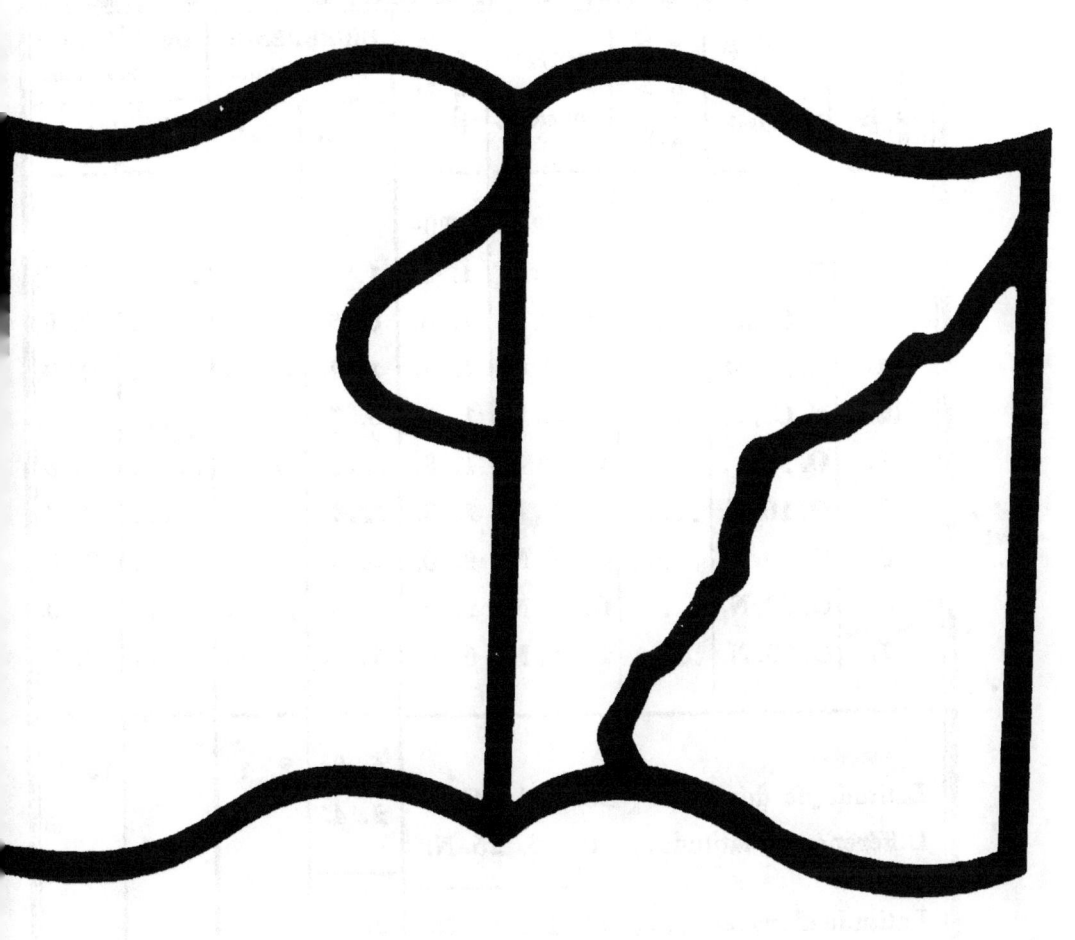

Texte détérioré — reliure défectueuse

NF Z 43-120-11

HEURES DE MARCHE	ROUTE à la boussole	VARIATION NORD-OUEST	ROUTE CORRIGÉE	MILLES COURUS	DIFFÉRENCE EN LATITUDE		DIFFÉRENCE EN LONGITUDE	
					Nord	Sud	Est	Ouest
8ʰ	S. 30° O.	12°	S. 18° O.	2ᵐ 0ᵈ	.....	2. 0.	.....	0. 6.
9.	N. 20. O.	.....	N. 32. O.	1. 5.	1. 4.	.....	.....	0. 8.
10.	N. O.	.....	O. 33. N.	1. 0.	0. 5.	.....	.....	0. 8.
11.	N. 20. O.	.....	N. 32. O.	1. 5.	1. 4.	.....	.....	0. 9.
12.	N. O.	.....	O. 33. N.	1. 5.	0. 7.	.....	.....	1. 2.
1.	O.	.....	O. 12. S.	1. 8.	.....	0. 3.	.....	1. 8.
2.	O. 10. N.	.....	O. 2. S.	2. 3.	.....	0. 1.	.....	2. 3.
3.	O. 20. N.	.....	O. 8. N.	2. 0.	0. 2.	.....	.....	2. 0.
4.	O. 30. N.	.....	O. 18. N.	2. 0.	0. 5.	.....	.....	2. 0.
7.	O. 20. N.	.....	O. 8. N.	6. 9.	1. 1.	.....	.....	6. 8.
					5. 8.	2. 4.		19. 2.
					2. 4.			
					3. 4.			

Latitude de départ.... 29° 8' 14" N.
Différence en latitude.. 0. 3. 25. N.

Latitude d'arrivée..... 29. 11. 39. N.

Somme............. 58. 19. 53.
Moyen parallèle ..... 29. 9. 56.

Route corrigée........ O. 30° N.
Chemin en droite ligne. 19ᵐ 5ᵈ

Longitude de départ... 27° 51' 20" E.
Différence en longitude. 0. 21. 50. O.

Longitude d'arrivée... 27. 29. 30. E.

Le 27 novembre 1819, parti de Goubatar-Aouara à 7 h. 10 min. Toute la matinée, petites montagnes sur la route ; à midi, trouvé quelques végétaux à Attyeh-Essemen ; sur le soir, sol uni. Campé à 7 heures sur une plaine déserte, nommée *Garderamak*.

Du FAYOUM à SYOUAH.

HEURES DE MARCHE.	ROUTE à la boussole.	VARIATION NORD-OUEST.	ROUTE CORRIGÉE.	MILLES COURUS.	DIFFÉRENCE EN LATITUDE.		DIFFÉRENCE EN LONGITUDE.	
					Nord.	Sud.	Est.	Ouest.
8ʰ	O. 35° N.	12° 30'	O. 22. N.	2ᵐ 3ᵈ	0. 9.	.....	.....	2. 2.
9.	N. 40. O.	.....	O. 37. N.	1. 5.	1. 0.	.....	.....	1. 2.
10.	N. 10. O.	.....	N. 22. O.	1. 8.	1. 7.	.....	.....	0. 5.
11.	O. 30. N.	.....	O. 17. N.	2. 3.	0. 8.	.....	.....	2. 3.
12.	N. 30. O.	.....	N. 42. O.	2. 0.	1. 5.	.....	.....	1. 5.
1.				2. 0.				
2.	N. 10. O.	.....	N. 22. O.	1. 2.	13. 2.	.....	.....	5. 5.
3.				1. 5.				
7. 15'				9. 5.				
					19. 1.			13. 2.

Latitude de départ.... 29° 11' 39" N.
Différence en latitude.. 0. 19. 05. N.
Latitude d'arrivée..... 29. 30. 44.

Somme............... 58. 42. 23.
Moyen parallèle...... 29. 21. 11.

Chemin corrigé......... N. 35° O.
Route en droite ligne...... 23ᵐ 2ᵈ

Longitude de départ... 27° 29' 30" E.
Différence en longitude. 0. 15. 30. O.
Longitude d'arrivée.... 27. 14. 0. E.

Le 28 novembre 1819, parti de Garderamak à 7 heures 7 minutes. Tout le jour, sol uni de sable ; sur le soir, arrivé à de longues dunes de sable, courant Nord et Sud. Campé, à 7 heures 15 minutes, dans un cul-de-sac formé par ces sables, lieu nommé *Abou-Sugarah*.

HEURES DE MARCHE.	ROUTE à la boussole.	VARIATION NORD-OUEST.	ROUTE CORRIGÉE.	MILLES COURUS.	DIFFÉRENCE EN LATITUDE.		DIFFÉRENCE EN LONGITUDE.	
					Nord.	Sud.	Est.	Ouest.
8ʰ	N. 15° O.	12°30.	N. 27° O.	2ᵐ 3ᵈ	4. 0.	.....	.....	2. 2.
9.				2. 3.				
10.	N. 20. O.	.....	N. 32. O.	2. 3.	3. 9.	.....	.....	2. 5.
11.				2. 3.				
12.	N. 10. O.	.....	N. 22. O.	2. 3.	4. 2.	.....	.....	1. 8.
1.				2. 3.				
3.	N. 20. O.	.....	N. 32. O.	4. 6.	3. 9.	.....	.....	2. 5.
4.	N. 40. O.	.....	O. 37. N.	2. 3.	1. 4.	.....	.....	1. 9.
6.	N. 20. O.	.....	O. 32. O.	3. 3.	2. 8.	.....	.....	1. 9.
					20. 2.			12. 8.

Latitude de départ..... 29° 30′ 44″ N.
Différence en latitude.. 0. 20. 12. N.
———
Latitude d'arrivée..... 29. 50. 56. N.
———
Somme............. 59. 21. 40.
Moyen parallèle....... 29. 40. 50.

Route corrigée........ N. 32° O.
Chemin en droite ligne. 23ᵐ 9ᵈ

Longitude de départ... 27° 14′ 0″ E.
Différence en longitude. 0. 14. 50. O.
———
Longitude d'arrivée.... 26. 59. 10.

Le 29 novembre 1819, parti d'Abou-Sagarah à 7 heures. Tout le jour, sol assez uni, et quelques dunes de sable; beaucoup de troncs d'arbres pétrifiés sur la route. Campé à 6 heures sur une plaine nommée *Râs el-Baqar*.

Du FAYOUM à SYOUAH.

HEURES DE MARCHE.	ROUTE à la boussole.	VARIATION NORD-OUEST.	ROUTE CORRIGÉE.	MILLES COURUS.	DIFFÉRENCE EN LATITUDE.		DIFFÉRENCE EN LONGITUDE.	
					Nord.	Sud.	Est.	Ouest.
8h	N. 5° O.	12°30'	N. 17° O.	3m 1d	3. 0.	.....	.....	0. 9.
9. 10.	N.	.....	N. 12. O.	2. 3. / 2. 3.	4. 6.	.....	.....	0. 1.
11.	N. 5. O.	.....	N. 17. O.	2. 3.	2. 2.	.....	.....	0. 6.
12. 12. 45'	N. 20. O.	.....	N. 32. O.	2. 3. / 1. 5.	3. 2.	.....	.....	2. 1.
					13. 0.			3. 7.

Latitude de départ..... 29° 50' 56" N.
Différence en latitude.. 0. 13. 0. N.
_____
Latitude d'arrivée..... 30. 3. 56. N.

Somme................ 59. 54. 52.
Moyen parallèle...... 29. 57. 26.

Route corrigée....... N. 15° 30' O.
Chemin en droite ligne. 13m 5d

Longitude de départ... 26° 59' 10" E.
Différence en longitude. 0. 4. 20. O.
_____
Longitude d'arrivée.... 26. 54. 50. E.

Le 30 novembre 1819, parti de Râs-el-Baqar à 6 heures 45 minutes. Toute la matinée, sol de sable uni, couvert çà et là de troncs d'arbres pétrifiés. A midi 45 minutes, campé dans un lieu bas, à Ayn-Ouara, où se trouvent plusieurs sources d'eau douce et beaucoup de végétaux.

JOURNAL DE ROUTE,

HEURES DE MARCHE.	ROUTE à la boussole.	VARIATION NORD-OUEST.	ROUTE CORRIGÉE.	MILLES COURUS.	DIFFÉRENCE EN LATITUDE.		DIFFÉRENCE EN LONGITUDE.	
					Nord.	Sud.	Est.	Ouest.
8ʰ	N. 45° O.	12°	O. 33° N.	1ᵐ 0ᵈ	0. 5.	.....	.....	0. 7.
9.	O. 15. N.	.....	O. 3. N.	2. 3.	0. 1.	.....	.....	2. 3.
11.	O. 15. S.	.....	O. 27. S.	4. 6.	.....	2. 0.	.....	4. 1.
12.	O. 30. S.	.....	O. 42. S.	2. 3.	.....	1. 6.	.....	1. 8.
1.	O. 35. S.	.....	S. 43. O.	2. 3.	.....	1. 8.	.....	1. 7.
2.	S. 40. O.	.....	S. 28. O.	2. 3.	.....	2. 0.	.....	1. 2.
3.				2. 3.				
8.	O. 10. S.	.....	O. 22. S.	11. 5.	.....	5. 4.	.....	13. 7.
8. 15.				1. 0.				
					0. 6.	12. 8.		25. 5.
						0. 6.		
						12. 2.		

Latitude de départ.... 30° 13′ 29″ N.
Différence en latitude.. 0. 12. 15. S.

Latitude d'arrivée..... 30. 1. 14. N.

Somme............. 60. 14. 43.
Moyen parallèle....... 30. 7. 21.

Route corrigée........ O. 26. S.
Chemin en droite ligne. 28ᵐ 3ᵈ

Longitude de départ... 26. 54. 50. E.
Différence en longitude. 0. 29. 30. O.

Longitude d'arrivée.... 26. 25. 20. E.

Le 2 décembre 1819, parti d'Ayn-Ouara à 7 heures 30 minutes. Tout le jour, sol montueux, à la vue d'une chaîne de montagnes au N. Campé, à 8 heures 15 minutes, sur une plaine de sable nommée *el-Ma-Assás*.

Du FAYOUM à SYOUAH.

HEURES DE MARCHE.	ROUTE à la boussole.	VARIATION NORD-OUEST.	ROUTE CORRIGÉE.	MILLES COURUS.	DIFFÉRENCE EN LATITUDE.		DIFFÉRENCE EN LONGITUDE.	
					Nord.	Sud.	Est.	Ouest.
8ʰ	O. 5ª S.	12°	O. 17° S.	2ᵐ 0ᵈ	.....	0. 5.	.....	2. 0.
9.	O. 10. S.	.....	O. 22. S.	2. 3.	.....	0. 9.	.....	2. 2.
10.	O. 5. S.	.....	O. 17. S.	1. 8.	.....	0. 5.	.....	1. 8.
12.	O. 20. N.	.....	O. 8. N.	4. 1.	0. 5.	.....	.....	4. 1.
1.	O. 18. N.	.....	O. 6. N.	2. 3.	0. 2.	.....	.....	2. 3.
2.	O.	.....	O. 12. S.	2. 3.	.....	0. 5.	.....	2. 3.
3.	O. 15. N.	.....	O. 3. N.	2. 3.	0. 1.	.....	.....	2. 3.
7.	O.	.....	O. 12. S.	7. 3.	.....	1. 4.	.....	7. 1.
7. 30.	O. 20. S.	.....	O. 32. S.	1. 0.	.....	0. 5.	.....	0. 6.
					0. 8.	4. 3.		24. 7.
						0. 8.		
						3. 5.		

Latitude de départ..... 30° 1′ 14″ N.
Différence en latitude.. 0. 3. 30. S.

Latitude d'arrivée..... 29. 57. 44. N.

Somme............. 59. 58. 58.
Moyen parallèle....... 29. 59. 29.

Route corrigée....... O. 9. S.
Chemin en droite ligne. 25ᵐ

Longitude de départ... 26. 25. 20. E.
Différence en longitude. 0. 28. 15. O.

Longitude d'arrivée... 25. 57. 5.

Le 3 décembre 1819, parti d'el-Ma-Assás à 7 heures, à la vue de la chaîne de montagnes au N. A 9 heures 30 minutes, descendu durant 5 minutes sur une autre plage déserte. Toute la matinée, sol uni; à 3 heures, quelques herbages. Tout le soir, sol montueux, où l'on rencontre des morceaux de bois pétrifiés. Campé, à 7 heures 30 minutes, au désert à Saba-el-Makatem.

HEURES DE MARCHE.	ROUTE à la boussole.	VARIATION NORD-OUEST.	ROUTE CORRIGÉE.	MILLES COURUS.	DIFFÉRENCE EN LATITUDE.		DIFFÉRENCE EN LONGITUDE.	
					Nord.	Sud.	Est.	Ouest.
8ʰ	O. 10° S.	12°	O. 22° S.	1ᵐ 2ᵈ	.....	0. 4.	.....	1. 2.
9.	O. 10. N.	.....	O. 2. S.	1. 5.	.....	0. 1.	.....	1. 5.
10.	O. 20. S.	.....	O. 32. S.	1. 8.	.....	1. 0.	.....	1. 5.
11.	O. 30. S.	.....	O. 42. S.	1. 8.	.....	1. 2.	.....	1. 4.
12.	O. 10. S.	.....	O. 22. S.	1. 0.	.....	0. 3.	.....	0. 9.
1.	O. 20. N.	.....	O. 8. N.	2. 0.	0. 2.	.....	.....	2. 0.
6.	O. 20. S.	.....	O. 32. S.	11. 2.	.....	6. 0.	.....	9. 5.
7.	O.	.....	O. 12. S.	2. 0.	.....	0. 4.	.....	2. 0.
					0. 2.	9. 4.		20. 0.
						0. 2.		
						9. 2.		

Latitude de départ..... 29° 57′ 44″ N.
Différence en latitude.. 0. 9. 14. S.

Latitude d'arrivée..... 29. 48. 30. N.

Somme............ 59. 46. 14.
Moyen parallèle....... 29. 53. 7.

Route corrigée....... O. 25. S.
Chemin en droite ligne. 22ᵐ

Longitude de départ... 25. 57. 5. E.
Différence en longitude. 0. 23. 0. O.

Longitude d'arrivée.... 25. 34. 5. E.

Le 4 décembre 1819, parti de Saba-el-Makatem à 7 h. 15 min. A 9 heures 15 minutes, source d'eau saumâtre. Tout le jour quelques herbages épars sur un sol uni. Campé à 7 heures au désert el-Freys.

Du FAYOUM à SYOUAH.

HEURES DE MARCHE.	ROUTE à la boussole.	VARIATION NORD-OUEST.	ROUTE CORRIGÉE.	MILLES COURUS.	DIFFÉRENCE EN LATITUDE.		DIFFÉRENCE EN LONGITUDE.	
					Nord.	Sud.	Est.	Ouest.
8ʰ	......	12°	O......	2ᵐ 0ᵈ	.....	0. 4.	.....	2. 0.
10.	O......	.....	O. 12° S.	4. 3.	.....	1. 0.	.....	4. 2.
12.	O. 10° N.	.....	O. 2. S.	4. 6.	.....	0. 1.	.....	4. 6.
1.	O......	.....	O. 12. S.	2. 3.	.....	0. 4.	.....	2. 3.
2.	O. 10. N.	.....	O. 2. S.	1. 8.	.....	0. 1.	.....	6. 4.
4.				4. 6.				
5.	O. 5. N.	.....	O. 7. S.	2. 3.	.....	.....	.....	2. 3.
7.	O. 20. N.	.....	O. 8. N.	4. 5.	0. 6.	.....	.....	4. 5.
					0. 6.	2. 2.		26. 3.
						0. 6.		
						1. 6.		

Latitude de départ....	29° 48' 30" N.
Différence en latitude..	0. 1. 31. S.
Latitude d'arrivée.....	29. 46. 59. N.
Somme............	59. 35. 29.
Moyen parallèle......	29. 47. 44.
Route corrigée.......	O. 4. S.
Chemin en droite ligne.	26ᵐ 5ᵈ
Longitude de départ...	25. 34. 5. E.
Différence en longitude.	0. 30. 15. O.
Longitude d'arrivée....	25. 3. 50. E.

Le 5 décembre 1819, parti d'el-Freys à 7 heures. En marche tout le jour sur un sol uni, en se rapprochant de la chaîne de montagnes au N. Campé à 7 heures au désert Sabakhah el-Garah.

HEURES DE MARCHE.	ROUTE à la boussole.	VARIATION NORD-OUEST.	ROUTE CORRIGÉE.	MILLES COURUS.	DIFFÉRENCE EN LATITUDE.		DIFFÉRENCE EN LONGITUDE.	
					Nord.	Sud.	Est.	Ouest.
8ʰ	O. 25°N.	12°	O. 13°N.	2ᵐ 0ᵈ	0. 4.	.....	.....	2. 0.
9.	O. 15. N.	.....	O. 3. N.	2. 3.	0. 1.	.....	.....	2. 3.
10.	O. 10. N.	.....	O. 2. S.	1. 8.	.....	0. 1.	.....	1. 8.
11.	O. 15. S.	.....	O. 27. S.	2. 3.	.....	1. 0.	.....	2. 1.
12.	O. 10. S.	.....	O. 22. S.	2. 3.	.....	0. 9.	.....	2. 2.
1.	O.	.....	O. 12. S.	2. 3.	.....	0. 4.	.....	2. 3.
3.	O. 10. N.	.....	O. 2. S.	3. 3.	.....	0. 1.	.....	3. 3.
4.	O. 20. S.	.....	O. 32. S.	2. 3.	.....	1. 2.	.....	2. 0.
5.	O. 30. S.	.....	O. 42. S.	2. 0.	.....	1. 4.	.....	1. 5.
					0. 5.	5. 1.		19. 5.
						0. 5.		
						4. 6.		

Latitude de départ..... 29° 46′ 59″ N.
Différence en latitude.. 0. 4. 31. S.

Latitude d'arrivée..... 29. 42. 28. N.

Somme............ 59. 29. 27.
Moyen parallèle....... 29. 44. 43.

Route corrigée....... O. 14. S.
Chemin en droite ligne. 20ᵐ

Longitude de départ... 25. 3. 50. E.
Différence en longitude. 0. 22. 30. O.

Longitude d'arrivée.... 24. 41. 20. E.

Le 6 décembre 1819, parti de Sabakhah el-Garah à 7 h. 10 min. Sol uni, imprégné de sel gemme. Le reste du jour, approchant de la montagne au N., quelques arbres et herbages. Campé à 5 heures dans un bas fond de sable, couvert de dattiers et autres végétaux, près du village el-Garah.

Du FAYOUM à SYOUAH.

HEURES DE MARCHE.	ROUTE à la boussole.	VARIATION NORD-OUEST.	ROUTE CORRIGÉE.	MILLES COURUS.	DIFFÉRENCE EN LATITUDE.		DIFFÉRENCE EN LONGITUDE.	
					Nord.	Sud.	Est.	Ouest.
9h	O.....	12°	O. 12° S.	1m 3d	.....	0. 2.	.....	1. 3.
11. 30.	S.O....	.....	S. 33. O.	1. 3.	.....	1. 2.	.....	0. 7.
						1. 4.		2. 0.

Latitude de départ.... 29° 42' 28" N.
Différence en latitude.. 0. 1. 24. S.

Latitude d'arrivée..... 29. 41. 4. N.

Somme............... 59. 23. 32.
Moyen parallèle....... 29. 41. 46.

Route corrigée....... O. 34. S.
Chemin en droite ligne. 2m 5d

Longitude de départ... 24. 41. 21. E.
Différence en longitude. 0. 2. 18. O.

Longitude d'arrivée.... 24. 39. 2. E.

Le 7 décembre 1819, parti à 8 heures 30 minutes, faisant route au milieu des dattiers. A 9 heures, arrivé sous les murs d'el-Garah, village dépendant de l'oasis de Syouah. Parti à 11 heures. A 11 heures 30 minutes, campé près d'une source.

IV.

JOURNAL DE ROUTE,

HEURES DE MARCHE.	ROUTE à la boussole.	VARIATION NORD-OUEST.	ROUTE CORRIGÉE.	MILLES COURUS.	DIFFÉRENCE EN LATITUDE.		DIFFÉRENCE EN LONGITUDE.	
					Nord.	Sud.	Est.	Ouest.
11ʰ	S. 30° O.	12°	S. 18° O.	1ᵐ 5ᵈ	....	1. 5.	....	0. 5.
12.	S. 45. O.	....	S. 33. O.	1. 5.	....	3. 1.	....	2. 0.
1.				2. 3.				
2.	O. 25. S.	....	O. 37. S.	2.	....	1. 3.	....	1. 8.
4.	O. 20. S.	....	O. 32. S.	4. 3.	....	2. 3.	....	3. 8.
5.	O. 10. S.	....	O. 22. S.	2. 3.	....	0. 9.	....	2. 1.
6.	O. 8. S.	....	O. 20. S.	2. 3.	....	0. 8.	....	2. 2.
8.1/2	O. 5. N.	....	O. 7. S.	7. 8.	....	0. 9.	....	7. 9.
						10. 8.		20. 3.

Latitude de départ..... 29° 41′ 4″N.
Différence en latitude.. 0. 10. 48. S.
───────
Latitude d'arrivée..... 29. 30. 16.
───────
Somme............. 59. 11. 20.
Moyen parallèle....... 29. 35. 40.

Route corrigée........ O. 29. S.
Chemin en droite ligne. 23ᵐ

Longitude de départ... 24. 39. 2. E.
Différence en longitude. 0. 23. 14. O.
───────
Longitude d'arrivée.... 24. 15. 48. E.

Le 8 décembre 1819, parti à 10 heures. Jusqu'à 11 heures, nous traversons un petit groupe de montagnes, par un passage étroit. Jusqu'à une heure, après avoir suivi la grande chaîne de montagnes, nous gravissons au sommet par un passage difficile. A 3 heures 30 minutes, sortie de la montagne. Campé à 8 h. 30 m. au désert nommé *Ayhi*.

Du FAYOUM à SYOUAH.

HEURES DE MARCHE.	ROUTE à la boussole.	VARIATION NORD-OUEST.	ROUTE CORRIGÉE.	MILLES COURUS.	DIFFÉRENCE EN LATITUDE.		DIFFÉRENCE EN LONGITUDE.	
					Nord.	Sud.	Est.	Ouest.
8ʰ	O. 30° N.	12°	O. 18° N.	1ᵐ 5ᵈ	0. 4.	.....	.....	1. 5.
9.	O. 15. N.	.....	O. 3. N.	2. 0.	0. 1.	.....	.....	2. 0.
10.	O. 20. S.	.....	O. 32. S.	2. 0.	.....	1. 1.	.....	1. 6.
11.	O. 25. S.	.....	O. 37. S.	2. 3.	.....	1. 4.	.....	1. 9.
12.	O. 26. S.	.....	O. 38. S.	2. 3.	.....	1. 4.	.....	1. 9.
1.	O. 35. S.	.....	S. 43. O.	2. 3.	.....	1. 8.	.....	1. 7.
2.	O. 15. S.	.....	O. 27. S.	1. 0.	.....	0. 5.	.....	1. 0.
3.	O. 20. S.	.....	O. 32. S.	2. 0.	.....	1. 1.	.....	1. 7.
5.	O. 25. S.	.....	O. 37. S.	3. 8.	.....	2. 2.	.....	3. 0.
5. 45.	O. 10. N.	.....	O. 2. S.	1. 0.	.....	0. 1.	.....	1. 0.
					0. 5.	9. 6.		17. 3.
						0. 5.		
						9. 1.		

Latitude de départ..... 29° 30′ 16″ N.
Différence en latitude.. 0. 9. 6. S.

Latitude d'arrivée..... 29. 21. 10. N.

Somme.............. 58. 51. 26.
Moyen parallèle....... 29. 25. 43.

Route corrigée........ O. 29. S.
Chemin en droite ligne. 19ᵐ 5ᵈ

Longitude de départ... 24. 15. 48. E.
Différence en longitude. 0. 19. 42. O.

Longitude d'arrivée.... 23. 56. 6. E.

Le 9 décembre 1819, parti à 7 heures 15 minutes. A 9 heures, nous descendons par un ravin étroit, du plateau où l'on était monté la veille. Au bas de la descente, montagnes éparses. Sol uni toute la matinée, et montueux le soir. A 1 h., quelques herbages. A 5 heures 45 minutes, campé près d'une montagne, au désert nommé *Ayn el-Agouz*.

HEURES DE MARCHE.	ROUTE à la boussole.	VARIATION NORD-OUEST.	ROUTE CORRIGÉE.	MILLES COURUS.	DIFFÉRENCE EN LATITUDE.		DIFFÉRENCE EN LONGITUDE.	
					Nord.	Sud.	Est.	Ouest.
8ʰ	O. 20° N.	12°	O. 8° N.	2ᵐ 0ᵈ	0. 3.	.....	.....	2. 0.
9.	O. 5. N.	.....	O. 7. S.	2. 0.	.....	0. 2.	.....	2. 0.
10.	O.	.....	O. 12. S.	2. 0.	.....	0. 4.	.....	1. 9.
11.	O. 20. S.	.....	O. 32. S.	2. 0.	.....	1. 1.	.....	1. 7.
12.	O. 45. S.	.....	S. 33. O.	1. 5.	.....	1. 3.	.....	0. 8.
1.				1. 0.	.....	0. 9.	.....	0. 5.
					0. 3.	3. 9.		8. 9.
						0. 3.		
						3. 6.		

Latitude de départ..... 29° 21′ 10″ N.
Différence en latitude.. 0. 3. 36. S.

Latitude d'arrivée..... 29. 17. 34. N.

Somme............ 58. 38. 44.
Moyen parallèle....... 29. 19. 22.

Route corrigée........ 6. 22. S.
Chemin en droite ligne. 9ᵐ 8ᵈ

Longitude de départ... 23. 56. 6. E.
Différence en longitude. 0. 10. 12. O.

Longitude d'arrivée.... 23. 45. 54. E.

Le 10 décembre 1819, parti à 7 heures. Sur une plaine couverte de matières salines, on suit la chaîne de montagnes. Jusqu'à 11 heures, traversé divers amas d'eau salée. A 1 heure, campé sous les murs de la ville de Syouah.

Du FAYOUM à SYOUAH.

HEURES DE MARCHE.	ROUTE à la boussole.	VARIATION NORD-OUEST.	ROUTE CORRIGÉE.	MILLES COURUS.	DIFFÉRENCE EN LATITUDE.		DIFFÉRENCE EN LONGITUDE.	
					Nord.	Sud.	Est.	Ouest.
5ʰ	E. 30° N.	13°	E. 43° N.	1ᵐ 8ᵈ	1. 2.	.....	1. 3.	
6.	E. 25. N.	.....	E. 38. N.	2. 0.	1. 2.	.....	1. 7.	
7.	} E. 10. N.	} E. 23. N.	2. 3.	0. 9.	.....	2. 2.	
7. 20.				1. 0.	0. 4.	.....	0. 8.	
					3. 7.		6. 0.	

Latitude de départ..... 29° 11' 55" N.
Différence en latitude.. 0. 3. 42. N.
Latitude d'arrivée..... 29. 15. 37. N.

Somme............. 58. 27. 32.
Moyen parallèle....... 29. 13. 46.

Route corrigée........ E. 31. N.
Chemin en droite ligne. 7ᵐ 1ᵈ

Longitude de départ... 23. 45. 54. E.
Différence en longitude. 0. 7. 0. E.

Longitude d'arrivée.... 23. 52. 54. E.

Le 22 décembre 1819, parti de Syouah à 4 heures du soir. Sol bourbeux. Campé au désert, à 7 heures 20 minutes.

HEURES DE MARCHE.	ROUTE à la boussole.	VARIATION NORD-OUEST.	ROUTE CORRIGÉE.	MILLES COURUS.	DIFFÉRENCE EN LATITUDE.		DIFFÉRENCE EN LONGITUDE.	
					Nord.	Sud.	Est.	Ouest.
8ʰ	E. 25° S.	13°	E. 12° S.	0ᵐ 8ᵈ	.....	0. 2.	0. 8.	
9.	E. 10. S.	.....	E. 3. N.	2. 0.	0. 1.	.....	2. 0.	
10.	E. 30. S.	.....	E. 17. S.	2. 0.	.....	0. 6.	1. 9.	
11. 30.	E.	.....	E. 13. N.	3. 3.	0. 8.	.....	3. 2.	
12.	S. 25. E.	.....	S. 33. E.	0. 8.	.....	0. 7.	0. 4.	
1. 45.	S. 15. E.	.....	S. 28. E.	3. 6.	.....	3. 1.	1. 9.	
					0. 9.	4. 6.	10. 2.	
						0. 9.		
						3. 7.		

Latitude de départ..... 29° 15′ 37″ N.
Différence en latitude.. 0. 3. 42. S.

Latitude d'arrivée..... 29. 11. 55. N.

Somme............. 58. 27. 32.
Moyen parallèle....... 29. 13. 46.

Route corrigée........ E. 20. S.
Chemin en droite ligne. 10ᵐ 9ᵈ

Longitude de départ... 23. 52. 54. E.
Différence en longitude. 0. 11. 42. E.

Longitude d'arrivée.... 24. 4. 36. E.

Le 23 décembre 1819, parti à 7 heures 30 minutes, en longeant la montagne comme en allant à Syouah. A 11 heures 30 minutes, pris une direction plus S., pour se rendre à el-Ouâh el-Bahrieh. A 1 heure 45 minutes, campé au désert de Chegueg.

De SYOUAH à EL-OUÂH EL-BAHRYEH.

HEURES DE MARCHE.	ROUTE à la boussole.	VARIATION NORD-OUEST.	ROUTE CORRIGÉE.	MILLES COURUS.	DIFFÉRENCE EN LATITUDE.		DIFFÉRENCE EN LONGITUDE.	
					Nord.	Sud.	Est.	Ouest.
8h	S. 25° E.	11°30.	S. 37° E.	1m 3d	.....	1. 0.	0. 8.	
9.	S. 30. E.	.....	S. 42. E.	2. 3.	.....	1. 7.	1. 6.	
10.	S. 35. E.	.....	S. 47. E.	2. 3.	.....	1. 6.	1. 8.	
11.	E. 30. S.	.....	E. 18. S.	2. 3.	.....	0. 8.	2. 2.	
12.	E. 40. S.	.....	E. 28. S.	2. 0.	.....	1. 0.	1. 7.	
2.	E. 45. S.	.....	E. 33. S.	4. 3.	.....	2. 3.	3. 7.	
3.	E. 35. S.	.....	E. 23. S.	2. 3.	.....	0. 9.	2. 2.	
5.	E. 25. S.	.....	E. 13. S.	4. 3.	.....	1. 0.	4. 2.	
5. 45.	E. 20. S.	.....	E. 8. S.	1. 8.	.....	0. 1.	1. 8.	
						10. 4.	20. 0.	

Latitude de départ..... 29° 11′ 55″ N.
Différence en latitude... 0. 10. 24. S.

Latitude d'arrivée..... 29. 1. 31. N.

Somme............. 58. 13. 26.
Moyen parallèle....... 29. 6. 43.

Route corrigée....... E. 28. S.
Chemin en droite ligne. 22m 4d

Longitude de départ... 24. 4. 36. E.
Différence en longitude. 0. 22. 42. E.

Longitude d'arrivée.... 24. 27. 18. E.

Le 24 décembre 1819, parti à 7 heures 30 minutes. Toute la matinée, sol couvert de monticules calcaires; çà et là des herbages. A 1 heure beaucoup de dunes de sable; à 5 heures, plusieurs petites montagnes au S., près de la route. A 5 h. 45 min., campé au désert Melmât el-Bahr.

HEURES DE MARCHE.	ROUTE à la boussole.	VARIATION NORD-OUEST.	ROUTE CORRIGÉE.	MILLES COURUS.	DIFFÉRENCE EN LATITUDE.		DIFFÉRENCE EN LONGITUDE.	
					Nord.	Sud.	Est.	Ouest.
8ʰ	S. 25° E.	11°30.	S. 37° E.	1ᵐ 9ᵈ	....	1. 5.	1. 1.	
10.	S. 45. E.	....	E. 33. S.	3. 8.	....	2. 1.	3. 2.	
11.	E. 40. S.	....	E. 28. S.	1. 2.	....	0. 6.	1. 0.	
12.	S. 45. E.	....	E. 33. S.	1. 5.	....	0. 8.	1. 3.	
1.	S. 20. E.	....	S. 32. E.	0. 8.	....	0. 7.	0. 5.	
1. 45.	S. 25. E.	....	S. 37. E.	1. 5.	....	1. 3.	1. 0.	
						7. 0.	8. 1.	

Latitude de départ..... 29° 1′ 31″ N.
Différence en latitude.. 0. 7. 0. S.

Latitude d'arrivée..... 28. 54. 31. N.

Somme............. 57. 56. 2.
Moyen parallèle....... 28. 58. 1.

Route corrigée....... E. 40. S.
Chemin en droite ligne. 10ᵐ 8ᵈ

Longitude de départ... 24. 27. 18. E.
Différence en longitude. 0. 9. 24. E.

Longitude d'arrivée.... 24. 36. 42. E.

Le 25 décembre 1819, parti à 7 heures; une demi-heure après, chaîne de monticules calcaires et de dunes de sable, où nous marchons toute la matinée. A 11 h. 30 min., plaine salsugineuse d'une lieue et demie environ. A 1 heure 45 minutes, campé près d'une source d'eau douce, dans un bas-fond nommé *el-Ardy-Abou el-Bahreyn*, où il y a beaucoup de dattiers et autres végétaux. Dans la montagne voisine, il se trouve, dit-on, beaucoup de grottes sépulcrales.

De SYOUAH à EL-QUÂH EL-BAHRYEH.

HEURES DE MARCHE.	ROUTE à la boussole.	VARIATION NORD-OUEST.	ROUTE CORRIGÉE.	MILLES COURUS.	DIFFÉRENCE EN LATITUDE.		DIFFÉRENCE EN LONGITUDE.	
					Nord.	Sud.	Est.	Ouest.
8h	S. 10° O.	11°30.	S. 2° E.	0m 5d	.....	0. 5.	0. 1.	
9.	S. 25. O.	.....	S. 13. O.	1. 0.	.....	1. 0.	.....	0. 2.
11. 12.	S. 45. E.	.....	E. 33. S.	3. 8. / 1. 8.	.....	3. 1.	4. 7.	
1.	E. 40. S.	.....	E. 28. S.	1. 8.	.....	1. 0.	1. 5.	
2.	E. 35. S.	.....	E. 23. S.	1. 8.	.....	0. 9.	1. 8.	
4.	E. 45. S.	.....	E. 33. S.	3. 0.	.....	1. 7.	2. 5.	
						8. 2.	10. 6.	0. 2.

Latitude de départ..... 28° 54′ 31″ N.
Différence en latitude.. 0. 8. 12. S.

Latitude d'arrivée..... 28. 46. 19. N.

Somme............ 57. 40. 50.
Moyen parallèle...... 28. 50. 25.

Route corrigée....... E. 39° S.
Chemin en droite ligne. 13m3d

Longitude de départ... 24° 36′ 42″ E.
Différence en longitude. 0. 12. 0. E.

Longitude d'arrivée.... 24. 48. 42. E.

Le 26 décembre 1819, parti d'el-Aray Abou el-Bahreyn, à 7 heures 30 minutes. Durant 1 h., dattiers et herbages. Toute la matinée, sol couvert de monticules calcaires. A 4 heures, campé au désert, où croissent quelques plantes herbacées.

HEURES DE MARCHE.	ROUTE à la boussole.	VARIATION NORD-OUEST.	ROUTE CORRIGÉE.	MILLES COURUS.	DIFFÉRENCE EN LATITUDE.		DIFFÉRENCE EN LONGITUDE.	
					Nord.	Sud.	Est.	Ouest.
9ʰ	E. 35° S.	11°30.	E. 23° S.	3ᵐ 8ᵈ	.....	1. 5.	3. 6.	
10.	E. 32. S.	.....	E. 20. S.	1. 8.	.....	0. 6.	1. 7.	
11. 15′	E. 45. S.	.....	E. 33. S.	2. 5.	.....	1. 4.	2. 2.	
1.	E. 25. S.	.....	E. 13. S.	2. 3.	.....	0. 4.	2. 3.	
2. 2.30.	E......	.....	E. 12. N.	1. 0. / 0. 5.	0. 3.	.....	1. 4.	
4.	E. 45. S.	.....	E. 33. S.	1. 3.	.....	0. 8.	1. 2.	
					0. 3.	4. 7.	12. 4.	

Latitude de départ..... 28° 46′ 19″ N.
Différence en latitude.. 0. 4. 24. S.

Latitude d'arrivée..... 28. 41. 55. N.

Somme............, 57. 28. 14.
Moyen parallèle...... 28. 44. 7.

Route corrigée....... E. 20° S.
Chemin en droite ligne. 13ᵐ1ᵈ

Longitude de départ... 24° 48′ 42″ E.
Différence en longitude. 0. 14. 0. E.

Longitude d'arrivée.... 25. 2. 42. E.

Le 27 décembre 1819, parti à 7 heures 15 minutes. Toute la matinée, monticules calcaires et petites dunes de sable. A 2 heures 30 minutes, rencontre d'une source d'eau douce, près d'un lac d'eau saumâtre, de deux lieues environ de longueur de l'E. à l'O., et nommé *el-Bahreyn*.

De SYOUAH à EL-OUÂH EL-BAHRYEH.

HEURES DE MARCHE.	ROUTE à la boussole.	VARIATION NORD-OUEST.	ROUTE CORRIGÉE.	MILLES COURUS.	DIFFÉRENCE EN LATITUDE.		DIFFÉRENCE EN LONGITUDE.	
					Nord.	Sud.	Est.	Ouest.
8^h	E. 10° S.	11°30.	E. 2° N.	2^m 0^d	0. 1.	.....	2. 0.	
9.	E. 25. S.	.....	E. 13. S.	1. 8.	.....	0. 4.	1. 8.	
10.	E. 15. S.	.....	E. 3. S.	1. 8.	.....	0. 1.	1. 8.	
11.	E. 12. S.	.....	E.	2. 0.			2. 0.	
3.	} E. 15. S.	.....	E. 3. S.	{ 5. 8.	.....	0. 6.	11. 6.	
5.				5. 8.				
7.	E. 20. S.	.....	E. 8. S.	4. 3.	.....	0. 7.	4. 2.	
					0. 1.	1. 8.	23. 4.	

Latitude de départ..... 28° 41' 55" N.
Différence en latitude.. 0. 1. 42. S.

Latitude d'arrivée..... 28. 40. 13. N.

Somme............ 57. 22. 8.
Moyen parallèle..... 28. 41. 4.

Route corrigée....... E. 5° S.
Chemin en droite ligne. 23^{m}4^d

Longitude de départ... 25° 2' 42" E.
Différence en longitude. 0. 26. 40. E.

Longitude d'arrivée.... 25. 29. 22. E.

Le 28 décembre 1819, parti à 7 heures. A 8 heures 30 minutes, pays herbeux. Jusqu'à 11 heures, sable imbibé d'eau saumâtre. Presque tout le jour, sol uni de sable. De 6 à 7 heures, campé dans le désert nommé *el-Garah el-Amrah*.

JOURNAL DE ROUTE,

HEURES DE MARCHE.	ROUTE à la boussole.	VARIATION NORD-OUEST.	ROUTE CORRIGÉE.	MILLES COURUS.	DIFFÉRENCE EN LATITUDE.		DIFFÉRENCE EN LONGITUDE.	
					Nord.	Sud.	Est.	Ouest.
8ʰ	E. 15° S.	11°30.	E. 3° S.	3ᵐ 0ᵈ	.....	0. 1.	3. 0.	
10.	E. 20. S.	.....	E. 8. S.	4. 1.	.....	0. 5.	4. 1.	
11.	E. 25. S.	.....	E. 13. S.	1. 8.	.....	0. 4.	1. 7.	
12.	E. 15. S.	.....	E. 3. S.	1. 8.	.....	0. 1.	1. 8.	
2.	E. 45. S.	.....	E. 33. S.	4. 0.	.....	2. 1.	3. 4.	
3.	S. 30. E.	.....	S. 42. E.	2. 0.	.....	1. 5.	1. 3.	
4.	S. 35. E.	.....	E. 43. S.	2. 0.	.....	1. 4.	1. 4.	
6.	S. 45. E.	.....	E. 33. S.	4. 0.	.....	2. 2.	3. 4.	
7.	E. 30. S.	.....	E. 18. S.	2. 0.	.....	0. 6.	1. 9.	
						8. 9.	22. 0.	

Latitude départ....... 28° 40′ 13″ N.
Différence en latitude.. 0. 8. 54. S.

Latitude d'arrivée..... 28. 31. 19. N.

Somme............ 57. 11. 32.
Moyen parallèle...... 28. 35. 46.

Route corrigée....... E. 22° S.
Chemin en droite ligne. 23ᵐ6ᵈ.

Longitude de départ... 25° 29′ 22″ S.
Différence en longitude. 0. 25. 0. E.

Longitude d'arrivée.... 25. 54. 22. E.

Le 29 décembre 1819, parti à 6 heures 30 minutes. Jusqu'à 8 h., bancs de sable; bas-fonds nommés *Bahr-Belama*. Tout le reste de la journée, plaines très-unies, parsemées de silex contenant des nummulites. Campé à 7 heures sur ces plaines désertes, dans un lieu nommé aussi *Bahr-Belama*.

De SYOUAH à EL-OUÂH EL-BAHRYEH.

HEURES DE MARCHE.	ROUTE à la boussole.	VARIATION NORD-OUEST.	ROUTE CORRIGÉE.	MILLES COURUS.	DIFFÉRENCE EN LATITUDE.		DIFFÉRENCE EN LONGITUDE.	
					Nord.	Sud.	Est.	Ouest.
8ʰ	E. 35° S.	11°30.	E. 23° S.	2ᵐ 0ᵈ	.....	0. 8.	1. 9.	
10.	E. 25. S.	.....	E. 13. S.	4. 0.	.....	0. 9.	3. 9.	
11.	E. 35. S.	.....	E. 23. S.	2. 0.	.....	0. 8.	1. 8.	
1.	E. 40. S.	.....	E. 28. S.	3. 6.	.....	1. 7.	3. 2.	
4.	E. 25. S.	.....	E. 13. S.	5. 0.	.....	1. 2.	4. 9.	
5.	E. 30. S.	.....	E. 18. S.	2. 0.	.....	0. 6.	2. 0.	
6. 30'	E. 25. S.	.....	E. 13. S.	3. 0.	.....	0. 8.	3. 0.	
						6. 8.	20. 7.	

Latitude de départ..... 28° 31' 19" N.
Différence en latitude.. 0. 6. 48. S.

Latitude d'arrivée..... 28. 24. 31. N.

Somme............. 56. 55. 50.
Moyen parallèle....... 28. 27. 55.

Route corrigée....... E. 18° S.
Chemin en droite ligne. 21ᵐ8ᵈ

Longitude de départ... 25. 54. 22. E.
Différence en longitude. 0. 23. 36. E.

Longitude d'arrivée.... 26. 17. 58. E.

Le 30 décembre 1819, parti à 7 heures. Toute la journée, sol de sable dur très-uni, et en partie couvert de nummulites. A 6 h. 30 minutes, campé au désert nommé *Gharb el-Cheryf.*

HEURES DE MARCHE.	ROUTE à la boussole.	VARIATION NORD-OUEST.	ROUTE CORRIGÉE.	MILLES COURUS.	DIFFÉRENCE EN LATITUDE.		DIFFÉRENCE EN LONGITUDE.	
					Nord.	Sud.	Est.	Ouest.
9h	E. 25° S.	11°30.	E. 13° S.	3m 6d	.....	0. 9.	3. 5.	
10.	E. 30. S.	.....	E. 18. S.	1. 8.	.....	0. 6.	1. 7.	
11.	E. 35. S.	.....	E. 23. S.	2. 0.	.....	0. 8.	1. 7.	
12.	E. 45. S.	.....	E. 33. S.	1. 8.	.....	1. 0.	1. 5.	
3.	S. 40. E.	.....	E. 38. S.	5. 6.	.....	3. 3.	4. 4.	
4.	E. 12. S.	.....	E......	1. 5.	.....	.....	1. 5.	
6.	E......	.....	E. 12° N.	4. 2.	0. 8.		4. 2.	
					0. 8.	6. 6.	18. 5.	

Latitude de départ..... 28° 24′ 31″ N.
Différence en latitude.. 0. 5. 48. S.

Latitude d'arrivée..... 28. 18. 43.

Somme. .... 56. 43. 14.
Moyen parallèle...... 28. 21. 37.

Route corrigée....... E. 18° S.
Chemin en droite ligne. 19m 4d

Longitude de départ... 26° 17′ 58′
Différence en longitude. 0. 20. 57. E.

Longitude d'arrivée.... 26. 38. 55. E.

Le 31 décembre 1819, parti à 7 heures 15 minutes. Toute la matinée, sol très-uni. A 3 heures, sol montueux. Demi-heure après, nous descendons par un ravin difficile dans une étroite vallée courant E. et O. A 6 h. campé à el-Ayn Beledy [les sources du village].

De SYOUAH à EL-OUÂH EL-BAHRYEH.

HEURES DE MARCHE.	ROUTE à la boussole.	VARIATION NORD-OUEST.	ROUTE CORRIGÉE.	MILLES COURUS.	DIFFÉRENCE EN LATITUDE.		DIFFÉRENCE EN LONGITUDE.	
					Nord.	Sud.	Est.	Ouest.
10ʰ	E. 5° S.	12°	E. 7° N.	1ᵐ 0ᵈ	0. 1.	.....	1. 0.	
11.	E. 10. S.	.....	E. 2. N.	1. 3.	0. 1.	.....	1. 3.	
12.	E. 25. S.	.....	E. 13° S.	1. 8.	.....	0. 3.	1. 7.	
					0. 2.	0. 3.	4. 0.	
						0. 2.		
						0. 1.		

Latitude de départ..... 28° 18′ 43″ N.
Différence en latitude.. 0. 0. 6. S.

Latitude d'arrivée..... 28. 18. 37. N.

Somme............. 56. 37. 20.
Moyen parallèle....... 28. 18. 40.

Route corrigée........ E. 2° S.
Chemin en droite ligne. 4ᵐ

Longitude de départ... 26° 38′ 55″ E.
Différence en longitude. 0. 4. 18. E.

Longitude d'arrivée.... 26. 43. 13. E.

Le 1.ᵉʳ janvier 1820, parti à 9 heures. La route suit une vallée qui s'élargit dans l'E., et où il croît des dattiers et autres végétaux. A midi, arrivé à el-Qasr, principal village d'el-Ouâh el-Bahryeh.

HEURES DE MARCHE.	ROUTE à la boussole.	VARIATION NORD-OUEST.	ROUTE CORRIGÉE.	MILLES COURUS.	DIFFÉRENCE EN LATITUDE.		DIFFÉRENCE EN LONGITUDE.	
					Nord.	Sud.	Est.	Ouest.
9ʰ	S. 40° O.	13°	S. 27° O.	2ᵐ 0ᵈ	.....	1. 8.	.....	0. 9.
10.	S. O. ...	.....	S. 32. O.	2. 0.	.....	1. 7.	.....	1. 0.
11.	S. 40. O.	.....	S. 27. O.	2. 0.	.....	1. 8.	.....	0. 9.
12.	S. O. ...	.....	S. 32. O.	2. 0.	.....	1. 7.	.....	1. 0.
1.	S. 35. O.	.....	S. 22. O.	2. 0.	.....	1. 9.	.....	0. 7.
2.	S. 40. O.	.....	S. 27. O.	2. 0.	.....	1. 8.	.....	0. 9.
3.	S. O. ...	.....	S. 32. O.	2. 3.	.....	1. 9.	.....	1. 3.
4.	S. 40. O.	.....	S. 27. O.	2. 0.	.....	1. 8.	.....	0. 9.
5.	O. 35. S.	.....	S. 42. O.	2. 0.	.....	1. 6.	.....	1. 3.
6.	O. 40. S.	.....	S. 37. O.	2. 3.	.....	2. 0.	.....	1. 4.
						18. 0.		10. 3.

Latitude de départ..... 28° 21′ 35″ N.
Différence en latitude.. 0. 18. 0. S.

Latitude d'arrivée..... 28° 3. 35. N.

Somme............ 56. 25. 10.
Moyen parallèle....... 28. 12. 35.

Route corrigée....... S. 30° O.
Chemin en droite ligne. 20ᵐ7ᵈ

Longitude de départ... 26° 45′ 48″ E.
Différence en longitude. 0. 11. 48. O.

Longitude d'arrivée.... 26° 34. 0. E.

Le 10 février 1820, parti à 8 h. Une heure après, arrivé à une chaîne de montagnes qui court N. O. A 10 heures, petite dunes de sable; tout le reste du jour, sol couvert de débris de pierre calcaire et de grès, entre beaucoup de montagnes isolées et de forme conique. A 6 heures, campé à el-Hayz, dépendance d'el-Ouâh el-Bahryeh.

D'EL-OUÂH EL-BAHRYEH à FARÂFREH.

HEURES DE MARCHE.	ROUTE à la boussole.	VARIATION NORD-OUEST.	ROUTE CORRIGÉE.	MILLES COURUS.	DIFFÉRENCE EN LATITUDE.		DIFFÉRENCE EN LONGITUDE.	
					Nord.	Sud.	Est.	Ouest.
9ʰ	E. 35° S.	13°	E. 22° S.	3ᵐ 0ᵈ	.....	1. 1.	2. 8.	

Latitude de départ..... 28° 3′ 35″ N.
Différence en latitude.. 0. 1. 6. S.

Latitude d'arrivée..... 28. 2. 29. N.

Somme............... 56. 6. 4.
Moyen parallèle....... 28. 3. 2.

Route corrigée........ E. 22° S.
Chemin en droite ligne. 3ᵐ

Longitude de départ... 26° 34′ 0″ E.
Différence en longitude. 0. 3. 6. E.

Longitude d'arrivée.... 26. 37. 6. E.

Le 11 février 1820, parti à 7 heures 45 minutes. A 9 heures, on arrive aux ruines nommées *Ouqsor*.

IV.

JOURNAL DE ROUTE,

HEURES DE MARCHE.	ROUTE à la boussole.	VARIATION NORD-OUEST.	ROUTE CORRIGÉE.	MILLES COURUS.	DIFFÉRENCE EN LATITUDE.		DIFFÉRENCE EN LONGITUDE.	
					Nord.	Sud.	Est.	Ouest.
7ʰ	O. 35° S.	13°	S. 43° O.	1ᵐ 3ᵈ	.....	1. 0.	.....	0. 9.
8.	S. 35. O.	.....	S. 22. O.	2. 5.	.....	2. 3.	.....	1. 0.
9.	} S. 15. O.	.....	S. 20. O.	{ 2. 3.	.....	4. 6.	.....	0. 3.
10.				2. 3.				
12.	S. 40. O.	.....	S. 27. O.	4. 3.	.....	3. 8.	.....	2. 2.
1.	S. O....	.....	S. 32. O.	2. 3.	.....	2. 0.	.....	1. 3.
2.	S. 35. O.	.....	S. 22. O.	2. 3.	.....	2. 2.	.....	0. 9.
3.				2. 3.				
4.	} S. O....	.....	S. 32. O.	{ 2. 0.	.....	5. 7.	.....	3. 5.
5.				2. 3.				
6. 15′	O. 30. S.	.....	O. 43. S.	2. 3.	.....	1. 6.	.....	1. 8.
						23. 2.		11. 9.

Latitude de départ..... 28° 3′ 35″ N.
Différence en latitude.. 0. 23. 12. S.
Latitude d'arrivée..... 27. 40. 23. N.
Somme............. 55. 43. 58. N.
Moyen parallèle...... 27. 51. 59.
Route corrigée....... S. 27° O.
Chemin en droite ligne. 26ᵐ 1ᵈ
Longitude de départ... 26° 34′ 0″ E.
Différence en longitude. 0. 13. 24. O.
Longitude d'arrivée.... 26. 20. 36. E.

Le 13 février 1820, parti à 6 heures 30 m. A 9 heures, quelques monticules calcaires ; on aperçoit à une lieue environ, à l'ouest, une chaîne de montagnes. A 10 heures, source d'eau saumâtre. A une heure, on pénètre dans un enfoncement formé par la chaîne de montagnes, qui tourne ensuite dans l'E., et que l'on franchit à 2 h. A 6 h. 15 m., campé au désert nommé *Zaïm*.

D'EL-OUÂH EL-BAHRYEH à FARÂFREH.

HEURES DE MARCHE.	ROUTE à la boussole.	VARIATION NORD-OUEST.	ROUTE CORRIGÉE.	MILLES COURUS.	DIFFÉRENCE EN LATITUDE.		DIFFÉRENCE EN LONGITUDE.	
					Nord.	Sud.	Est.	Ouest.
7h				2m 5d				
8.	O. 30° S.	13°	O. 43° S.	2. 3.	.....	6. 0.	.....	6. 6.
9.				2. 3.				
10.				1. 8.				
11.	O. 40. S.	.....	S. 37. O.	2. 3.				
12.	S. O.	.....	S. 32. O.	1. 3.				
1.				2. 3.				
2.	S. 20. O.	.....	S. 7. O.	2. 0.	.....	6. 5.	.....	0. 9.
3. 15′				2. 8.				
						15. 6.		9. 6.

Latitude de départ.... 27° 40′ 23″ N.
Différence en latitude.. 0. 15. 36. S.

Latitude d'arrivée..... 27. 24. 47. N.

Somme............. 55. 5. 10.
Moyen parallèle...... 27. 32. 35. N.

Route corrigé......... S. 31° O.
Chemin en droite ligne.... 18m 2d

Longitude de départ... 26° 20′ 36″ E.
Différence en longitude. 0. 10. 48. O.

Longitude d'arrivée.... 26. 9. 48. E.

Le 14 février 1820, parti à 6 h. moins 5 min. A 7 heures, plaine immense. A 10 heures, sol montueux. A 11 heures 30 minutes, nous descendons par une longue pente dans une petite vallée couverte d'herbes et de dattiers, à l'extrémité de laquelle nous atteignons, à 2 heures 30 minutes, un terrain montueux. A 3 heures 30 min., campé près d'une source d'eau douce nommée *el-A'yn el-Ouâdi*.

HEURES DE MARCHE.	ROUTE à la boussole.	VARIATION NORD-OUEST.	ROUTE CORRIGÉE.	MILLES COURUS.	DIFFÉRENCE EN LATITUDE.		DIFFÉRENCE EN LONGITUDE.	
					Nord.	Sud.	Est.	Ouest.
7ʰ	O. 40° S.	13°.	S. 37° O.	2ᵐ 0ᵈ	.....	1. 7.	.....	1. 2.
8.	O. 35. S.	.....	S. 47. O.	2. 3.	.....	1. 7.	.....	1. 6.
9.				2. 0.	.....	1. 5.	.....	1. 4.
10.	O. 40. S.	.....	S. 37. O.	2. 0.	.....	1. 7.	.....	1. 2.
11.				2. 3.	.....	1. 9.	.....	1. 4.
12.				2. 3.				
1.	S. O.	.....	S. 32. O.	1. 8.	.....	7. 2.	.....	4. 4.
2.				2. 0.				
3.				2. 3.				
4.	S. 35. O.	.....	S. 22. O.	2. 3.	.....	2. 2.	.....	0. 9.
4. 30′	S. 20. O.	.....	S. 7. O.	0. 8.	.....	0. 8.	.....	0. 1.
						18. 7.		12. 2.

Latitude de départ.... 27° 24′ 47″ N.
Différence en latitude.. 0. 18. 42. S.

Latitude d'arrivée..... 27. 6. 5. N.

Somme............ 54. 30. 52.
Moyen parallèle ..... 27. 15. 26.

Route corrigée....... S. 33° O.
Chemin en droite ligne. 22ᵐ 3ᵈ

Longitude de départ... 26° 9′ 48″ E.
Différence en longitude. 0. 13. 48. O.

Longitude d'arrivée... 25. 56. 0. E.

Le 15 février 1820, parti à 6 h. A 7 heures, petits monticules, parmi lesquels croissent beaucoup de plantes herbacées et quelques dattiers. A midi, une montagne isolée se montre à l'O. de la route. A 4 heures 30 min., arrivé sous les murs du village du Faràfreh.

De FARÂFRÉH à QASR DAKHEL.

HEURES DE MARCHE.	ROUTE à la boussole.	VARIATION NORD-OUEST.	ROUTE CORRIGÉE.	MILLES COURUS.	DIFFÉRENCE EN LATITUDE.		DIFFÉRENCE EN LONGITUDE.	
					Nord.	Sud.	Est.	Ouest.
7ʰ	S. 35° E.	12°	E. 43° S.	0ᵐ 4ᵈ	....	0. 3.	0. 3.	
8.	} S. 40. E.	....	E. 38. S.	2. 0.	....	3. 9.	5. 0.	
10.				4. 3.				
11.	E. 35. S.	....	E. 23. S.	2. 0.	....	0. 9.	1. 8.	
12.	E. 40. S.	....	E. 28. S.	2. 3.	....	1. 1.	2. 0.	
1.	S. 40. E.	....	E. 38. S.	2. 3.	....	1. 4.	1. 8.	
2. 45′	S. 35. E.	....	E. 43. S.	3. 8.	....	2. 6.	2. 9.	
5.	} S. 10. E.	....	S. 22. E.	2. 5.	....	5. 9.	2. 4.	
6.				2. 5.				
6. 30.				1. 2.				
						16. 1.	16. 2.	

Latitude de départ..... 27° 2′ 59″ N.
Différence en latitude.. 0. 16. 6. S.

Latitude d'arrivée..... 26. 46. 53. N.

Somme............ 53. 49. 52.
Moyen parallèle...... 26. 54. 56.

Route corrigée........ S. E.
Chemin en droite ligne. 22ᵐ 9ᵈ

Longitude de départ... 25° 56′ 0″ E.
Différence en longitude. 0. 18. 12. E.

Longitude d'arrivée.... 26. 14. 12. E.

Le 20 février 1820, parti à 6 h. 45 min. A 8 heures, terrain raboteux, couvert de petits monticules de pierre à chaux. A 9 heures, on aperçoit dans le S. 35° O., une montagne isolée, à une lieue de distance. A 2 heures 45 minutes, rencontre d'une source d'eau douce nommée *Byr Dakar*. Le soir, après avoir suivi des dunes de sable, nous campons, à 6 h. 30 min., au désert nommé *A'mrah el-A'yn*.

JOURNAL DE ROUTE,

HEURES DE MARCHE	ROUTE à la boussole.	VARIATION NORD-OUEST.	ROUTE CORRIGÉE.	MILLES COURUS	DIFFÉRENCE EN LATITUDE.		DIFFÉRENCE EN LONGITUDE.	
					Nord.	Sud.	Est.	Ouest.
7ʰ	S. 8° E.	12°	S. 20° E.	2ᵐ 3ᵈ	.....	2. 2.	0. 7.	
9.	S. 10. E.	.....	S. 22. E.	4. 0.	.....	3. 8.	1. 7.	
10.	S. 20. E.	.....	S. 32. E.	2. 3.	.....	2. 0.	1. 1.	
12.	S. 10. E.	.....	S. 22. E.	4. 6.	.....	4. 3.	1. 8.	
1.	S. 8. E.	.....	S. 20. E.	2. 5.	.....	2. 4.	0. 9.	
2.	S. 5. E.	.....	S. 17. E.	2. 0.	.....	1. 9.	0. 6.	
3.	S. 10. E.	.....	S. 22. E.	2. 3.	.....	2. 2.	0. 9.	
4.				2. 5.				
5.	S. 5. E.	.....	S. 17. E.	2. 0.	.....	8. 7.	2. 7.	
6.				2. 0.				
7.				2. 5.				
						27. 5.	10. 4.	

Latitude de départ..... 26° 46′ 53″ N.
Différence en latitude.. 0. 27. 30. S.

Latitude d'arrivée..... 26. 19. 23. N.

Somme............ 53. 6. 16.
Moyen parallèle...... 26. 33. 8.

Route corrigée....... S. 21° E.
Chemin en droite ligne. 29ᵐ 4ᵈ

Longitude de départ... 26° 14′ 12″ E.
Différence en longitude. 0. 11. 36. E.

Longitude d'arrivée.... 26. 25. 48. E.

Le 21 février 1820, parti à 6 h. Sol uni, dans une petite vallée formée par des dunes de sable. A 3 heures 30 min., nous sortons de la vallée, et campons à 7 heures sur une montagne nommée *el-Ouara-Abd-Somat*.

De FARÂFREH à QASR DAKHEL.

HEURES DE MARCHE.	ROUTE à la boussole.	VARIATION NORD-OUEST.	ROUTE CORRIGÉE.	MILLES COURUS.	DIFFÉRENCE EN LATITUDE.		DIFFÉRENCE EN LONGITUDE.	
					Nord.	Sud.	Est.	Ouest.
7h	S. 10° E.	12°	S. 22° E.	2m 0d	.....	1. 9.	0. 7.	
8.	S. 15. E.	.....	S. 27. E.	2. 3.	.....	6. 1.	3. 2.	
10.				4. 6.				
11.	S. 10. E.	.....	S. 22. E.	2. 5.	.....	2. 4.	0. 9.	
12.	S. 13. E.	.....	S. 25. E.	2. 5.	.....	2. 3.	1. 1.	
12. 40.	S. 15. E.	.....	S. 27. E.	1. 5.	.....	1. 3.	0. 6.	
2.	S. 13. E.	.....	S. 25. E.	2. 0.	.....	1. 8.	0. 9.	
3.	S. 10. E.	.....	S. 22. E.	2. 3.	.....	2. 1.	0. 9.	
4.	S.	.....	S. 12. E.	2. 5.	.....	2. 3.	0. 5.	
5.	S. 5. E.	.....	S. 17. E.	2. 5.	.....	2. 3.	0. 7.	
6. 15'	S. 15. E.	.....	S. 27. E.	2. 7.	.....	2. 4.	1. 2.	
						24. 9.	10. 7.	

Latitude de départ..... 26° 19' 23" N.
Différence en latitude.. 0. 24. 54. S.

Latitude d'arrivée..... 25. 54. 29. N.

Somme................. 52. 13. 52.
Moyen parallèle....... 26. 6. 56.

Route corrigée....... S. 23° E.
Chemin en droite ligne. 27m 1d

Longitude de départ... 26° 25' 48" E.
Différence en longitude. 0. 12. 6. E.

Longitude d'arrivée.... 26. 37. 54. E.

Le 22 février 1820, parti à 6 h. 10 min. A 6 h. 30 min., nous passons près d'une montagne isolée. A 7 heures, dunes de sable formant une vallée. A midi 40 min., halte de 35 min. A 2 h. 15 min., à la sortie de la vallée, sol montueux. Campé à 6 heures 15 min., au désert nommé *Karachef*.

HEURES DE MARCHE.	ROUTE à la boussole.	VARIATION NORD-OUEST.	ROUTE CORRIGÉE.	MILLES COURUS.	DIFFÉRENCE EN LATITUDE.		DIFFÉRENCE EN LONGITUDE.	
					Nord.	Sud.	Est.	Ouest.
7ʰ	......	12°	......	2ᵐ 0ᵈ	......	1. 8.	0. 9.	
8.	} S. 15° E.	......	} S. 27° E.	2. 0.	......	5. 3.	2. 8.	
9.				2. 0.				
10.				2. 0.				
11.	S. 10. E.	......	S. 22. E.	2. 0.	......	1. 9.	0. 7.	
12.	S. 20. E.	......	S. 32. E.	1. 8.	......	1. 7.	1. 0.	
1.	S. 40. E.	......	E. 38. S.	2. 0.	......	1. 3.	1. 6.	
2.	S......	......	S. 12. E.	2. 0.	......	2. 0.	0. 3.	
						14. 0.	7. 3.	

Latitude de départ..... 25° 54′ 29″ N.
Différence en latitude.. 0. 14. 0. S.
Latitude d'arrivée..... 25. 40. 29. N.

Somme............. 51. 34. 58.
Moyen parallèle....... 25. 47. 29.

Route corrigée........ S. 27. E.
Chemin en droite ligne. 15ᵐ8ᵈ

Longitude de départ... 26° 37′ 54″ E.
Différence en longitude. 0. 8. 6. E.

Longitude d'arrivée.... 26. 46. 0. E.

Le 23 février 1820, parti à 6 heures 15 minutes. Terrain inégal, couvert de monticules calcaires; une chaîne de montagnes est en vue à 4 lieues environ dans l'E. A 11 heures 15 minutes, descente très-rapide de 15 min. de chemin. A 2 heures, campé sous les murs du gros village de Qasr Dakhel.

De QASR DAKHEL au KHARGEH.

HEURES DE MARCHE.	ROUTE à la boussole.	VARIATION NORD-OUEST.	ROUTE CORRIGÉE.	MILLES COURUS.	DIFFÉRENCE EN LATITUDE.		DIFFÉRENCE EN LONGITUDE.	
					Nord.	Sud.	Est.	Ouest.
8h	S. 10° E.	12°	S. 22° E.	2m 0d	.....	1. 9.	0. 7.	
9.	S......	.....	S. 12. E.	2. 5.	.....	2. 5.	0. 5.	
10.	S. E....	.....	E. 33. S.	1. 5.	.....	0. 8.	1. 3.	
11.	S. 40. E.	.....	E. 38. S.	2. 5.	.....	1. 6.	2. 0.	
12.	S. 35. E.	.....	E. 43. S.	2. 0.	.....	1. 4.	1. 5.	
1.	S. 40. E.	.....	E. 38. S.	2. 3.	.....	1. 4.	1. 9.	
2.	S. E....	.....	E. 33. S.	2. 0.	.....	1. 1.	1. 7.	
3.	E. 40. S.	.....	E. 28. S.	2. 3.	.....	1. 2.	2. 0.	
4.	E. 25. S.	.....	E. 13. S.	2. 0.	.....	0. 6.	1. 9.	
5.	E. 20. S.	.....	E. 8. S.	2. 5.	.....	0. 4.	2. 4.	
6.	E. 10. S.	.....	E. 2. N.	2. 5.	0. 1.	.....	2. 5.	
7.	E......	.....	E. 12. N.	2. 5.	0. 7.	.....	2. 4.	
					0. 8.	19. 9.	20. 8.	

Latitude de départ..... 25° 41' 32" N.
Différence en latitude.. 0. 12. 6. S.

Latitude d'arrivée..... 25. 29. 26. N.

Somme............. 51. 10. 58.
Moyen parallèle....... 25. 35. 29.

Route corrigée....... E. 30° S.
Chemin en droite ligne. 24m

Longitude de départ... 26° 46' 0" E.
Différence en longitude. 0. 23. 6. E.

Longitude d'arrivée.... 27. 9. 6. E.

Le 26 février 1820, parti à 7 heures 10 minutes. A 7 heures 50 minutes, plaine cultivée. Après avoir passé à 9 heures 15 minutes près du village d'Aboù-Dakhiou, et à 2 heures près de celui de Sment, nous suivons la montagne dans l'E. A 7 heures, campé dans le village de Balât.

JOURNAL DE ROUTE,

HEURES DE MARCHE.	ROUTE à la boussole.	VARIATION NORD-OUEST.	ROUTE CORRIGÉE.	MILLES COURUS.	DIFFÉRENCE EN LATITUDE.		DIFFÉRENCE EN LONGITUDE.	
					Nord.	Sud.	Est.	Ouest.
9ʰ	E. 30° S.	12°	E. 18° S.	2ᵐ 3ᵈ	.....	0. 8.	2. 2.	
10.	S. 30. E.	.....	S. 42. E.	2. 0.	.....	1. 5.	1. 4.	
11.	} S. 15. E.	.....	S. 27. E.	2. 0.	.....	2. 7.	1. 3.	
11. 30′				1. 0.				
2.	E. 30. S.	.....	E. 18. S.	2. 3.	.....	0. 8.	2. 2.	
3.	E. 10. S.	.....	E. 2. N.	2. 5.	.....	.....	2. 5.	
4.				2. 3.				
5.	} E. 10. N.	.....	E. 22. N.	2. 3.	2. 6.	.....	6. 3.	
6.				2. 3.				
6. 30.	E. 20. N.	.....	E. 32. N.	1. 0.	0. 4.	.....	0. 8.	
					3. 1.	5. 8.	16. 7.	
						3. 1.		
						2. 7.		

Latitude de départ.... 25° 29′ 26″ N.
Différence en latitude.. 0. 2. 42. S.

Latitude d'arrivée..... 25. 26. 44. N.

Somme................ 50. 56. 10.
Moyen parallèle...... 25. 28. 5.

Route corrigée........ E. 9° S.
Chemin en droite ligne. 16ᵐ 9ᵈ

Longitude de départ... 27′ 9° 6″ E.
Différence en longitude. 0. 18. 18.

Longitude d'arrivée.... 27. 27. 24. E.

Le 27 février 1820, parti à 7 heures 50 minutes. Nous traversons divers petits canaux et des terres cultivées appartenant toujours à l'oasis. A 10 heures 50 minutes, ruines d'un village. A 11 h. 30 min., source d'eau ferrugineuse. A 4 heures, entré dans un coude de la montagne, où l'on monte durant 4 heures. A 6 heures 30 minutes, campé dans ce passage, nommé *A'qabah-Ounag*.

De QASR DAKHEL au KHARGEH.

HEURES DE MARCHE.	ROUTE à la boussole.	VARIATION NORD-OUEST.	ROUTE CORRIGÉE.	MILLES COURUS.	DIFFÉRENCE EN LATITUDE.		DIFFÉRENCE EN LONGITUDE.	
					Nord.	Sud.	Est.	Ouest.
7h	E. 15° N.	12°	E. 27° N.	0m 8d	0. 2.	.....	0. 7.	
8.	E. 12. S.	.....	E.	2. 5.	.....	.....	2. 5.	
9.	E. 5. S.	.....	E. 7. N.	2. 3.	0. 3.	.....	2. 3.	
10.	}			2. 0. }				
11.	E. 15. S.	.....	E. 3. S.	2. 3. }	.....	0. 3.	6. 6.	
12.				2. 3.				
1.	E. 10. S.	.....	E. 2. N.	2. 0.	0. 1.	.....	2. 0.	
2.	} E. 10. N.	.....	E. 22. N.	2. 3. }	1. 8.	.....	4. 3.	
3.				2. 3.				
4.	E.	.....	E. 12. N.	2. 0.	0. 3.	.....	1. 9.	
4. 40'	E. 25. N.	.....	E. 37. N.	1. 3.	0. 8.	.....	1. 0.	
					3. 5.	0. 3.	21. 3.	
					0. 3.			
					3. 2.			

Latitude de départ.... 25° 26' 44" N.
Différence en latitude.. 0. 3. 12. N.
Latitude d'arrivée..... 25. 29. 56. N.
Somme............. 50. 56. 40.
Moyen parallèle...... 25. 28. 20.
Route corrigée........ E. 9° N.
Chemin en droite ligne. 21m 5d
Longitude de départ... 27° 27' 24" E.
Différence en longitude. 0. 23. 24.
Longitude d'arrivée.... 27. 50. 48. E.

Le 28 février 1820, parti à 6 heures 15 minutes. Montée rapide. A 6 heures 30 minutes, on arrive sur le plateau de la montagne, où s'élève une seconde chaîne peu élevée au haut de laquelle nous atteignons à 9 heures. Toute la journée, route sinueuse. A 4 heures 30 minutes, nous descendons par un ravin sur une plate-forme à mi-côte, où sont un temple et une source nommée A'yn Amour. Campé à 4 heures 40 minutes.

JOURNAL DE ROUTE,

HEURES DE MARCHE.	ROUTE à la boussole.	VARIATION NORD-OUEST.	ROUTE CORRIGÉE.	MILLES COURUS.	DIFFÉRENCE EN LATITUDE.		DIFFÉRENCE EN LONGITUDE.	
					Nord.	Sud.	Est.	Ouest.
8ʰ	E. 35° S.	12°	E. 23° S.	1ᵐ 8ᵈ	.....	0. 8.	1. 7.	
9.	E.	.....	E. 12. N.	2. 0.	0. 4.	.....	1. 9.	
10.	E. 25. S.	.....	E. 13. S.	2. 3.	.....	0. 5.	2. 3.	
11.	E. 35. S.	.....	E. 23. S.	2. 0.	.....	0. 9.	1. 8.	
12.	E. 40. S.	.....	E. 28. S.	2. 0.	.....	1. 0.	1. 8.	
1.	S. E.	.....	E. 33. S.	2. 0.	.....	2. 3.	3. 7.	
2.				2. 3.				
3.	E. 40. S.	.....	E. 28. S.	2. 3.	.....	1. 1.	2. 0.	
4.	S. E.	.....	E. 33. S.	2. 3.	.....	1. 3.	2. 0.	
5.	E. 35. S.	.....	E. 23. S.	2. 3.	.....	1. 0.	2. 1.	
6. 30′	E. 40. S.	.....	E. 28. S.	2. 4.	.....	1. 6.	3. 0.	
					0. 4.	10. 5.	22. 3.	
						0. 4.		
						10. 1.		

Latitude de départ..... 25° 29′ 56″ N.
Différence en latitude.. 0. 10. 6. S.
Latitude d'arrivée..... 25. 19. 50. N.
Somme............. 50. 49. 46.
Moyen parallèle....... 25. 24. 53.
Route corrigée....... E. 25° S.
Chemin en droite ligne. 24ᵐ 6ᵈ
Longitude de départ... 27° 50′ 48″ E.
Différence en longitude. 0. 24. 36. E.
Longitude d'arrivée.... 28. 15. 24. E.

Le 29 février 1820, parti à 6 heures 45 minutes. Après avoir marché à mi-côte de la chaîne, nous descendons, à 8 h. 30 min., dans une vallée qui s'étend E. et O. A une heure, sol uni, couvert de gros sable, où se rencontrent des monticules calcaires et d'autres en grès. A 5 heures 30 min., dunes de sable. A 6 h. 30 min., campé au désert nommé *Oche el-Gard*.

De QASR DAKHEL au KHARGEH.

HEURES DE MARCHE.	ROUTE à la boussole.	VARIATION NORD-OUEST.	ROUTE CORRIGÉE.	MILLES COURUS.	DIFFÉRENCE EN LATITUDE.		DIFFÉRENCE EN LONGITUDE.	
					Nord.	Sud.	Est.	Ouest.
7h 8.	E. 35° S.	12°	E. 23° S.	2m 3d 2. 0.	.....	1. 8.	4. 0.	
9.	E. 18. S.	.....	E. 6. S.	2. 0.	.....	0. 3.	2. 0.	
9. 45′	E. 15. S.	.....	E. 3. S.	1. 3.	.....	0. 1.	1. 3.	
						2. 2.	7. 3.	

Latitude de départ..... 25° 19′ 50″ N.
Différence en latitude.. 0. 2. 12. S.

Latitude d'arrivée..... 25. 17. 38. N.

Somme........... 50. 37. 28.
Moyen parallèle...... 25. 18. 44.

Route corrigée....... E. 17° S.
Chemin en droite ligne. 7m 7d

Longitude de départ... 28° 15′ 24″ E.
Différence en longitude. 0. 8. 6.

Longitude d'arrivée.... 28. 23. 30. E.

Le 1.er mars 1820, parti à 6 h. A 7 h. 30 min., chaîne de montagnes. Toute la matinée, dunes de sable, monticules calcaires et autres en grès. A 9 h. 45 min., campé au grand temple de Khargeh.

HEURES DE MARCHE.	ROUTE à la boussole.	VARIATION NORD-OUEST.	ROUTE CORRIGÉE.	MILLES COURUS.	DIFFÉRENCE EN LATITUDE.		DIFFÉRENCE EN LONGITUDE.	
					Nord.	Sud.	Est.	Ouest.
7h	E. 40° N.	12°	N. 38° E.	1m 2d	1. 0.	.....	0. 8.	
8.	N. E. ...	.....	N. 33. E.	2. 0.	1. 8.	.....	1. 1.	
9.	N. 40. E.	.....	N. 28. E.	2. 0.	1. 7.	.....	1. 0.	
10.	N. 30. E.	.....	N. 18. E.	2. 3.	1. 2.	.....	0. 7.	
11.	N. 25. E.	.....	N. 13. E.	2. 3.	2. 2.	.....	0. 5.	
12.	N. 20. E.	.....	N. 8. E.	2. 3.	2. 3.	.....	0. 3.	
1.	N. 10. E.	.....	N. 2. O.	2. 3.	2. 3.	.....	.....	0. 1.
2.	N. 20. O.	.....	N. 32. O.	0. 8.	0. 7.	.....	.....	0. 4.
3.	N. 13. E.	.....	N. 1. E.	2. 0.	2. 0.	.....	0. 1.	
4.	N. 15. E.	.....	N. 3. E.	2. 3.	2. 3.	.....	0. 3.	
4. 30'	N. 15. O.	.....	N. 27. O.	2. 2.	2. 2.	.....	.....	1. 1.
5. 5.				1. 3.				
					19. 7.		4. 8.	1. 6.

Latitude de départ..... 25° 28' 29" N.
Différence en latitude.. 0. 19. 42. N.
Latitude d'arrivée..... 25. 48. 11. N.
Somme............. 51. 16. 40.
Moyen parallèle....... 25. 38. 20.
Route corrigée....... N. 9° E.
Chemin en droite ligne. 20m
Longitude de départ... 28° 23' 30" E.
Différence en longitude. 0. 3. 36. E.
Longitude d'arrivée.... 28. 27. 6. E.

Le 4 mars 1820, parti à 6 h. 25 min. Toute la matinée, nous marchons dans une vallée où croissent des herbes et des dattiers. A 10 heures, source d'eau douce. A midi, ruines en briques crues. A une heure, ruines d'un château romain. A 2 heures, plusieurs puits taillés dans le roc. A 3 h. 15 min., petite source d'eau douce. A 4 heures 30 min., autres ruines de château romain. A 5 h. 5 min., campé près d'une troisième ruine nommée *Gebel el-Sont*.

Du KHARGEH à SYOUT.

HEURES DE MARCHE	ROUTE à la boussole.	VARIATION NORD-OUEST.	ROUTE CORRIGÉE.	MILLES COURUS.	DIFFÉRENCE EN LATITUDE.		DIFFÉRENCE EN LONGITUDE.	
					Nord.	Sud.	Est.	Ouest.
7h	E. 25° S.	12°	E. 13° S.	2m 3d	.....	0. 5.	2. 3.	
8.	N. 15. E.	.....	N. 3. E.	1. 3.	1. 3.			
10.	N. 25. E.	.....	N. 13. E.	4. 6.	4. 5.	.....	1. 1.	
11.	E. 15. N.	.....	E. 27. N.	1. 3.	0. 7.	.....	1. 1.	
12.	N. 25. E.	.....	N. 13. E.	2. 0.	1. 9.	.....	0. 3.	
1.	N. 30. E.	.....	N. 18. E.	2. 3.	2. 2.	.....	0. 6.	
2.	N. 15. E.	.....	N. 3. E.	2. 3.	2. 3.	.....	0. 2.	
4.	N......	.....	N. 12. O.	4. 3.	4. 2.	.....	.....	0. 9.
5.	N. 5. E.	.....	N. 7. O.	2. 3.	2. 2.	.....	.....	0. 3.
7.	N. 15. E.	.....	N. 3. E.	4. 6.	4. 6.	.....	0. 4.	
					23. 9.	0. 5.	6. 0.	1. 2.
					0. 5.		1. 2.	
					23. 4.		4. 8.	

Latitude de départ..... 25° 48' 11" N.
Différence en latitude.. 0. 23. 24. N.

Latitude d'arrivée..... 26. 11. 35.

Somme............ 51. 59. 46.
Moyen parallèle....... 25. 59. 53.

Route corrigée........ N. 11° E.
Chemin en droite ligne. 24m

Longitude de départ... 28° 27' 6" E.
Différence en longitude. 0. 5. 18. E.

Longitude d'arrivée... 28. 32. 24. E.

Le 5 mars 1820, parti à 6 h. Jusqu'à 8 heures, quelques doums et quelques dattiers. A 10 heures, arrivé à une chaîne de montagnes calcaires, dont nous atteignons à 11 heures le sommet. A 7 heures, campé au lieu nommé *Chegueg el-Raml*.

HEURES DE MARCHE.	ROUTE à la boussole.	VARIATION NORD-OUEST.	ROUTE CORRIGÉE.	MILLS COURUS.	DIFFÉRENCE EN LATITUDE		DIFFÉRENCE EN LONGITUDE	
					Nord.	Sud.	Est.	Ouest.
7ʰ	N......	12°	N. 12° O.	1ᵐ 8ᵈ	4. 0.	.....	.....	0. 9.
8.				2. 3.				
10.	N. 25° E.	.....	N. 13. E.	4. 6.	4. 4.	.....	1. 0.	
11.	N. 40. E.	.....	N. 28. E.	2. 3.	2. 0.	.....	1. 1.	
12.	E. 30. N.	.....	E. 42. N.	2. 0.	1. 4.	.....	1. 5.	
2.	N. 25. E.	.....	N. 13. E.	4. 6.	4. 4.	.....	1. 0.	
3.	N. 15. E.	.....	N. 3. E.	2. 3.	2. 3.	.....	0. 4.	
4.				2. 3.				
5.	N. 25. E.	.....	N. 13. E.	2. 3.	6. 7.	.....	1. 7.	
6.				2. 3.				
7.	N. 30. E.	.....	N. 18. E.	2. 5.	2. 4.	.....	0. 9.	

Latitude de départ...... 26° 11′ 35″ N.   27. 6.   7. 6.   9. 9.
Différence en latitude.. 0. 27. 36. N.   0. 9.

Latitude d'arrivée..... 26. 39. 11. N.
                                                              6. 7.

Somme............. 52. 50. 46.
Moyen parallèle........ 26. 25. 23.

Le 6 mars 1820, parti à 6 h. 15 min. Toute la matinée, petits monticules calcaires. A 7 heures, campé au désert nommé *Gart el-Fâras*.

Route corrigée......... N. 13° E.
Chemin en droite ligne. 28ᵐ 3ᵈ

Longitude de départ... 28° 32′ 24″ E.
Différence en longitude. 0. 7. 30. E.

Longitude d'arrivée.... 28. 39. 54. E.

Du KHARGEH à SYOUT.

HEURES DE MARCHE.	ROUTE à la boussole.	VARIATION NORD-OUEST.	ROUTE CORRIGÉE.	MILLES COURUS.	DIFFÉRENCE EN LATITUDE.		DIFFÉRENCE EN LONGITUDE.	
					Nord.	Sud.	Est.	Ouest.
7ʰ	N. 35° E.	12°	N. 23° E.	2ᵐ 3ᵈ	2. 1.	.....	0. 9.	
8.	N. 30. E.	.....	N. 18. E.	2. 3.	2. 2.	.....	0. 8.	
10.	} N. 35. E.	.....	} N. 23. E.	4. 6.	6. 3.	.....	2. 7.	
11.				2. 3.				
12.	N. 30. E.	.....	N. 18. E.	2. 3.	2. 2.	.....	0. 8.	
1.	N. 40. E.	.....	N. 28. E.	2. 3.	2. 0.	.....	1. 0.	
2.	N. E....	.....	N. 33. E.	2. 3.	2. 0.	.....	1. 3.	
3.	E. 35. N.	.....	N. 43. E.	2. 0.	1. 5.	.....	1. 4.	
4.	E. 40. N.	.....	N. 38. E.	2. 3.	1. 8.	.....	1. 4.	
6.	E. 35. N.	.....	N. 43. E.	4. 6.	3. 4.	.....	3. 2.	
6. 40′	E. 40. N.	.....	N. 38. E.	1. 6.	1. 3.	.....	1. 0.	

Latitude de départ..... 26° 39′ 11″ N.   24. 8.   14. 5.
Différence en latitude.. 0. 24. 48. N.

Latitude d'arrivée..... 27° 3. 59. N.

Somme............. 53. 43. 10.
Moyen parallèle....... 26. 51. 35.

Le 7 mars 1820, parti à 5 h. 50 min. Durant tout le jour, terrain assez uni, d'immenses plaines de sable, parsemées de quelques monticules calcaires. Campé à 6 heures.

Route corrigée....... N. 30° E.
Chemin en droite ligne. 28ᵐ 7ᵈ

Longitude de départ... 28° 39′ 54″ E.
Différence en longitude. 0. 16. 18. E.

Longitude d'arrivée.... 28. 56. 12. E.

JOURNAL DE ROUTE,

HEURES DE MARCHE.	ROUTE à la boussole.	VARIATION NORD-OUEST.	ROUTE CORRIGÉE.	MILLES COURUS.	DIFFÉRENCE EN LATITUDE.		DIFFÉRENCE EN LONGITUDE.	
					Nord.	Sud.	Est.	Ouest.
6ʰ	E. 40° N.	12°	N. 38° E.	0ᵐ 6ᵈ	0. 5.	.....	0. 4.	
7.	N. 40. E.	.....	N. 28. E.	2. 3.	2. 0.	.....	1. 0.	
8.	N. 5. E.	.....	N. 7. O.	2. 3.	2. 3.	.....	.....	0. 4.
9.	E. 35. N.	.....	N. 43. E.	1. 5.	1. 1.	.....	1. 0.	
10.	E. 30. N.	.....	E. 42. N.	2. 3.	1. 4.	.....	1. 7.	
					7. 3.		4. 1.	0. 4.
							0. 4.	
							3. 7.	

Latitude de départ..... 27° 3' 59" N.
Différence en latitude.. 0. 7. 18. N.

Latitude d'arrivée..... 27. 11. 17. N.

Somme............... 54. 15. 16.
Moyen parallèle....... 27. 7. 38.

Route corrigée........ N. 27. E.
Chemin en droite ligne. 8ᵐ 1ᵈ

Longitude de départ... 28° 56' 12" E.
Différence en longitude. 0. 4. 12. E.

Longitude d'arrivée.... 29. 0. 24. E.

Le 8 mars 1820, parti à 5 h. 45 min. Terrain inégal, couvert çà et là de monticules. A 8 heures, vue du Nil, descente dans la vallée. A 9 heures, terres cultivées. A 10 heures, arrivé à Syout.

D'ASOUÂN à EBSAMBOL.

HEURES DE MARCHE.	ROUTE à la boussole.	VARIATION NORD-OUEST.	ROUTE CORRIGÉE.	MILLES COURUS.	DIFFÉRENCE EN LATITUDE.		DIFFÉRENCE EN LONGITUDE.	
					Nord.	Sud.	Est.	Ouest.
2ʰ	S. O.	12°	S. 33° O.	2ᵐ 0ᵈ	.....	1. 6.	.....	1. 1.
3.	O. 30° S.	.....	O.	2. 0.	.....	1. 4.	.....	1. 5.
4.	S. 30. O.	.....	S. 18. O.	2. 0.	.....	1. 9.	.....	0. 5.
5.	S. 5. O.	.....	S. 7. E.	2. 0.	.....	1. 9.	0. 4.	
5. 30'	S.	.....	S. 12. E.	1. 0.	.....	1. 0.	0. 2.	
						7. 85.	0. 6.	31. 1.
								0. 6.
								2. 5.

Latitude de départ..... 24° 7' 29" N.
Différence en latitude.. 0. 7. 51. S.

Latitude d'arrivée..... 23. 59. 38. N.

Somme............. 48. 7. 7.
Moyen parallèle....... 24. 3. 33.

Milles courus......... 8ᵐ 4ᵈ
Route corrigée........ S. 18. O.

Longitude de départ... 30° 33' 31" E.
Différence en longitude. 0. 3. 0. 0.

Longitude d'arrivée.... 30. 30. 31. E.

Le 25 novembre 1820, parti à midi 50 min., Route sur la chaîne de montagnes à gauche du fleuve. A 1 heure 30 min., ruines chrétiennes assez étendues. A 2 h., nous atteignons le sommet de la chaîne. A 5 heures 30 m., campé au désert nommé *A'qabah Debout*.

HEURES DE MARCHE.	ROUTE à la boussole.	VARIATION NORD-OUEST.	ROUTE CORRIGÉE.	MILLES COURUS.	DIFFÉRENCE EN LATITUDE.		DIFFÉRENCE EN LONGITUDE.	
					Nord.	Sud.	Est.	Ouest.
9ʰ	S......	12°	S. 12° E.	2ᵐ 0ᵈ	.....	2. 0.	0. 4.	
10.	S. 25° E.	.....	S. 37. E.	1. 8.	.....	1. 5.	1. 0.	
10. 45′	S. 35. E.	.....	E. 43. S.	1. 3.	.....	0. 95.	1. 0.	
1.	S. 20. E.	.....	S. 32. E.	1. 5.	.....	1. 35.	0. 75.	
2.	S. 15. E.	.....	S. 27. E.	1. 5.	.....	1. 4.	0. 7.	
3.	S. 10. E.	.....	S. 22. E.	1. 8.	.....	1. 75.	0. 6.	
3. 40.	S. 15. O.	.....	S. 3. O.	1. 0.	.....	1. 0.	.....	0. 1.
						9. 95.	4. 45.	0. 1.
							0. 1.	
							4. 35.	

Latitude de départ..... 23° 59′ 38″ N.
Différence en latitude.. 0. 9. 57. S.

Latitude d'arrivée..... 23. 49. 41. N.

Somme............. 47. 49. 19.
Moyen parallèle...... 23. 54. 39.

Milles courus........ 10ᵐ 9ᵈ
Route corrigée....... S. 24° E.

Longitude de départ... 30° 30′ 31″ E.
Différence en longitude. 0. 4. 48. E.

Longitude d'arrivée.... 30. 35. 19. E.

Le 26 novembre 1820, parti à 8 h. Sol uni sur la montagne. A 10 heures 45 min., temple de Debout, près du fleuve. A 2 h. 20 min., petite île sur le fleuve, qui est large ici de 6 à 800 pas. A 3 heures 40 m., campé dans le village de Dehmyr.

D'ASOUÂN à EBSAMBOL.

HEURES DE MARCHE	ROUTE à la boussole.	VARIATION NORD-OUEST.	ROUTE CORRIGÉE.	MILLES COURUS.	DIFFÉRENCE EN LATITUDE.		DIFFÉRENCE EN LONGITUDE.	
					Nord.	Sud.	Est.	Ouest.
8ʰ	S. 15° O.	12°	S. 3° O.	1ᵐ 8ᵈ	.....	1. 8.	.....	0. 1.
9.	S. 12. O.	.....	S......	2. 0.	.....	2. 0.	.....	.....
9. 20.	S. 15. O.	.....	S. 3. O.	0. 6.	.....	0. 6.	.....	0. 4.
10.	⎧ S. 20. O.	.....	S. 8. O.	⎧ 0. 5.	.....	0. 5.	.....	0. 1.
11.	⎩			⎩ 1. 8.	.....	1. 8.	.....	0. 2.
12.	S. 35. O.	.....	S. 23. O.	1. 2.	.....	1. 15.	.....	0. 4.
1.	S. 15. O.	.....	S. 3. O.	1. 8.	.....	1. 8.	.....	0. 1.
2.	⎧ S. 10. O.	.....	S. 2. E.	⎧ 1. 8.	.....	2. 3.	0. 1.	.....
2. 10.	⎩			⎩ 0. 5.				
						11.95.	0. 1.	0. 94.
								0. 1.
								0. 84.

Latitude de départ.... 23° 49′ 41″ N.
Différence en latitude.. 0. 11. 57. S.

Latitude d'arrivée..... 23. 37. 44. N.

Somme............ 47. 27. 25.
Moyen parallèle...... 23. 43. 42.

Milles courus........ 12ᵐ
Route corrigée....... S. 5° O.

Longitude de départ... 30° 35′ 19″ E.
Différence en longitude. 0. 1. 6. O.

Longitude d'arrivée.... 30. 34. 13. E.

Le 27 novembre 1820, parti à 7 heures 10 min. A 8 h. 50 min., restes d'un temple dans la vallée du Nil. A 9 heures 10 min., autres restes d'un temple sur un rocher élevé. A 9 h. 20 min., grande enceinte et autres ruines de Kardâseh. A 11 heures 30 min., vue du temple de Teffah. A 2 h. 10 m., campé près de celui d'el-Qalâbcheh.

JOURNAL DE ROUTE,

HEURES DE MARCHE.	ROUTE à la boussole.	VARIATION NORD-OUEST.	ROUTE CORRIGÉE.	MILLES COURUS.	DIFFÉRENCE EN LATITUDE.		DIFFÉRENCE EN LONGITUDE.	
					Nord.	Sud.	Est.	Ouest.
8ʰ 9.	S. 40° O.	12°	S. 28° O.	1ᵐ 6ᵈ 1. 8.	.....	3. 1.	.....	1. 7.
10.	S. 10. O.	.....	S. 2. E.	2. 0.	.....	2. 0.	0. 1.	
11.	S. 25. E.	.....	S. 37. E.	2. 3.	.....	1. 9.	1. 4.	
12.	S. E.	.....	E. 33. S.	2. 5.	.....	1. 4.	2. 1.	
1.	E. 25. N.	.....	E. 37. N.	2. 0.	1. 2.	.....	1. 6.	
1. 5.	S.	.....	S. 12. E.	0. 5.	.....	0. 5.	0. 2.	
2.	S. 15. O.	.....	S. 3. O.	0. 8.	.....	0. 80.	.....	0. 2.
3.	S. 20. O.	.....	S. 8. O.	1. 6.	.....	1. 60.	.....	0. 30.
3. 15. 4.	S. 40. O.	.....	S. 28. O.	0. 4. 1. 4.	.....	1. 60.	.....	0. 80.
4. 30.	S. O.	.....	S. 33. O.	0. 8.	.....	0. 70.	.....	0. 30.

Latitude de départ.....	23° 37′ 44″ N.	1. 2.	13.15.	5. 22.	3. 12.
Différence en latitude..	0. 11. 57. S.		1. 2.	3. 12.	
Latitude d'arrivée.....	23. 25. 47. N.				
Somme.............	47. 3. 31.		11.95.	2. 10.	
Moyen parallèle.......	23. 31. 45.				

Milles courus........	12ᵐ 2ᵈ
Route corrigée.......	S. 10° E.
Longitude de départ...	30° 34′ 13″ E.
Différence en longitude.	0. 2. 18. E.
Longitude d'arrivée....	30. 36. 31. E.

Le 28 novembre 1820, parti à 7 heures. Chemin assez beau, au désert. A 1 heure 5 minutes, temple de Dandour, près du fleuve. A 3 h. 15 min., ruines d'un village ancien. A 4 heures 30 min., halte à Kircheh.

D'ASOUÂN à EBSAMBOL.

HEURES DE MARCHE.	ROUTE à la boussole.	VARIATION NORD-OUEST.	ROUTE CORRIGÉE.	MILLES COURUS.	DIFFÉRENCE EN LATITUDE.		DIFFÉRENCE EN LONGITUDE.	
					Nord.	Sud.	Est.	Ouest.
7ʰ 8.	S. 40° O.	12°	S. 28° O.	0ᵐ 8ᵈ 1. 4.	.....	1. 95.	.....	1. 0.
9.	O. 10. S.	.....	O. 22. S.	0. 8.	.....	0. 30.	.....	0. 85.
10.	O. 25. S.	.....	O. 37. S.	2. 0.	.....	1. 30.	.....	1. 75.
11.	O. 20. S.	.....	O. 32. S.	2. 0.	.....	1. 10.	.....	1. 70.
12.	O. 40. S.	.....	S. 38. O.	2. 0.	.....	1. 65.	.....	1. 20.
12. 10.	S. 30. O.	.....	S. 18. O.	0. 4.	.....	0. 35.	.....	0. 10.
3.	S. 35. O.	.....	S. 23. O.	5. 0.	.....	4. 65.	.....	2. 0.
3. 30.	S. 30. O.	.....	S. 18. O.	1. 0.	.....	1. 0.	.....	0. 25.
4. 30.	S. 35. O.	.....	S. 23. O.	1. 6.	.....	1. 45.	.....	0. 50.
						13.75.		9. 35.

Latitude de départ.... 23° 25' 47" N.
Différence en latitude.. 0. 13. 45. S.

Latitude d'arrivée..... 23. 12. 2.

Somme............. 46. 37. 49.
Moyen parallèle....... 23. 18. 54.

Milles courus........ 16ᵐ 65ᶜ
Route corrigée........ S. 34° O.

Longitude de départ... 30° 36' 31' E.
Différence en longitude. 0. 10. 12. O.

Longitude d'arrivée.... 30. 26. 19. E.

Le 29 novembre 1820, parti à 6 heures 30 m. A 7 heures, vue du temple de Kircheh. A 11 h. 15 min., ruines dans une enceinte. A midi 10 min., visité le temple de Deqqeh; à 3 heures 30 m., celui de Meharraqah. A 4 heures 30 m., campé près des ruines d'un ancien village.

JOURNAL DE ROUTE,

HEURES DE MARCHE.	ROUTE à la boussole.	VARIATION NORD-OUEST.	ROUTE CORRIGÉE.	MILLES COURUS.	DIFFÉRENCE EN LATITUDE.		DIFFÉRENCE EN LONGITUDE.	
					Nord.	Sud.	Est.	Ouest.
7ʰ	S. O....	12°	S. 33° O.	0ᵐ 3ᵈ	.....	0. 25.	.....	0. 20.
9.	S. 30° O.	.....	S. 18. O.	4. 0.	.....	3. 80.	.....	1. 35.
10.	S. 40. O.	.....	S. 28. O.	1. 8.	.....	1. 50.	.....	0. 75.
10. 40.	S. O....	.....	S. 33. O.	1. 0.	.....	0. 80.	.....	0. 45.
12.	O. 40. S.	.....	S. 38. O.	1. 0.	.....	0. 75.	.....	0. 50.
1.	O.....	.....	O. 12. S.	1. 6.	.....	0. 35.	.....	1. 60.
2.	O. 15. S.	.....	O. 27. S.	2. 0.	.....	0. 95.	.....	1. 75.
4.	O. 15. N.	.....	O. 3. N.	3. 6.	0. 30.	.....	.....	1. 55.
5.	O. 15. S.	.....	O. 27. S.	2. 0.	.....	1. 0.	.....	1. 75.
5. 40.	O. 20. S.	.....	O. 32. S.	1. 3.	.....	0. 65.	.....	1. 10.
					0. 30.	10. 5.		13. 0.
						0. 30.		
						9. 75.		

Latitude de départ..... 23° 12′ 2″ N.
Différence en latitude.. 0. 9. 45. S.

Latitude d'arrivée..... 23. 2. 17. N.

Somme............... 46. 14. 19.
Moyen parallèle....... 23. 7. 9.

Milles courus......... 16ᵐ 25ᶜ
Route corrigée....... O. 38° S.

Longitude de départ... 30° 26′ 19″ E.
Différence en longitude. 0. 14. 6. O.

Longitude d'arrivée.... 30. 12. 13. E.

Le 30 novembre 1820, parti à 6 heures 45 min. A 8 heures, ruines d'habitations anciennes. A 10 heures 40 min., autres ruines de même nature; route tortueuse. A 5 heures 40 min., campé au désert nommé *A'qabah d'Ebsambol*.

D'ASOUÂN à EBSAMBOL.

HEURES DE MARCHE.	ROUTE à la boussole.	VARIATION NORD-OUEST.	ROUTE CORRIGÉE.	MILLES COURUS.	DIFFÉRENCE EN LATITUDE.		DIFFÉRENCE EN LONGITUDE.	
					Nord.	Sud.	Est.	Ouest.
7ʰ	O. 20° S.	12°	O. 32° S.	0ᵐ 4ᵈ	.....	0. 30.	.....	0. 25.
8.	S. 40. O.	.....	S. 28. O.	2. 0.	.....	1. 75.	.....	1. 0.
9.	O. 15. S.	.....	O. 27. S.	1. 6.	.....	0. 75.	.....	1. 45.
10.	O. 25. S.	.....	O. 37. S.	2. 0.	.....	1. 25.	.....	1. 65.
11.	O. 18. S.	.....	O. 30. S.	1. 7.	.....	0. 95.	.....	1. 55.
12.	O. 5. N.	.....	O. 7. S.	1. 6.	.....	0. 20.	.....	1. 50.
12.'15'	O. 10. N.	.....	O. 2. S.	0. 3.	.....	0. 5.	.....	0. 30.
						5. 25.		7. 70.

Latitude de départ..... 23° 2' 17" N.
Différence en latitude.. 0. 5. 15. S.
Latitude d'arrivée..... 22. 57. 2. N.

Somme............ 45. 59. 19.
Moyen parallèle....... 22. 59. 39.

Milles courus........, 9ᵐ 3ᵈ
Route corrigée....... O. 34° S.

Longitude de départ... 30° 12' 13" E.
Différence en longitude. 0. 8. 24. O.
Longitude d'arrivée.... 30. 3. 49. E.

Le 1.ᵉʳ décembre 1820, parti à 6 heures 45 m. Route tortueuse et difficile à observer. A 10 heures 40 min., arrivé au Nil, en face de Derr. A midi 15 min., séjour au village de Tomâs.

HEURES DE MARCHE	ROUTE à la boussole.	VARIATION NORD-OUEST.	ROUTE CORRIGÉE.	MILLES COURUS.	DIFFÉRENCE EN LATITUDE.		DIFFÉRENCE EN LONGITUDE.	
					Nord.	Sud.	Est.	Ouest.
8ʰ	O. 5° N.	11°13′	O. 6° S.	1ᵐ 0ᵈ	.....	0. 25.	.....	1. 0.
9.	O. 10. S.	.....	O. 21. S.	2. 0.	.....	0. 65.	.....	1. 85.
10.	} O. 15. S.	.....	O. 26. S.	2. 0.	.....	1. 80.	.....	3. 70.
11.				2. 0.				
12.	O. 25. S.	.....	O. 36. S.	4. 0.	.....	2. 35.	.....	3. 35.
2.	O. 30. S.	.....	O. 41. S.	2. 0.	.....	1. 35.	.....	1. 60.
3.	S. 20. O.	.....	S. 9. O.	2. 0.	.....	2. 0.	.....	0. 30.
3. 30′	S. 25. O.	.....	S. 14. O.	1. 0.	.....	1. 0.	.....	0. 15.
						9. 40.		11.95.

Latitude de départ..... 22° 44′ 45″ N.
Différence en latitude.. 0. 9. 24. S.

Latitude d'arrivée..... 22. 35. 21. N.

Somme.............. 45. 20. 6.
Moyen parallèle....... 22. 40. 3.

Milles courus......... 15ᵐ
Route corrigée........ O. 39° S.

Longitude de départ... 30° 3′ 49″ E.
Différence en longitude. 0. 12. 57. O.

Longitude d'arrivée.... 29. 50. 52. E.

Le 4 décembre 1820, parti à 7 heures 30 m. A 11 heures 25 m., nous passons près d'une catacombe creusée dans une montagne de forme conique. A 3 h. 30 min., campé au petit village el-Massas.

D'ASOUÂN à EBSAMBOL.

HEURES DE MARCHE.	ROUTE à la boussole.	VARIATION NORD-OUEST.	ROUTE CORRIGÉE.	MILLES COURUS.	DIFFÉRENCE EN LATITUDE.		DIFFÉRENCE EN LONGITUDE.	
					Nord.	Sud.	Est.	Ouest.
8ʰ	S. 30° O.	11°13.	S. 19° O.	2ᵐ 0ᵈ	.....	1.95.	.....	0.60.
9.	S. 35. O.	.....	S. 24. O.	2. 0.	.....	1.80.	.....	0.70.
10.	O. 40. S.	.....	S. 39. O.	2. 0.	.....	1.65.	.....	1.25.
1.	O. 20. S.	.....	O. 31. S.	5. 0.	.....	2.65.	.....	4.30.
2.	O. 30. S.	.....	O. 41. S.	1. 7.	.....	1.25.	.....	1.35.
3.	O. 25. S.	.....	O. 36. S.	2. 0.	.....	1.30.	.....	1.65.
4.	O. 35. S.	.....	S. 44. O.	2. 0.	.....	1.45.	.....	1.35.
4.30′	S. O.	.....	S. 34. O.	0. 6.	.....	0.50.	.....	0.30.
6.	S. 35. O.	.....	S. 24. O.	1. 0.	.....	0.80.	.....	0.45.
						13.35.		11.95.

Latitude de départ..... 22° 35′ 21″ N.
Différence en latitude... 0. 13. 21. S.
_____
Latitude d'arrivée..... 22. 22. 0. N.

Somme............ 44. 57. 21.
Moyen parallèle....... 22. 28. 40.

Milles courus......... 17ᵐ 85ᶜ
Route corrigée....... S. 42° O.

Longitude de départ... 29° 50′ 52″ E.
Différence en longitude. 0. 12. 54. O.
_____
Longitude d'arrivée.... 29. 37. 58. E.

Le 5 décembre 1820, parti à 7 heures. A 10 heures, halte de demi-heure; route traversant presque toujours le désert. A 4 h. 30 min., vue des temples d'Ebsambol. A 6 heures, campé près du village de Beyllagy.

HEURES DE MARCHE.	ROUTE à la boussole.	VARIATION NORD-OUEST.	ROUTE CORRIGÉE.	MILLES COURUS.	DIFFÉRENCE EN LATITUDE.		DIFFÉRENCE EN LONGITUDE.	
					Nord.	Sud.	Est.	Ouest.
8^h	S. 30° O.	11°13.	S. 19° O.	0^m 5^d	.....	0. 50.	.....	0. 1.
9.	O. 35. S.	.....	S. 44. O.	1. 7.	.....	1. 30.	.....	1. 20.
12.	O. 30. S.	.....	O. 41. S.	6. 0.	.....	3. 95.	.....	4. 60.
2.	O. 33. S.	.....	S. 44. O.	4. 0.	.....	2. 90.	.....	2. 80.
2. 20′	S. O.	.....	S. 34. O.	0. 6.	.....	0. 50.	.....	0. 35.
						9. 15.		9. 5.

Latitude de départ..... 22° 22′ 0″ N.
Différence en latitude.. 0. 9. 9. S.

Latitude d'arrivée..... 22. 12. 51. N.

Somme............. 44. 34. 51.
Moyen parallèle....... 22. 17. 25.

Milles courus......... 12^m 8^d
Route corrigée....... S. O.

Longitude de départ... 29° 37′ 58″ E.
Différence en longitude. 0. 9. 48. E.

Longitude d'arrivée.... 29. 28. 10. E.

Le 6 décembre 1820, parti à 7 heures 35 m. A 8 heures, sol uni et sablonneux, où croissent des plantes herbacées. A midi, vue de plusieurs catacombes; et 10 minutes après, ruines de monumens anciens. A 2 h. 20 min., station au petit village de Serrah-Gharby.

D'EBSAMBOL à SOLIB.

HEURES DE MARCHE.	ROUTE à la boussole.	VARIATION NORD-OUEST.	ROUTE CORRIGÉE.	MILLES COURUS.	DIFFÉRENCE EN LATITUDE.		DIFFÉRENCE EN LONGITUDE.	
					Nord.	Sud.	Est.	Ouest.
8^h	O. 40° S.	11°13.	S. 39° O.	1^m 2^d	.....	0. 90.	.....	0. 65.
9.	S. 40. O.	.....	S. 29. O.	2. 0.	.....	1. 80.	.....	1. 0.
10.	S. 35. O.	.....	S. 24. O.	2. 0.	.....	1. 85.	.....	0. 70.
11.	}S. 15. O.	.....	S. 4. O. {	2. 0.	.....	4. 0.	.....	0. 35.
12.				2. 0.				
12. 50′	S. 10. O.	.....	S. 1. E.	0. 5.	.....	0. 50.		
						9. 5.		2. 70.

Latitude de départ..... 22° 12′ 51″ N.
Différence en latitude.. 0.   9.   3. S.

Latitude d'arrivée..... 22.   3. 48. N.

Somme............. 44. 16. 39.
Moyen parallèle....... 22.   8. 19.

Milles courus.. ...... 9^m 5^d
Route corrigée....... S. 18° O.

Longitude de départ... 29° 28′ 10″ E.
Différence en longitude. 0.   3.   3. O.

Longitude d'arrivée.... 29. 25.   7. E.

Le 7 décembre 1820, parti à 7 h. 20 min. A 9 h., ruines anciennes en briques crues. A midi 15 min., campé près du village d'Arguy.

HEURES DE MARCHE.	ROUTE à la boussole.	VARIATION NORD-OUEST.	ROUTE CORRIGÉE.	MILLES COURUS.	DIFFÉRENCE EN LATITUDE.		DIFFÉRENCE EN LONGITUDE.	
					Nord.	Sud.	Est.	Ouest.
2ʰ	O. 40° S.	11°13.	....	0ᵐ 8ᵈ	.....	0. 65.	.....	0. 40.
3.				2. 0.				
3. 45′	O. 35. S.	.....	S. 44° O.	1. 5.	.....	2. 60.	.....	2. 50.
4.				0. 5.				
4. 30.				0. 8.	.....	1. 0.	.....	0. 85.
						4. 25.		3. 75.

Latitude de départ..... 22° 3′ 48″ N.
Différence en latitude.. 0. 4. 15. S.
Latitude d'arrivée..... 21. 59. 33. N.

Somme............. 44. 3. 21.
Moyen parallèle....... 22. 1. 40.

Milles courus......... 5ᵐ 7ᵈ
Route corrigée........ S. 42° O.

Longitude de départ... 29° 25′ 7″ E.
Différence en longitude. 0. 4. 0. O.

Longitude d'arrivée.... 29. 21. 7. E.

Le 8 décembre 1820, parti à 1 heure 30 min. A 3 heures 45 m., ruines de deux temples. A 4 h., une île. A 4 heures 30 m., campé au bord du fleuve, en face d'Ouâdy-Halfah.

D'EBSAMBOL à SOLIB.

HEURES DE MARCHE.	ROUTE à la boussole.	VARIATION NORD-OUEST.	ROUTE CORRIGÉE.	MILLES COURUS.	DIFFÉRENCE EN LATITUDE. Nord.	Sud.	DIFFÉRENCE EN LONGITUDE. Est.	Ouest.
7ʰ 50'	O. 33° S.	11°30.	S. O.	1ᵐ 2ᵈ	.....	0. 8.	.....	0. 8.
9.	O. 25. S.	.....	O. 37° S.	2. 3.	.....	1. 4.	.....	1. 8.
10. 15.	O. 45. S.	.....	S. 33. O.	2. 5.	.....	2. 0.	.....	1. 3.
12.	S. 15. O.	.....	S. 3. O.	2. 0.	.....	2. 0.	.....	0. 1.
1.	S. 12. E.	.....	S. 23. E.	2. 0.	.....	1. 8.	0. 7.	..
2.	S. 15. O.	.....	S. 4. O.	2. 0.	.....	2. 0.	.....	0. 2.
2. 15.	S.	.....	S. 12. E.	0. 2.	.....	0. 2.	0. 1.	
						10. 2.	0. 8.	4. 2.
								0. 8.
								3. 4.

Latitude de départ..... 21° 53' 33" N.
Différence en latitude.. 0. 10. 12. S.

Latitude d'arrivée..... 21. 43. 21. N.

Somme............. 43. 36. 54.
Moyen parallèle...... 21. 48. 27.

Milles courus........ 10ᵐ 8ᵈ
Route corrigée....... S. 19° O.

Longitude de départ... 29° 21' 7" E.
Différence en longitude. 0. 3. 36. O.

Longitude d'arrivée.... 29. 17. 31. E.

Le 19 décembre 1820, parti à 7 h. 15 min. A 7 h. 50 min., commencement de la cataracte. A 8 heures 30 minutes, terrain montueux de grès, en vue de la cataracte. A 10 heures 15 min., ruines en briques crues; halte de 45 minutes. A midi 15 minutes et à une heure 15 minutes, autres ruines de la même espèce. A 2 h. 15 minutes, campé à Karaqen.

JOURNAL DE ROUTE,

HEURES DE MARCHE.	ROUTE à la boussole	VARIATION NORD-OUEST.	ROUTE CORRIGÉE.	MILLES COURUS.	DIFFÉRENCE EN LATITUDE.		DIFFÉRENCE EN LONGITUDE.	
					Nord.	Sud.	Est.	Ouest.
8ʰ	O. 30° S.	13°	O. 42° S.	1ᵐ 2ᵈ	.....	0.65.	.....	1.10.
9.	O. 40. S.	.....	S. 39. O.	2. 3.	.....	1.80.	.....	1.45.
11.	S. 40. O.	.....	S. 28. O.	4. 3.	.....	3.75.	.....	2.20.
12	S. O.	.....	S. 34. O.	1. 9.	.....	1.60.	.....	1. 0.
1.	O. 20. S.	.....	O. 32. S.	2. 3.	.....	1.30.	.....	2. 0.
2.	S. O.	.....	S. 34. O.	2. 0.	.....	1.65.	.....	1.20.
3.	S. 40. O.	.....	S. 28. O.	2. 0.	.....	1.75.	.....	1. 0.
4.	S. 35. O.	.....	S. 24. O.	1. 8.	.....	1.70.	.....	0.70.
4. 30′	S. 40. O.	.....	S. 28. O.	1. 0.	.....	0.90.	.....	0.45.
5.	S.	.....	S. 11. E.	0. 5.	.....	0.30.	0. 10.	
						15.40.	0. 10.	11.10.

Latitude de départ.... 21° 43′ 21″ N.
Différence en latitude.. 0. 15. 24. S.
_____
Latitude d'arrivée..... 21. 27. 57. N.

Somme............. 43. 11. 18.
Moyen parallèle....... 21. 35. 39.

Milles courus........ 18ᵐ 9ᵈ
Route corrigée....... S. 36° O.

Longitude de départ... 29° 17′ 31″ E.
Différence en longitude. 0. 11. 54. O.
_____
Longitude d'arrivée.... 29. 5. 37. E.

Le 20 décembre 1820, parti à 7 h. 25 min. A 10 h. 30 min., vue d'un grand nombre d'îlots qui couvrent le fleuve. A 2 h. 50 min., le fleuve est encore obstrué de rochers. A 4 heures 30 minutes, campé près du temple de Semneh.

D'EBSAMBOL à SOLIB.

HEURES DE MARCHE.	ROUTE à la boussole.	VARIATION NORD-OUEST.	ROUTE CORRIGÉE.	MILLES COURUS.	DIFFÉRENCE EN LATITUDE.		DIFFÉRENCE EN LONGITUDE.	
					Nord.	Sud.	Est.	Ouest.
8^h	S. 20° O.	11°30'	S. 8° O.	0^{m}5^d	.....	0.40.	.....	0. 10.
9.	S. 15. E.	.....	S. 26. E.	1. 0.	.....	0.80.	0. 5.	
10.	S. 13. E.	.....	S. 25. E.	2. 0.	.....	1.80.	0. 7.	
10. 50'	S. 15. E.	.....	S. 26. E.	1. 7.	.....	1.60.	0. 7.	
12.	S. O.	.....	S. 34. O.	0. 8.	.....	0.60.	.....	0. 50.
1.	O. 25. S.	.....	O. 37° S.	1. 8.	.....	1.20.	.....	1. 50.
2.	S. 35. O.	.....	S. 24. O.	2. 0.	.....	1.75.	.....	0. 85.
3.	O. 35. S.	.....	S. 43. O.	2. 0.	.....	1.55.	.....	1. 45.
4.	O. 25. S.	.....	O. 36. S.	2. 0.	.....	1.30.	.....	1. 70.
						11.00.	1. 9.	6. 10.
								1. 90.
								4. 20.

Latitude de départ.... 21° 28' 50" N.
Différence en latitude.. 0. 11. 0. S.

Latitude d'arrivée..... 21. 17. 50. N.

Somme............ 42. 46. 40.
Moyen parallèle...... 21. 23. 20.

Milles courus........... 11^{m}8^d
Route corrigée.......... S. 21° O.

Longitude de départ.... 29° 5' 37" E.
Différence en longitude. 0. 4. 36. O.

Longitude d'arrivée.... 29. 1. 1. E.

Le 23 décembre 1820, parti à 7 heures 45 m. A 8 heures, halte de 25 min. A midi 30 min., nous traversons un hameau. Campé à 4 heures en face d'une île. Durant tout le jour, traversé de petites parties de désert; route sinueuse, difficile à être observée.

JOURNAL DE ROUTE,

HEURES DE MARCHE.	ROUTE à la boussole.	VARIATION NORD-OUEST.	ROUTE CORRIGÉE.	MILLES COURUS.	DIFFÉRENCE EN LATITUDE.		DIFFÉRENCE EN LONGITUDE.	
					Nord.	Sud.	Est.	Ouest.
8ʰ	O. 35° S.	10°30′	S. 43° O.	1ᵐ 0ᵈ	.....	0. 65.	.....	0.60.
9.	O. 15. S.	.....	O. 26. S.	2. 0.	.....	0. 90.	.....	1.85.
10.	O. 10. S.	.....	O. 22. S.	1. 8.	.....	0. 75.	.....	1.75.
11.	O. 5. S.	.....	O. 16. S.	2. 0.	.....	0. 55.	.....	1.95.
12.	O. 25. S.	.....	O. 37. S.	2. 0.	.....	1. 35.	.....	1.70.
1.	O. 40. S.	.....	S. 39. O.	1. 6.	.....	1. 35.	.....	1. 0.
2.	O. 30. S.	.....	O. 42. S.	1. 3.	.....	0. 90.	.....	1. 0.
3.	S. 40. O.	.....	S. 29. O.	1. 8.	.....	1. 65.	.....	0.95.
3. 45′	S. 15. O.	.....	S. 3. O.	1. 3.	.....	1. 30.	.....	0. 5.
						9. 40.		10.85.

Latitude de départ..... 21° 17′ 50″ N.
Différence en latitude.. 0. 9. 24. S.

Latitude d'arrivée..... 21. 8. 26. N.

Somme. .... 42. 26. 16. N.
Moyen parallèle...... 21. 13. 8.

Milles courus........ 14ᵐ3ᵈ
Route corrigée....... O. 40° S.

Longitude de départ... 29° 1′ 1″ E.
Différence en longitude. 0. 11. 39. O.

Longitude d'arrivée.... 28. 49. 22. E.

Le 24 décembre 1820, parti à 7 heures 30 m. A 8 heures 50 m., en face d'une grande île. A 9 h. 30 min., beaucoup de rochers sur le fleuve. A 3 heures 45 minutes, campé au petit village d'O'qmeh.

D'EBSAMBOL à SOLIB.

HEURES DE MARCHE.	ROUTE à la boussole.	VARIATION NORD-OUEST.	ROUTE CORRIGÉE.	MILLES COURUS.	DIFFÉRENCE EN LATITUDE.		DIFFÉRENCE EN LONGITUDE.	
					Nord.	Sud.	Est.	Ouest.
8ʰ				1ᵐ 0ᵈ				
9.	S. 30° O.	11°30'	S. 18°30' O.	2. 0.	.....	6.95.	.....	2. 35.
10.				2. 0.				
11.				2. 3.				
12.	S. 25. O.	.....	S. 14. O.	2. 0.	.....	1.90.	.....	0. 40.
1.	S. 30. O.	.....	S. 18. O.	1. 8.	.....	1.75.	.....	0. 50.
2.	S. 15. O.	.....	S. 4. O.	1. 7.	.....	1.70.	.....	0. 15.
2. 15'	S.	.....	S. 12. E.	0. 5.	.....	0.50.	0. 5.	
						12.80.	0. 5.	3. 40.

Latitude de départ..... 21° 8' 26" N.
Différence en latitude.. 0. 12. 48. S.

Latitude d'arrivée..... 20. 55. 38. N.

Somme............. 42. 4. 4.
Moyen parallèle....... 21. 2. 2.

Milles courus......... 13ᵐ3ᵈ
Route corrigée....... S. 15° O.

Longitude de départ... 28° 49' 22" E.
Différence en longitude. 0. 3. 30. O.

Longitude d'arrivée.... 28. 45. 52. E.

Le 25 décembre 1820, parti d'O'qmeh à 7 heures 25 minutes. A 11 heures 30 min., beaucoup de rochers sur le fleuve. A midi, vue d'un petit village sur une île. A 2 heures 15 min., campé près de Dàl-Nàrou. Ici le terrain devient plus fertile.

HEURES DE MARCHE	ROUTE à la boussole.	VARIATION NORD-OUEST.	ROUTE CORRIGÉE.	MILLES COURUS.	DIFFÉRENCE EN LATITUDE.		DIFFÉRENCE EN LONGITUDE.	
					Nord.	Sud.	Est.	Ouest.
1ʰ	S.....	11°30'	S. 12° E.	1ᵐ5ᵈ	.....	1. 40.	0. 25.	
2.	S. 23° O.	.....	S. 12. O.	2. 0.	.....	1. 95.	.....	0. 35.
3.	S. 35. O.	.....	S. 23. O.	2. 0.	.....	1. 80.	.....	0. 75.
4.	O.....	.....	O. 11. S.	2. 0.	.....	0. 50.	.....	2. 45.
4. 15'				0. 5.				
						5. 65.	0. 25.	3.55.
								0.25.
								3.30.

Latitude de départ.... 20° 57' 15" N.
Différence en latitude.. 0. 5. 39. S.

Latitude d'arrivée..... 20. 51. 36. N.

Somme............ 41. 48. 51.
Moyen parallèle ..... 20. 54. 25.

Milles courus........ 6ᵐ 5ᵈ
Route corrigée....... S. 31° O.

Longitude de départ... 28° 45' 52" E.
Différence en longitude. 0. 3. 30. O.

Longitude d'arrivée... 28. 42. 22. E.

Le 26 décembre 1820, parti de Dâl-Nârou à midi. Des rochers sont encore épars sur le fleuve. A 1 h., sol uni, où ne se montrent que de loin à loin quelques montioules; petits villages près du fleuve; plusieurs îlots. A 2 heures 30 min., beaucoup de rochers sur le fleuve. A 4 heures 15 minutes, campé en face du petit village el-Gennis.

D'EBSAMBOL à SOLIB.

HEURES DE MARCHE	ROUTE à la boussole	VARIATION NORD-OUEST	ROUTE CORRIGÉE	MILLES COURUS	DIFFÉRENCE EN LATITUDE		DIFFÉRENCE EN LONGITUDE	
					Nord.	Sud.	Est.	Ouest.
8ʰ	O. 30° N.	12°30′	O. 18° N.	0ᵐ 6ᵈ	0. 20.	.....	.....	0. 50.
9.	O. 25. N.	.....	O. 14. N.	1. 5.	0. 40.	.....	.....	1. 60.
10.	O. 10. S.	.....	O. 22. S.	1. 5.	.....	0. 55.	.....	1. 40.
11. 12.	O. 15. N.	.....	O. 4. N.	2. 0. 2. 0.	0. 30.	.....	.....	4. 0.
1.	O. 40. S.	.....	S. 38. O.	2. 0.	.....	1. 65.	.....	1. 25.
2.	S. 20. O.	.....	S. 9. O.	1. 3.	.....	1. 25.	.....	0. 20.
3.	S. 15. O.	.....	S. 3. O.	2. 0.	.....	2. 0.	.....	0. 5.
4.	S. 20. O.	.....	S. 9. O.	2. 0.	.....	1. 95.	.....	0. 20.
4. 45.	S. 15. E.	.....	S. 26. O.	1. 5.	.....	1. 35.	0. 65.	.....
					0. 90.	8. 75.	0. 65.	9. 20.
						0. 90.		0. 65.
						7. 85.		8. 55.

Latitude de départ.... 20° 51′ 36″ N.
Différence en latitude.. 0. 7. 51. S.

Latitude d'arrivée..... 20. 43. 45. N.

Somme.............. 41. 35. 21.
Moyen parallèle....... 20. 47. 40.

Milles courus......... 11ᵐ 7ᵈ
Route corrigée........ O. 43° S.

Longitude de départ... 28′ 42° 22″ E.
Différence en longitude. 0. 9. 12. O.

Longitude d'arrivée.... 28. 33. 10. E.

Le 27 décemb. 1820, parti d'el-Gennis à 7 h. 40 m. A 10 h., vue des ruines d'Amârah. A 1 heure 30 min., le Nil forme un bassin d'une lieue et demie environ de large, où gît une grande île. Campé à 4 heures 45 minutes, au village d'Ouâdy el-Hamyd, en face de la grande île de Sâys.

HEURES DE MARCHE.	ROUTE à la boussole.	VARIATION NORD-OUEST.	ROUTE CORRIGÉE.	MILLES COURUS.	DIFFÉRENCE EN LATITUDE.		DIFFÉRENCE EN LONGITUDE.	
					Nord.	Sud.	Est.	Ouest.
9ʰ	S......	11°30′	S. 12° E.	1ᵐ5ᵈ	.....	1.40.	0.30.	.....
10.	S. 20° O.	.....	S. 9. O.	2. 0.	.....	1.96.	.....	0.35.
11.	S. 10. O.	.....	S. 2. E.	2. 0.	.....	2. 0.	0. 5.	.....
11.30′	S......	.....	S. 31. E.	1. 0.	.....	0.85.	0.53.	.....
2.	S. 20. E.	.....		1. 5.	.....	1.30.	0.76.	.....
3.	S. 15. O.	.....	S. 3. O.	2. 8.	.....	2. 0.	.....	0. 10.
3. 45.	S. 20. O.	.....	S. 9. O.	0. 8.	.....	0.75.	.....	0. 15.
					10.26.	1. 64.	0. 60.	
						0. 60.		
						1. 4.		

Latitude de départ..... 20° 40′ 28″ N.
Différence en latitude.. 0. 19. 15. S.

Latitude d'arrivée..... 20. 30. 13. N.

Somme............ 41. 10. 41.
Moyen parallèle....... 20. 35. 20.

Milles courus......... 10ᵐ 3ᵈ
Route corrigée....... S. 6° E.

Longitude de départ... 28° 33′ 10″ E.
Différence en longitude. 0. 1. 3. E.

Longitude d'arrivée... 28. 34. 13. E.

Le 3 janvier 1821, parti à 8 heures 20 m. A 8 heures 45 m., nous sommes en face de l'extrémité S. de l'île de Sàys. A 9 h. 15 min., rochers sur le fleuve. A 11 heures 30 min., halte de demi-heure à Neloua, pour y visiter des ruines. A 3 heures, nous dépassons la montagne de Doch. Campé à 3 heures 45 min. à Solib.

De SOLIB à DONGOLAH.

HEURES DE MARCHE.	ROUTE à la boussole.	VARIATION NORD-OUEST.	ROUTE CORRIGÉE.	MILLES COURUS.	DIFFÉRENCE EN LATITUDE.		DIFFÉRENCE EN LONGITUDE.	
					Nord.	Sud.	Est.	Ouest.
8ʰ 8.25.	S. 15° E.	11°30'	S. 27° E.	2ᵐ 0ᵈ 0. 8.	....	1. 78. 0. 73.	0. 90. 0. 37.	
						2. 51.	1. 27.	

Latitude de départ..... 20° 30' 13" N.
Différence en latitude.. 0. 2. 30? S.

Latitude d'arrivée..... 20. 27. 43.

Le 4 janvier 1821, parti à 7 h. 10 min. Campé à 8 heures 25 m. près le temple de Gourien-Taoua.

Somme............... 40. 57. 56.
Moyen parallèle....... 20. 28. 58.

Milles courus......... 2ᵐ 8ᵈ
Route corrigée........ S. 27° E.

Longitude de départ... 28° 34' 13" E.
Différence en longitude. 0. 1. 21. E.

Longitude d'arrivée.... 28. 35. 34. E.

184 JOURNAL DE ROUTE,

HEURES DE MARCHE.	ROUTE à la boussole.	VARIATION NORD-OUEST.	ROUTE CORRIGÉE.	MILLES COURUS.	DIFFÉRENCE EN LATITUDE.		DIFFÉRENCE EN LONGITUDE.	
					Nord.	Sud.	Est.	Ouest.
8ʰ	S. 25° E.	12°	S. 37° E.	1ᵐ 3ᵈ	.....	1. 5.	0.75.	
9.	S. 35. E.	.....	E. 43. S.	2. 0.	.....	1.35.	1.47.	
10.	S.....	.....	S. 12. E.	2. 0.	.....	1.95.	0.43.	
11.	S. 35. E.	.....	E. 43. S.	2. 0.	.....	1.36.	1.48.	
12.	E. 10. N.	.....	E. 22. N.	2. 3.	0.75.	.....	1.90.	
1.	E. 5. S.	.....	E. 7. N.	1. 8.	0.22.	.....	1.78.	
2.	E. 25. S.	.....	E. 13. S.	1. 3.	.....	0.29.	1.27.	
3.	S. 30. E.	.....	S. 42. E.	2. 0.	.....	1.45.	1.33.	
4.	S. 15. E.	.....	S. 27. E.	1. 8.	.....	1.59.	0.82.	
5.	S. 5. E.	.....	S. 17. E.	2. 0.	.....	1.90.	0.60.	
5. 45.	S. 15. O.	.....	S. 3. O.	1. 3.	.....	1.30.	.....	0. 6.

Latitude de départ.... 20° 25′ 46″ N.   0. 97. | 12.24. | 11.83. | 0. 6.
Différence en latitude.. 0. 11. 16. S.   0.97. | 0. 6.
Latitude d'arrivée.... 20. 14. 30.
                                                          11.27. | 11.77.

Somme............ 40. 40. 16.
Moyen parallèle..... 20. 20. 8.

Milles courus....... 16ᵐ 2ᵈ
Route corrigée...... E. 44° S.

Longitude de départ... 28° 35′ 34″ E.
Différence en longitude. 0. 12. 30. E.

Longitude d'arrivée.... 28. 48. 4. E.

Le 7 janvier 1821, parti à 7 h. 25 min. A 8 heures 30 min., le désert anticipe dans le NH. A 10 h. et à midi 45 min., rochers sur le fleuve; plusieurs îles. A 5 h. 45 m., campé au petit village de Koumar.

De SOLIB à DONGOLAH.

HEURES DE MARCHE.	ROUTE à la boussole.	VARIATION NORD-OUEST.	ROUTE CORRIGÉE.	MILLES COURUS.	DIFFÉRENCE EN LATITUDE.		DIFFÉRENCE EN LONGITUDE.	
					Nord.	Sud.	Est.	Ouest.
8ʰ	S. 30° O.	12°	S. 18° O.	1ᵐ 5ᵈ	.....	1. 45.	.....	0. 45.
9.	S. 20. O.	.....	S. 8. O.	2. 0.	.....	1. 97.	.....	0. 30.
10.	S. 10. O.	.....	S. 2. E.	2. 3.	.....	2. 30.	0. 50.	.....
10. 45′	S. 25. O.	.....	S. 13. O.	1. 0.	.....	0. 98.	.....	0. 23.
						6. 70.	0. 50.	0. 98.

Latitude de départ..... 20° 14′ 30″ N.
Différence en latitude.. 0. 6. 42. S.

Latitude d'arrivée..... 20. 7. 48. N.

Somme................ 40. 22. 18.
Moyen parallèle....... 20. 11. 9.

Milles courus......... 6ᵐ 8ᵈ
Route corrigée....... S. 4° O.

Longitude de départ... 28° 48′ 4″ E.
Différence en longitude. 0. 0. 30.

Longitude d'arrivée.... 28. 47. 34. O.

Le 8 janvier 1821, parti à 7 h. 12 min. A 7 heures 15 min. et à 7 heures 45 min., rochers sur le fleuve. A 8 heures 30 minutes, les rochers sur le fleuve augmentent. A 10 heures, une longue île est en vue; halte de 20 min. A 10 h. 45 min., campé près des ruines de

HEURES DE MARCHE.	ROUTE à la boussole,	VARIATION NORD-OUEST.	ROUTE CORRIGÉE.	MILLES COURUS.	DIFFÉRENCE EN LATITUDE.		DIFFÉRENCE EN LONGITUDE.	
					Nord.	Sud.	Est.	Ouest.
9h 10.	S. 15° E.	12°	S. 27° E.	1m 5d 2. 0.	.....	3. 12.	1. 60.	
10. 15'	S. 10. E.	.....	S. 22. E.	1. 0.	.....	0. 95.	0. 39.	
12. 1.	S. 35. O.	.....	S. 23. O.	1. 0. 2. 0.	.....	2. 73.	.....	1. 17.
1. 45.	S. O....	.....	S. 33. O.	1. 3.	.....	1. 9.	.....	0. 70.
						7. 89.	1. 99. 1. 87.	1. 87.
							0. 12.	

Latitude de départ..... 20° 5' 54" N.
Différence en latitude.. 0. 7. 54. S.

Latitude d'arrivée..... 19. 58. 0. N.

Somme............. 40. 3. 54.
Moyen parallèle..... 1. 57.

Milles courus....... 7m 89c
Route corrigée...... S. 30° E.

Longitude de départ... 28° 47' 34" E.
Différence en longitude. 0. 0. 12. E.

Longitude d'arrivée.... 28. 47. 46. E.

Le 9 janvier 1821, parti à 7 h. 15 min. A 10 heures 30 min., halte de 50 min. A 1 heure 15 minutes, beaucoup de rochers sur le fleuve. A 1 heure 45 min., campé au petit village de Kayabeh.

De SOLIB à DONGOLAH.

HEURES DE MARCHE.	ROUTE à la boussole.	VARIATION NORD-OUEST.	ROUTE CORRIGÉE.	MILLES COURUS.	DIFFÉRENCE EN LATITUDE.		DIFFÉRENCE EN LONGITUDE.	
					Nord.	Sud.	Est.	Ouest.
8ʰ	O. 20. S.	12°	O. 32° S.	0ᵐ 6ᵈ	.....	0. 31.	.....	0. 53.
9.	O. 35. N.	.....	O. 23. N.	2. 0.	0. 79.	.....	.....	1. 84.
10.	O. 7. N.	.....	O. 5. S.	2. 0.	.....	0. 18.	.....	1. 99.
11.	O. 12. N.	.....	O......	1. 5.	.....	.....	.....	1. 50.
12.	O. 30. N.	.....	O. 18. N.	2. 0.	0. 65.	.....	.....	1. 90.
1.	O. 25. N.	.....	O. 13. N.	1. 3.	0. 30.	.....	.....	1. 28.
2. 3.	O. 10. N.	.....	O. 2. S.	2. 0. 1. 8.	.....	0. 13.	.....	3. 79.
4.	S. 10. E.	.....	S. 22. E.	2. 0.	.....	1. 76.	0. 38.	
5.	S......	.....	S. 12. E.	1. 8.	.....	1. 86.	0. 73.	
5. 45'	S. 25. O.	.....	S. 13. O.	1. 0.	.....	0. 98.	.....	0. 23.

Latitude de départ....	19° 58' 0" N.				1. 74.	5. 22.	1. 11.	13. 6.
Différence en latitude..	0. 3. 29. S.					1. 74.		1. 11.
Latitude d'arrivée.....	19. 54. 31. N.					3. 48.		11. 95.
Somme............	39. 52. 31.							
Moyen parallèle......	19. 56. 15.							
Milles courus........	12ᵐ 5ᵈ							
Route corrigée.......	O. 16° S.							
Longitude de départ...	28° 47' 46" E.							
Différence en longitude.	0. 12. 36. O.							
Longitude d'arrivée....	28. 35. 10. E.							

Le 10 janvier 1821, parti à 7 h. 40 min. A 10 heures 40 min., très-grande île. A 11 heures 30 min., beaucoup de rochers sur le fleuve; plusieurs grandes îles; puis, à 5 h. 20 min., nombreux rochers. A 5 h. 45 min., campé à Kabây.

HEURES DE MARCHE.	ROUTE à la boussole.	VARIATION NORD-OUEST.	ROUTE CORRIGÉE.	MILLES COURUS.	DIFFÉRENCE EN LATITUDE.		DIFFÉRENCE EN LONGITUDE.	
					Nord.	Sud.	Est.	Ouest.
8ʰ	S......	12°	S. 12° E.	1ᵐ3ᵈ	.....	1.28.	0.27.	
9.	S. 10° E.	.....	S. 22. E.	2. 0.	.....	1.85.	0.75.	
10.	E. 30. S.	.....	E. 18. S.	2. 3.	.....	0.70.	2.20.	
11.	S. 20° O.	.....	S. 8. O.	2. 5.	.....	2.47.	.....	0.35.
1.	S......	.....	S. 12. E.	2. 5.	.....	2.45.	0.53.	
2.	S. 10. O.	.....	S. 2. E.	2. 3.	.....	2.30.	0.10.	
2. 45'	S. 5. O.	.....	S. 7. E.	1. 5.	.....	1.48.	0.18.	
					12.53.	4.03.	0.35.	
							0.35.	
							3.68.	

Latitude de départ..... 19° 54′ 31″ N.
Différence en latitude.. 0. 12. 32. S.

Latitude d'arrivée..... 19. 41. 59. N.

Somme............. 39. 36. 30.
Moyen parallèle....... 19. 48. 15.

Milles courus........ 13ᵐ2ᵈ
Route corrigée....... S. 17° E.

Longitude de départ... 28° 35′ 10″ E.
Différence en longitude. 0. 4. 0. E.

Longitude d'arrivée.... 28. 39. 10. E.

Le 11 janvier 1821, parti à 7 h. 20 min. A 8 heures 30 min., beaucoup de rochers sur le fleuve; plusieurs grandes îles. A 11 h., halte d'une heure 15 min., à Hanneq, à l'entrée du pays de Dongolah. A 2 heures 45 min., campé au village d'Haffyr.

De SOLIB à DONGOLAH.

HEURES DE MARCHE.	ROUTE à la boussole.	VARIATION NORD-OUEST.	ROUTE CORRIGÉE.	MILLES COURUS.	DIFFÉRENCE EN LATITUDE.		DIFFÉRENCE EN LONGITUDE.	
					Nord.	Sud.	Est.	Ouest.
2ʰ	S. 5° O.	12°	S. 7° E.	1ᵐ 3ᵈ	.....	1. 28.	0. 16.	
3.	S. 5. E.	.....	S. 17. E.	2. 0.	.....	1. 93.	0. 59.	
4.	S. 18. E.	.....	S. 30. E.	2. 0.	.....	1. 73.	1. 0.	
5.	S.	.....	S. 12. E.	2. 0.	.....	1. 94.	0. 42.	
5. 20′	S. 10. E.	.....	S. 22. E.	0. 7.	.....	0. 66.	0. 29.	
						7. 54.	2. 46.	

Latitude de départ..... 19° 34′ 45″ N.
Différence en latitude.. 0. 7. 33. S.

Latitude d'arrivée..... 19. 27. 12. N.

Somme............ 39. 1. 57.
Moyen parallèle....... 19. 30. 58.

Milles courus........ 7ᵐ 9ᵈ
Route corrigée....... S. 18° E.

Longitude de départ... 28° 39′ 10″ E.
Différence en longitude. 0. 2. 36. E.

Longitude d'arrivée.... 28. 41. 46. E.

Le 14 janvier 1821, parti à midi 50 m. A 3 heures, l'Ile d'Argo est en face de nous. A 5 heures 20 m., campé devant l'Ile de Benneh.

HEURES DE MARCHE.	ROUTE à la boussole.	VARIATION NORD-OUEST.	ROUTE CORRIGÉE.	MILLES COURUS.	DIFFÉRENCE EN LATITUDE.		DIFFÉRENCE EN LONGITUDE.	
					Nord.	Sud.	Est.	Ouest.
11^h	S......	12°	S. 12° E.	1^{m}8^d	.....	1. 75.	0. 38.	
12.	S. 10° E.	.....	S. 22. E.	2. 0.	.....	1. 87.	0. 75.	
1.	S. 15. O.	.....	S. 3. O.	2. 0.	.....	2. 0.	.....	0. 10.
1. 45′	S. 10. E.	.....	S. 22. E.	1. 5.	.....	1. 40.	0. 56.	
						7. 2.	1. 69.	0. 10.
							0. 10.	
							1. 59.	

Latitude de départ..... 19° 27′ 12″ N.
Différence en latitude.. 0. 7. 1.

Latitude d'arrivée..... 19. 20. 11.

Somme............. 38. 47. 23.
Moyen parallèle....... 19. 23. 41.

Milles courus........ 7^{m}2^d
Route corrigée....... S. 13° E.

Longitude de départ... 28° 41′ 46″ E.
Différence en longitude. 0. 1. 42. E.

Longitude d'arrivée.... 28. 43. 28. E.

Le 15 janvier 1821, parti à 10h. 15 min. A 1 heure 45 min., séjour au hameau d'el-Mecyd el-Hadjar. Le 18, nous passons sur l'île d'Argo, pour nous rendre au hameau de Toura.

De SOLIB à DONGOLAH.

HEURES DE MARCHE.	ROUTE à la boussole.	VARIATION NORD-OUEST.	ROUTE CORRIGÉE.	MILLES COURUS.	DIFFÉRENCE EN LATITUDE.		DIFFÉRENCE EN LONGITUDE.	
					Nord.	Sud.	Est.	Ouest.
10^h	O. 25° S.	12°	O. 37° S.	0^{m}5^d	.....	0. 30.	.....	0. 4.
11.	S. 10. O.	.....	S. 2. E.	1. 3.	.....	1. 30.	0. 28.	
12.	S. 15. O.	.....	S. 3. O.	2. 0.	.....	2. 0.	.....	0. 10.
1.	S. 15. E.	.....	S. 27. E.	1. 3.	.....	1. 15.	0. 57.	
2.	S. 10. E.	.....	S. 22. E.	2. 0.	.....	1. 88.	0. 73.	
2. 20′	S. 30. E.	.....	S. 42. E.	0. 6.	.....	0. 45.	0. 40.	
						7. 08.	1. 98.	0. 5.
							0. 50.	

Latitude de départ..... 19° 18′ 7″ N.
Différence en latitude.. 0. 7. 5. S.

Latitude d'arrivée..... 19. 11. 2.   1. 48.

Somme............. 38. 29. 9.
Moyen parallèle....... 19. 14. 34.

Le 25 janvier 1821, parti d'el-Mecyd el-Hadjar, à 9 h. 50 min. A 2 heures 20 m., campé au village de Maraka.

Milles courus......... 7^{m}16^c
Route corrigée........ S. 12° E.

Longitude de départ... 27° 39′ 59″ E.
Différence en longitude. 0. 1. 33. E.

Longitude d'arrivée.... 27. 41. 32. E.

HEURES DE MARCHE.	ROUTE à la boussole.	VARIATION NORD-OUEST.	ROUTE CORRIGÉE.	MILLES COURUS.	DIFFÉRENCE EN LATITUDE.		DIFFÉRENCE EN LONGITUDE.	
					Nord.	Sud.	Est.	Ouest.
1ʰ	S. 25° O.	12°	S. 13° O.	1ᵐ 5ᵈ	.....	1. 48.	.....	0. 36.
2.	S. 5. O.	.....	S. 7. E.	2. 3.	.....	2. 28.	0. 30.	
3.	S. 20. O.	.....	S. 8. O.	1. 5.	.....	1. 49.	.....	0. 23.
3. 40′	S. 5. E.	.....	S. 7. E.	1. 3.	.....	1. 27.	0. 18.	
						6. 52.	0. 48.	0. 59.
								0. 48.
								0. 11.

Latitude de départ..... 19° 9′ 55″ N.
Différence en latitude.. 0. 6. 31. S.

Latitude d'arrivée..... 19. 3. 24. N.

Somme............ 38. 13. 19.
Moyen parallèle....... 19. 6. 39.

Milles courus......... 6ᵐ53ᶜ
Route corrigée....... S. 1° O.

Longitude de départ... 27° 41′ 32″ E.
Différence en longitude. 0. 0. 7. 0.

Longitude d'arrivée.... 27. 41. 25. E.

Le 27 janvier 1821, parti de Maraka à midi 15 minutes. Belles plaines. A 3 heures, campé au petit village de Sortôt.

De SOLIB *à* DONGOLAH.

HEURES DE MARCHE.	ROUTE à la boussole.	VARIATION NORD-OUEST.	ROUTE CORRIGÉE.	MILLES COURUS.	DIFFÉRENCE EN LATITUDE.		DIFFÉRENCE EN LONGITUDE.	
					Nord.	Sud.	Est.	Ouest.
9ʰ	S. 20° O.	12°	S. 8° O.	2ᵐ 0ᵈ	.....	1.99.	.....	0. 29.
10.	S. 15. O.	.....	S. 3. O.	2. 3.	.....	2.29.	.....	0. 11.
10. 45′	S. 5. O.	.....	S. 7. E.	1. 5.	.....	1.49.	0. 18.	
1.	S......	.....	S. 12. E.	1. 8.	.....	1.77.	0. 37.	
2.	S. 5. E.	.....	S. 17. E.	2. 3.	.....	2.20.	0. 68.	
3.	S. 25. E.	.....	S. 37. E.	2. 3.	.....	1.84.	1. 43.	
4.	S. 15. E.	.....	S. 27. E.	2. 3.	.....	2. 4.	1. 3.	
5.	S. 10. E.	.....	S. 22. E.	1. 8.	.....	1.65.	0. 67.	
						15.27.	4. 36.	0. 40.
							0. 40.	
							3. 96.	

Latitude de départ..... 19° 3′ 24″ N.
Différence en latitude.. 0. 15. 16. S.

Latitude d'arrivée..... 18. 48. 8. N.

Somme............. 37. 51. 32.
Moyen parallèle....... 18. 55. 46.

Milles courus......... 15ᵐ 7ᵈ
Route corrigée........ S. 15° E.

Longitude de départ... 27° 41′ 25″ E.
Différence en longitude. 0. 4. 12. E.

Longitude d'arrivée.... 27. 45. 37. E.

Le 28 janvier 1821, parti de Sortôt à 8 h. 5 min. Vue d'une île à 9 heures, et d'une autre à 9 heures 30 m. A 10 heures 45 m., halte d'une heure 30 min. A 5 h., campé au village d'Ourbi.

HEURES DE MARCHE.	ROUTE à la boussole.	VARIATION NORD-OUEST.	ROUTE CORRIGÉE.	MILLES COURUS.	DIFFÉRENCE EN LATITUDE.		DIFFÉRENCE EN LONGITUDE.	
					Nord.	Sud.	Est.	Ouest.
9ʰ	S. 5° O.	12°	S. 7° E.	1m 8d	.....	1,79.	0. 25.	
10.	S.....	.....	S. 12. E.	2. 3.	.....	2,27.	0. 48.	
11.	S. 20. E.	.....	S. 32. E.	2. 3.	.....	1,85.	1. 22.	
12.	S. 5. O.	.....	S. 7. E.	2. 3.	.....	2,27.	0. 30.	
1.	S. 15. E.	.....	S. 27. E.	2. 0.	.....	1,80.	0. 90.	
3.	S.....	.....	S. 12. E.	0. 5.	.....	0,49.	0. 10.	
4.	S. E....	.....	E. 33. S.	1. 8.	.....	0,99.	1. 50.	
4. 20′	S. 25. E.	.....	S. 37. E.	0. 5.	.....	0,40.	0. 30.	
						11.86.	5. 5.	

Latitude de départ..... 18° 48′ 8″ N.
Différence en latitude.. 0. 11. 51. S.

Latitude d'arrivée..... 18. 36. 17. N.

Somme.............. 37. 24. 25.
Moyen parallèle....... 18. 42. 12.

Milles courus......... 12ᵐ 9ᵈ
Route corrigée........ S. 23° E.

Longitude de départ... 27° 45′ 37″ E.
Différence en longitude. 0. 5. 18. E.

Longitude d'arrivée.... 27. 50. 55. E.

Le 29 janv. 1821, parti d'Ourbi à 8 heures 5 min. A une heure, halte d'une heure 40 min., au milieu des acacias. Campé à 4 h. 20 min. au petit village de Salaki.

De SOLIB à DONGOLAH.

HEURES DE MARCHE.	ROUTE à la boussole.	VARIATION NORD-OUEST.	ROUTE CORRIGÉE.	MILLES COURUS.	DIFFÉRENCE EN LATITUDE.		DIFFÉRENCE EN LONGITUDE.	
					Nord.	Sud.	Est.	Ouest.
8ʰ	S. 20° E.	12°	S. 32° E.	2ᵐ 3ᵈ	.....	1.97.	1.22.	
9.	S. 15. E.	.....	S. 27. E.	2. 6.	.....	2.30.	1.20.	
10.	S. 5. E.	.....	S. 17. E.	2. 6.	.....	2.48.	0.75.	
11.	S. 10. O.	.....	S. 2. E.	2. 3.	.....	2.30.	0.10.	
12.	S. 5. E.	.....	S. 17. E.	2. 3.	.....	2.22.	0.68.	
1.	S. 10. E.	.....	S. 22. E.	2. 6.	.....	2.40.	0.99.	
2.				2. 2.	.....	2.15.	0.88.	
3.	S. 20. E.	.....	S. 32. E.	1. 8.	.....	2.20.	1.40.	
3. 45′				0. 8.				
						18. 2.	7. 22.	

Latitude de départ..... 18° 36′ 17″ N.
Différence en latitude... 0. 18. 1. S.

Latitude d'arrivée..... 18. 18. 16. N.

Somme............. 36. 54. 33.
Moyen parallèle...... 18. 27. 16.

Milles courus........ 19ᵐ 5ᵈ
Route corrigée...... S. 22° E.

Longitude de départ... 27° 50′ 55″ E.
Différence en longitude. 0. 7. 30. E.

Longitude d'arrivée.... 27. 58. 25. E.

Le 30 janvier 1821, parti de Salaki à 7 h. Durant tout le jour, la route traverse de belles plaines où croissent des acacias. A 3 heures, halte de 15 min. A 3 heures 45 m., campé au hameau nommé Guisir, en face de la ville de Dongolah. Le 31, nous traversons le fleuve dans le N. 30° E., et faisons 5 dixièmes de mille pour arriver à Dongolah.

HEURES DE MARCHE.	ROUTE à la boussole.	VARIATION NORD-OUEST.	ROUTE CORRIGÉE.	MILLES COURUS.	DIFFÉRENCE EN LATITUDE.		DIFFÉRENCE EN LONGITUDE.	
					Nord.	Sud.	Est.	Ouest.
12ʰ	S. 20° E.	12°26′	S. 32° E.	1ᵐ 0ᵈ	.....	0. 85.	0. 53.	
1.	S. 30. E.	.....	S. 42. E.	2. 3.	.....	1. 71.	1. 54.	
1. 35′	S. 25. E.	.....	S. 37. E.	1. 3.	.....	1. 4.	0. 79.	
						3. 60.	2. 86.	

Latitude de départ..... 18° 12′ 44″ N.
Différence en latitude.. 0. 3. 36. S.

Latitude d'arrivée..... 18. 9. 8.

Somme............ 36. 21. 52.
Moyen parallèle....... 18. 10. 56.

Milles courus........ 4ᵐ 58ᶜ
Route corrigée........ S. 38. E.

Longitude de départ... 27° 58′ 42″ E.
Différence en longitude. 0. 3. 0. E.

Longitude d'arrivée.... 28. 1. 42. E.

Le 3 février 1821, parti de Dongolah à 11 heures 30 minutes. A midi, vue d'une île. A 1 heure 35 min., campé près du hameau de Banga-Nârti.

De DONGOLAH *à* GEBEL BARKAL.

HEURES DE MARCHE.	ROUTE à la boussole.	VARIATION NORD-OUEST.	ROUTE CORRIGÉE.	MILLES COURUS.	DIFFÉRENCE EN LATITUDE.		DIFFÉRENCE EN LONGITUDE.	
					Nord.	Sud.	Est.	Ouest.
8ʰ	E. 15° S.	12°	E. 3° S.	2ᵐ 3ᵈ	.....	0. 14.	2.28.	
9.	E. 25. S.	.....	E. 13. S.	2. 3.	.....	0. 52.	2.24.	
10.	E. 35. S.	.....	E. 23. S.	2. 3.	.....	0. 91.	2.13.	
11.	S.E. ...	.....	E. 33. S.	2. 3.	.....	1. 25.	1.94.	
12.	S. 35. E.	.....	E. 43. S.	2. 3.	.....	1. 55.	1.70.	
1.	S. E. ...	.....	E. 33. S.	2. 3.	.....	1. 25.	1.94.	
2.	E. 35. S.	.....	E. 23. S.	2. 0.	.....	0. 79.	1.83.	
3.	S. 20. E.	.....	S. 32. E.	2. 0.	.....	1. 70.	1. 3.	
3. 55′	S. 35. E.	.....	E. 43. S.	1. 8.	.....	1. 22.	1.51.	
						9. 33.	16.60.	

Latitude de départ.... 18° 9′ 8″ N.
Différence en latitude.. 0. 9. 20. S.
Latitude d'arrivée..... 17. 59. 48.

Somme............. 36. 8. 56.
Moyen parallèle...... 18. 4. 28.

Milles courus........ 19ᵐ
Route corrigée....... E. 29° S.

Longitude de départ... 28° 1′ 42″ E.
Différence en longitude. 0. 17. 30. E.
Longitude d'arrivée.... 28. 19. 12. E.

Le 4 février 1821, parti de Banga-Nârti à 7 h. A midi, une île est en vue. A 1 heure 30 min., ruines d'un village sur une montagne à droite. A 2 heures, dunes de sable. Campé à 3 heures 55 m. près du village d'el-Fât.

HEURES DE MARCHE.	ROUTE à la boussole.	VARIATION NORD-OUEST.	ROUTE CORRIGÉE.	MILLES COURUS.	DIFFÉRENCE EN LATITUDE.		DIFFÉRENCE EN LONGITUDE.	
					Nord.	Sud.	Est.	Ouest.
8ʰ	N. E.	12°	N. 33° E.	1ᵐ 0ᵈ	0. 84.	.....	0.55.	
9.	E. 10° N.	.....	E. 22. N.	2. 0.	0. 54.	.....	1.86.	
10.	E. 5. S.	.....	E. 7. N.	2. 3.	0. 30.	.....	2.29.	
10. 40'	E. 10. S.	.....	E. 2. N.	1. 5.	0. 5.	.....	1.50.	
1.	E. 20. N.	.....	E. 32. N.	2. 3.	1. 21.	.....	1.95.	
2.	E. 25. S.	.....	E. 13. S.	2. 3.	.....	0. 52.	2.23.	
2. 40.	S. E.	.....	E. 33. S.	1. 5.	.....	0. 82.	1.25.	
					2. 94.	1. 34.	11.63.	
					1. 34.			
					1. 60.			

Latitude de départ..... 17° 50' 48" N.
Différence en latitude.. 0. 1. 36. N.

Latitude d'arrivée..... 18. 1. 24. N.

Somme........... 35. 52. 12.
Moyen parallèle...... 17. 26. 36.

Milles courus........ 11ᵐ 8ᵈ
Route corrigée....... E. 8° N.

Longitude de départ... 28° 19' 12" E.
Différence en longitude. 0. 12. 12. E.

Longitude d'arrivée.... 28. 31. 24. E.

Le 5 février 1821, parti d'el-Fât à 7 h. 30 min. A 10 h. 30 m., ruines d'un ancien village, en face d'une île. A 10 h. 40 min., halte d'une heure 30 minutes, pour prendre une hauteur méridienne du soleil. Campé à 2 heures 40 m. près du village d'el-Kouri.

De DONGOLAH à GEBEL BARKAL.

HEURES DE MARCHE.	ROUTE à la boussole.	VARIATION NORD-OUEST.	ROUTE CORRIGÉE.	COURUS.	MILLES	DIFFÉRENCE EN LATITUDE.		DIFFÉRENCE EN LONGITUDE.	
						Nord.	Sud.	Est.	Ouest.
8h	N. E...	12°	N. 33° E.	1m 5d		1. 27.	.....	0. 82.	
9.	} E. 25° N.	.....	} E. 37. N.	2. 3.		} 1. 40.	.....	} 1. 85.	
10.				2. 3.					
11.	E. 20. N.	.....	E. 32. N.	2. 3.		1. 22.	.....	1. 95.	
11. 45'	E. 25. N.	.....	E. 37. N.	1. 5.		0. 90.	.....	1. 20.	
2.	} N. E...		} N. 33. E.	2. 8.		} 3. 48.	.....	} 2. 22.	
2. 35.				1. 3.					
						9. 67.		9. 89.	

Latitude de départ..... 18° 1' 24"
Différence en latitude.. 0. 9. 41.

Latitude d'arrivée..... 18. 11. 5.

Somme............. 36. 12. 29.
Moyen parallèle....... 18. 6. 14.

Milles courus........ 13m 7d
Route corrigée....... E. 43° N.

Longitude de départ... 28° 31' 24" E.
Différence en longitude. 0. 10. 24. E.

Longitude d'arrivée.... 28. 41. 48. E.

Le 6 février 1821, parti d'el-Kouri à 7 heures 20 min. A 11 h. 30 min., nous sommes en face d'une grande île et de la ville de Korti. A 11 heures 45 min., halte d'une heure. A 1 heure 30 min., vue de plusieurs petites îles. A 2 heures 35 min., arrivé à el-Araq.

HEURES DE MARCHE.	ROUTE à la boussole.	VARIATION NORD-OUEST.	ROUTE CORRIGÉE.	MILLES COURUS.	DIFFÉRENCE EN LATITUDE.		DIFFÉRENCE EN LONGITUDE.	
					Nord.	Sud.	Est.	Ouest.
8ʰ	N. 40° E.	12°	N. 28° E.	1ᵐ 8ᵈ	1,59.	.....	0, 83.	
8. 45.	E. 30. N.	.....	E. 42. N.	1. 7.	1.15.	.....	1. 26.	
10.	N. E.	.....	N. 33. E.	2. 0.	1.88.	.....	1. 6.	
11.	E. 35. N.	.....	E. 47. N.	2. 3.	1.70.	.....	1. 60.	
11. 15.	E. 30. N.	.....	E. 42. N.	0. 5.	0.67.	.....	0. 73.	
1.	} N. 35. E.	.....	N. 23. E.	{ 2. 8.	4.43.	.....	1. 85.	
2.				2. 0.				
3.	N. 20. E.	.....	N. 8. E.	2. 0.	1.99.	.....	0. 30.	
3. 25.	N. 25. E.	.....	N. 13. E.	0. 9.	0.87.	.....	0. 40.	
					14.28.		8. 3.	

Latitude de départ..... 18° 11′ 5″ N.
Différence en latitude.. 0. 14. 17. N.
────────
Latitude d'arrivée..... 18. 25. 22. N.
────────
Somme............. 36. 36. 27.
Moyen parallèle....... 18. 18. 13.

Milles courus......... 16ᵐ 3ᵈ
Route corrigée........ N. 30° E.

Longitude de départ... 28° 41′ 48″ E.
Différence en longitude. 0. 8. 36. E.
────────
Longitude d'arrivée.... 28. 50. 24. E.

Le 7 février 1821, parti d'el-Araq à 7 h. A 8 heures 45 min., plusieurs colonnes en granit se voient près du fleuve, et en face d'une grande île. A 11 heures, passé à Hannek. A 11 h. 15 min., halte de 30 min. A 2 heures, vue d'une île. A 3 heures, le désert s'avance jusqu'au fleuve. A 3 h. 25 minutes, gîte au village de Meraouy ou Meraouch.

De DONGOLAH *à* GEBEL BARKAL.

HEURES DE MARCHE.	ROUTE à la boussole.	VARIATION NORD-OUEST.	ROUTE CORRIGÉE.	MILLES COURUS.	DIFFÉRENCE EN LATITUDE.		DIFFÉRENCE EN LONGITUDE.	
					Nord.	Sud.	Est.	Ouest.
8ʰ 8.38.	N. 35° E.	12°	N. 23° E.	2ᵐ 0ᵈ 1. 3.	3. 5.	.....	1. 31.	
					3. 5.		1. 31.	

Latitude de départ..... 18° 25′ 22″ N.
Différence en latitude.. 0. 3. 3. N.
_____
Latitude d'arrivée..... 18. 28. 25. N.

Somme............. 36. 53. 47.
Moyen parallèle....... 18. 26. 53.

Milles courus........ 16ᵐ 6ᵈ
Route corrigée........ N. 23. E.

Longitude de départ... 28° 50′ 24″ E.
Différence en longitude. 0. 1. 19. E.
_____
Longitude d'arrivée.... 28. 51. 43. E.

Le 8 février 1821, parti de Meraoueh à 7 heures 5 m. A 8 h. 38 min., campé à Gebel el-Barkal, près des ruines.

HEURES DE MARCHE.	ROUTE à la boussole.	VARIATION NORD-OUEST.	ROUTE CORRIGÉE.	MILLES COURUS.	DIFFÉRENCE EN LATITUDE.		DIFFÉRENCE EN LONGITUDE.	
					Nord.	Sud.	Est.	Ouest.
1ʰ	E. 35° N.	12°	N. 43° E.	1ᵐ 5ᵈ	1. 10.	.....	1. 0.	
2.	E. 25. N.	.....	E. 37. N.	2. 0.	1. 20.	.....	1. 60.	
3.	E.	.....	E. 12. N.	2. 0.	0. 43.	.....	1. 95.	
4.	E. 35. S.	.....	E. 23. S.	2. 0.	.....	0. 78.	1. 84.	
5.	E. 30. S.	.....	E. 18. S.	2. 0.	.....	0. 63.	1. 90.	
7.	E. 15. N.	.....	E. 27. N.	1. 0.	0. 47.	.....	0. 89.	
					3. 20.	1. 41.	9. 18.	
					1. 41.			
					1. 79.			

Latitude de départ..... 18° 30′ 52″ N.
Différence en latitude.. 0. 1. 48. N.

Latitude d'arrivée..... 18. 32. 40. N.

Somme............... 37. 3. 32.
Moyen parallèle....... 18. 31. 46.

Milles courus........ 9ᵐ 4ᵈ
Route corrigée....... E. 11° N.

Longitude de départ... 28° 51′ 43″ E.
Différence en longitude. 0. 9. 36. E.

Longitude d'arrivée.... 29. 1. 19. E.

Le 10 février 1821, parti de Gebel el-Barkal à midi 15 min. A 1 heure, nous sommes en face d'une grande île. A 2 h. 20 min. vue des pyramides de Nouri. A 4 heures, beaucoup d'îles et de rochers sur le fleuve. A 5 heures, nous traversons le fleuve; halte d'une heure 30 min. A 7 heures, campé à Guerf el-Hâmdâb, où étaient les troupes d'Ismâyl Pacha.

De GEBEL BARKAL à ASSOUR.

HEURES DE MARCHE.	ROUTE à la boussole.	VARIATION NORD-OUEST.	ROUTE CORRIGÉE.	MILLES COURUS.	DIFFÉRENCE EN LATITUDE.		DIFFÉRENCE EN LONGITUDE.	
					Nord.	Sud.	Est.	Ouest.
12ʰ	N. 40° E.	12°	N. 28° E.	2ᵐ 0ᵈ	1. 77.	.....	0. 93.	
1.	N. 20. E.	.....	N. 8. E.	2. 0.	1. 99.	.....	0. 30.	
2.	N. 15. E.	.....	N. 3. E.	2. 0.	2. 0.	.....	0. 10.	
3.	N.	.....	N. 12. O.	1. 8.	1. 76.	.....	.....	0. 39.
4.	N. 5. E.	.....	N. 7. O.	2. 0.	1. 98.	.....	.....	0. 27.
					9. 50.		1. 33.	0. 66.

Latitude de départ..... 18° 35′ 40″ N.
Différence en latitude.. 0.   9. 30. N.

Latitude d'arrivée..... 18. 45. 10. N.

Somme........... 37. 20. 50.
Moyen parallèle...... 18. 40. 25.

Milles courus........ 9ᵐ 52ᶜ
Route corrigée...... N. 4° E.

Longitude de départ... 29°   1′ 19″ E.
Différence en longitude. 0.   0. 42. E.

Longitude d'arrivée.... 29.   2.   1. E.

Le 21 février 1821, parti à 11 heures de Guerf el-Hamdâb. A midi, une grande île est en face de nous. A 3 heures 15 min., une île. A 4 heures, campé à Moutouel, où beaucoup de rochers sur le fleuve annoncent une cataracte.

HEURES DE MARCHE.	ROUTE à la boussole.	VARIATION NORD-OUEST.	ROUTE CORRIGÉE.	MILLES COURUS.	DIFFÉRENCE EN LATITUDE.		DIFFÉRENCE EN LONGITUDE.	
					Nord.	Sud.	Est.	Ouest.
8ʰ	N. 10° O.	12°	N. 22° O.	1ᵐ 0ᵈ	0. 93.	.....	.....	0. 38.
9.	N.....	.....	N. 12. O.	1. 5.	1. 48.	.....	.....	0. 32.
10.	N. E....	.....	N. 33. E.	1. 5.	1. 26.	.....	0. 80.	
11.	E. 40. N.	.....	N. 38. E.	1. 8.	1. 40.	.....	1. 12.	
12.	E. 25. N.	.....	E. 37. N.	2. 0.	1. 20.	.....	1. 60.	
1.	N. E....	.....	N. 33. E.	1. 5.	1. 26.	.....	0. 80.	
2.	E. 10. N.	.....	E. 22. N.	1. 5.	0. 59.	.....	1. 40.	
3.	E. 10. S.	.....	E. 2. N.	1. 8.	0. 7.	.....	1. 80.	
4. 15′	E. 25. N.	.....	E. 37. N.	2. 2.	1. 32.	.....	1. 79.	
					9. 51.		0. 31.	0. 70.
							0. 70.	

Latitude de départ..... 18° 45′ 10″ N.
Différence en latitude.. 0. 9. 30. N.

Latitude d'arrivée..... 18. 54. 40. N.   8. 61.

Somme.............. 37. 39. 50.
Moyen parallèle....... 18. 49. 55.

Milles courus........ 12ᵐ 75ᶜ
Route corrigée....... N. 43° E.

Longitude de départ... 29° 2′ 1″ E.
Différence en longitude. 0. 9. 0. E.

Longitude d'arrivée.... 29. 11. 1. E.

Le 22 février 1821, parti de Moutouel à 7 heures 38 minutes. Route, durant tout le jour, sur un sol granitique. A 8 heures, le Nil est couvert d'une multitude de rochers et de bancs de sable. A 11 h., ruines de villages, sur de hauts rochers, sur les deux rives du fleuve. A midi, en vue de l'île de Kandi. A 4 heures 15 minutes, campé à el-Kambre.

De GEBEL BARKAL à ASSOUR.

HEURES DE MARCHE.	ROUTE à la boussole.	VARIATION NORD-OUEST.	ROUTE CORRIGÉE.	MILLES COURUS.	DIFFÉRENCE EN LATITUDE.		DIFFÉRENCE EN LONGITUDE.	
					Nord.	Sud.	Est.	Ouest.
7ʰ	E. 15° S.	12°	E. 3° S.	2ᵐ 3ᵈ	.....	0. 12.	2. 30.	
8.	E. 35. S.	.....	E. 23. S.	2. 0.	.....	0. 77.	1. 84.	
9.	S. E. ...	.....	E. 33. S.	2. 0.	.....	1. 10.	1. 68.	
10.	E. 15. N.	.....	E. 27. N.	1. 5.	0. 70.	.....	1. 32.	
11.	N. E. ...	.....	N. 33. E.	1. 3.	1. 10.	.....	0. 71.	
12.	N. 35. E.	.....	N. 23. E.	1. 8.	1. 67.	.....	0. 69.	
1.	N. 25. E.	.....	N. 13. E.	1. 0.	0. 98.	.....	0. 21.	
1. 15′	O.	.....	O. 12. S.	0. 3.	.....	0. 5.	.....	0. 30.
					4. 45.	2. 4.	8. 75.	0. 30.
					2. 4.		0. 30.	
					2. 41.		8. 45.	

Latitude de départ..... 18° 54′ 40″ N.
Différence en latitude.. 0. 2. 24. N.

Latitude d'arrivée..... 18° 57. 4. N.

Somme............. 37. 51. 44.
Moyen parallèle....... 18. 55. 52.

Milles courus........ 8ᵐ 7ᵈ
Route corrigée....... E. 17° N.

Longitude de départ... 29° 11′ 1″ E.
Différence en longitude. 0. 8. 49. E.

Longitude d'arrivée.... 29. 19. 50. E.

Le 23 février 1821, parti d'el-Kambre à 6 heures 5 min. A 7 h. 45 min., le lit du fleuve devient très-étroit; il est bordé de hauts rochers de granit, dont plusieurs continuent toujours à l'encombrer. A 1 heure 15 min., campé à el-Kirbekân.

HEURES DE MARCHE.	ROUTE à la boussole.	VARIATION NORD-OUEST.	ROUTE CORRIGÉE.	MILLES COURUS.	DIFFÉRENCE EN LATITUDE.		DIFFÉRENCE EN LONGITUDE.	
					Nord.	Sud.	Est.	Ouest.
4ʰ	S. E. . . .	12°	E. 33° S.	1ᵐ 0ᵈ	. . . . .	0.55.	0.85.	
5.	E. 40° S.	. . . . .	E. 28. S.	2. 0.	. . . . .	0.94.	1.77.	
6.	S. E. . . .	. . . . .	E. 33. S.	2. 0.	. . . . .	1. 9.	1.69.	
7.	S. 25. E.	. . . . .	S. 37. E.	2. 3.	. . . . .	1.87.	1.40.	
2.	S. 30. E.	. . . . .	S. 42. E.	3. 0.	. . . . .	2.23.	2. 1.	
3.	E. 20. S.	. . . . .	E. 8. S.	1. 8.	. . . . .	0.27.	1.77.	
4.	S. E. . . .	. . . . .	E. 33. S.	2. 0.	. . . . .	1.10.	1.69.	
5.	E. 25. S.	. . . . .	E. 13. S.	2. 0.	. . . . .	0.43.	1.95.	
6.	E. 35. S.	. . . . .	E. 23. S.	2. 0.	. . . . .	0.78.	1.84.	
7.	S. 40. E.	. . . . .	E. 38. S.	1. 8.	. . . . .	1.50.	1.42.	
8.	E. 35. S.	. . . . .	E. 23. S.	2. 0.	. . . . .	0.78.	1.84.	
8. 40.	E. 25. S.	. . . . .	E. 13. S.	1. 2.	. . . . .	0.26.	1.18.	
						11.80.	19.41.	

Latitude de départ..... 18° 55′ 13″ N.
Différence en latitude.. 0. 11. 48. S.

Latitude d'arrivée..... 18. 43. 25. N.

Somme............. 37. 38. 38.
Moyen parallèle....... 18. 49. 19.

Milles courus........ 22ᵐ 7ᵈ
Route corrigée....... E. 31° S.

Longitude de départ... 29° 19′ 50″ E.
Différence en longitude. 0. 20. 25. E.
Longitude d'arrivée.... 29. 40. 15. E.

Le 24 février 1821, parti d'el-Kirbekân à 3 heures 12 minutes du soir, en nous dirigeant par le désert dans l'Ouâdy Argou, pour éviter le coude que fait le Nil vers le nord. Halte à 7 heures pour attendre le lever de la lune. A minuit 40 minutes, nous continuons notre route. A 8 h. 40 min., campé sur une plaine d'Ouâdy Argou.

De GEBEL BARKAL à ASSOUR.

HEURES DE MARCHE.	ROUTE à la boussole.	VARIATION NORD-OUEST.	ROUTE CORRIGÉE.	MILLES COURUS.	DIFFÉRENCE EN LATITUDE.		DIFFÉRENCE EN LONGITUDE.	
					Nord.	Sud.	Est.	Ouest.
1ʰ				1ᵐ 0ᵈ				
2.	E. 35° S.	12°	E. 23° S.	2. 3.	.....	1. 89.	4.44.	
3.				1. 5.				
4.	E. 30. S.	.....	E. 18. S.	2. 3.	.....	0. 72.	2.20.	
6.	E. 15. S.	.....	E. 3. S.	4. 1.	.....	0. 21.	4.10.	
7.	E. 10. S.	.....	E. 2. N.	2. 0.	0. 7.	.....	2. 0.	
8.	E. 20. S.	.....	E. 8. S.	1. 8.	.....	0. 25.	1.79.	
10.	S. E.	.....	E. 33. S.	4. 3.	.....	2. 36.	3.64.	
11.	E. 35. S.	.....	E. 23. S.	2. 3.	.....	0. 90.	2.13.	
12.	S. 30. E.	.....	E. 18. S.	2. 3.	.....	0. 70.	2.21.	
					0. 7.	7. 03.	22.51.	
						0. 07.		
						6. 96.		

Latitude de départ..... 18° 43′ 25″ N.
Différence en latitude.. 0. 6. 57. S.

Latitude d'arrivée..... 18. 36. 28. N.

Somme. .... 37. 19. 53.
Moyen parallèle....... 18. 39. 56.

Milles courus........ 23ᵐ 6ᵈ
Route corrigée....... E. 17° S.

Longitude de départ... 29° 40′ 15′ E.
Différence en longitude. 0. 23. 42. E.

Longitude d'arrivée.... 30. 3. 57. E.

Le 26 février 1821, parti à minuit 5 minutes. A 11 heures 30 min., nous passons au milieu de montagnes granitiques. A midi, campé près d'une source d'eau douce, au lieu nommé *Djtora*.

HEURES DE MARCHE.	ROUTE à la boussole.	VARIATION NORD-OUEST.	ROUTE CORRIGÉE.	MILLES COURUS.	DIFFÉRENCE EN LATITUDE.		DIFFÉRENCE EN LONGITUDE.	
					Nord.	Sud.	Est.	Ouest.
10ʰ	E. 30° S.	12°	E. 18° S.	0ᵐ 8ᵈ	.....	0. 26.	0.77.	
11.	S. 35. E.	.....	E. 43. S.	2. 3.	.....	1. 77.	1.65.	
12.	S. E.	.....	E. 33. S.	1. 8.	.....	1. 0.	1.45.	
12. 15′	S. 35. E.	.....	E. 43. S.	0. 5.	.....	0. 33.	0.36.	
3.	E. 20. S.	.....	E. 8. S.	1. 0.	.....	0. 15.	0.99.	
4.	E. 30. S.	.....	E. 18. S.	2. 3.	.....	0. 72.	2.21.	
6.	E. 25. S.	.....	E. 13. S.	4. 1.	.....	0. 93.	3.92.	
7.	E. 10. S.	.....	E. 2. N.	2. 0.	0. 7.	.....	2. 0.	
8.	E. 15. N.	.....	E. 27. N.	2. 0.	0.91.	.....	1.79.	
9.	E. 20. N.	.....	E. 32. N.	2. 3.	1.21.	.....	1.96.	
11.	E. 10. N.	.....	E. 22. N.	4. 0	1.50.	.....	3.73.	
12.	E.	.....	E. 12. N.	2. 0.	0.42.	.....	1.95.	
1.	N. E.	.....	N. 33. E.	1. 5.	0.82.	.....	1.24.	

Latitude de départ....	18° 36′ 28″ N.	4. 93.	5. 16.	24.02.
Différence en latitude..	0. 0. 14. S.		4. 93.	
Latitude d'arrivée.....	18. 36. 14. N.		0. 23.	
Somme...............	37. 12. 42.			
Moyen parallèle.......	18. 36. 21.			
Milles courus.........	24ᵐ 1ᵈ			
Route corrigée.......	E. 1° S.			
Longitude de départ...	30° 3′ 57″ E.			
Différence en longitude.	0. 25. 18. O.			
Longitude d'arrivée....	30. 29. 15. E.			

Le 26 février 1821, parti de Djiora à 9 heures 30 min. du soir. Le 27 à minuit 15 minutes, halte pour attendre le lever de la lune. A 2 heures 15 min., nous nous remettons en marche. A 11 h., sol montueux de schiste. A une h. 30 min. du soir, campé près du Nil, au lieu nommé *Abou-Egli*.

De GEBEL BARKAL à ASSOUR.

HEURES DE MARCHE.	ROUTE à la boussole.	VARIATION NORD-OUEST.	ROUTE CORRIGÉE.	MILLES COURUS.	DIFFÉRENCE EN LATITUDE.		DIFFÉRENCE EN LONGITUDE.	
					Nord.	Sud.	Est.	Ouest.
6h	S. E....	12°	E. 33° S.	4m 6d	....	2.52.	3.89.	
7.	S. 35° E.	....	E. 43. S.	2. 3.	....	1.56.	1.69.	
8.	S. 40. E.	....	E. 38. S.	2. 0.	....	1.22.	1.59.	
9.	S. 15. E.	....	S. 27. E.	2. 3.	....	2. 4.	1. 2.	
10.	S. 10. O.	....	S. 2. E.	2. 3.	....	2.29.	0. 9.	
11.	S. 15. O.	....	S. 3. O.	2. 3.	....	2.29.	....	0. 12.
12.	S. 40. O.	....	S. 28. O.	1. 5.	....	1.33.	....	0. 68.
1.	S. 15. O.	....	S. 3. O.	1. 5.	....	1.50.	....	0. 9.
2.	S. 10. O.	....	S. 2. E.	2. 0.	....	2. 0.	0.10.	
5.	S. 5. O.	....	S. 7. E.	1. 0.	....	1. 0.	0.12.	
6.	S......	....	S. 12. E.	2. 0.	....	1.95.	0.42.	
7.	S. 35. O.	....	E. 43. S.	1. 8.	....	1.23.	1.30.	
7. 25'	S. E....	....	E. 33. S.	0. 3.	....	0.19.	0.26.	
						21.12.	10.48.	0. 89.
							0.89.	
							9.59.	

Latitude de départ.... 18° 44' 5" N.
Différence en latitude.. 0. 21. 8. S.

Latitude d'arrivée..... 18. 22. 57. N.

Somme............ 37. 7. 2.
Moyen parallèle...... 18. 33. 31.

Milles courus........ 23m 2d
Route corrigée....... S. 25° E.

Longitude de départ... 30° 29' 15" E.
Différence en longitude. 0. 10. 12. E.

Longitude d'arrivée.... 30. 39. 27. E.

Le 2 mars 1821, parti d'Abou-Egli à 3 heures 50 min. du soir. A 2 heures du matin, le 3, halte jusqu'à 4 heures 30 m. A 6 heures 10 min., beaucoup de rochers sur le fleuve, près d'el-Solym Anyeh, limite d'Abou Egli avec la province de Barbar. A 7 heures 25 min., campé près du Nil, au lieu nommé *Faket-Isak*.

JOURNAL DE ROUTE

HEURES DE MARCHE.	ROUTE à la boussole.	VARIATION NORD-OUEST.	ROUTE CORRIGÉE.	MILLES COURUS.	DIFFÉRENCE EN LATITUDE.		DIFFÉRENCE EN LONGITUDE.	
					Nord.	Sud.	Est.	Ouest.
2^h	S. 5° E.	12°	S. 17° E.	1^{m}3^d	.....	1.24.	0.38.	
3.	S. E....	.....	E. 33. S.	2. 0.	.....	1.10.	1.48.	
4.	S. 20. E.	.....	S. 32. E.	2. 0.	.....	1.70.	1. 4.	
5.	S. 10. E.	.....	S. 22. E.	2. 0.	.....	1.87.	0.73.	
6.	S. 10. O.	.....	S. 2. E.	0. 8.	.....	0.80.	0. 3.	
7. 30.	S. E....	.....	E. 33. S.	2. 6.	.....	1.42.	2.19.	
9.	S. 40. E.	.....	E. 38. S.	2. 0.	.....	1.22.	1.58.	
10.	S. 35. E.	.....	E. 43. S.	2. 0.	.....	2.72.	2.93.	
11.				2. 0.				
12.	S. 20. E.	.....	S. 32. E.	2. 0.	.....	1.70.	1. 4.	
2.	S. 10. O.	.....	S. 2. E.	1. 3.	.....	1.30.	0. 4.	
3. 15'	S.....	.....	S. 12. E.	2. 8.	.....	2.27.	0.49.	
						17.34.	11.93.	

Latitude de départ..... 18° 22' 57" N.
Différence en latitude.. 0. 17. 21. S.
Latitude d'arrivée..... 18. 5. 36. N.
Somme................ 36. 28. 33.
Moyen parallèle...... 18. 14. 16.

Milles courus......... 21^m
Route corrigée....... S. 35° E.

Longitude de départ... 30° 39' 27" E.
Différence en longitude. 0. 12. 36. E.
Longitude d'arrivée.... 30. 52. 3. E.

Le 4 mars 1821, parti de Faket-Isak à minuit 50 min. A 5 heures, halte de 30 m. A 3 heures 15 m., campé près du fleuve, à Dekket Ouâd-Chikeyr.

De GEBEL BARKAL à ASSOUR.

HEURES DE MARCHE.	ROUTE à la boussole.	VARIATION NORD-OUEST.	ROUTE CORRIGÉE.	MILLES COURUS.	DIFFÉRENCE EN LATITUDE.		DIFFÉRENCE EN LONGITUDE.	
					Nord.	Sud.	Est.	Ouest.
5ʰ				2ᵐ 3ᵈ				
6.	S.....	12°	S. 12° E.	2. 3.	.....	6.45.	1. 38.	
7.				2. 0.				
8.	S. 5° O.	.....	S. 7. E.	1. 8.	.....	1.79.	0. 22.	
9.	S. 10. O.	.....	S. 2. E.	2. 3.	.....	2.30.	0. 40.	
						10.54.	2. 0.	

Latitude de départ..... 18° 5′ 36″ N.
Différence en latitude.. 0. 10. 32.
___
Latitude d'arrivée..... 17. 55. 4.
___
Somme............. 36. 0. 40.
Moyen parallèle ..... 18. 0. 20.
___
Milles courus........ 10ᵐ 8ᵈ
Route corrigée....... S. 11° E.
___
Longitude de départ... 30° 52′ 3″ E.
Différence en longitude. 0. 2. 12. E.
___
Longitude d'arrivée... 30. 54. 15. E.

Le 5 mars 1821, parti de Dekket Ouád-Chikeyr à 4 h. du matin. A 4 heures 50 min., on arrive à un grand village; à 5 heures 15 min., à un second village; à 6 heures, à un troisième. A 9 heures, campé près du fleuve et du village de Qoubouchi.

JOURNAL DE ROUTE,

HEURES DE MARCHE.	ROUTE à la boussole.	VARIATION NORD-OUEST.	ROUTE CORRIGÉE.	MILLES COURUS.	DIFFÉRENCE EN LATITUDE.		DIFFÉRENCE EN LONGITUDE.	
					Nord.	Sud.	Est.	Ouest.
8ʰ	S. 12° O.	11°30′	S.....	2ᵐ 0ᵈ	.....	2. 0.		
9.	S. 10. O.	.....	S. 1° E.	2. 0.	.....	2. 0.	0. 2.	
10.	} S.....	.....	} S. 11 1/2 E.	2. 0.	.....	3.53.	0. 73.	
11.				1. 6.				
12.	S. 15. O.	.....	S. 3. O.	2. 0.	.....	2. 0.	.....	0. 10.
1.	S. 25. O.	.....	S. 14. O.	2. 0.	.....	1.94.	.....	0. 50.
2.	S. 15. O.	.....	S. 3. O.	2. 0.	.....	2. 0.	.....	0. 10.
3.	S. 10. O.	.....	S. 1. E.	2. 0.	.....	2. 0.	0. 2.	
3. 45.	E. 35. S.	.....	E. 23. S.	1. 0.	.....	0.40.	0. 93.	
4.	S.....	.....	S. 11. E.	0. 5.	.....	0.45.	0. 10.	
					16.32.	1. 80. 0. 70.	0. 70.	
						1. 10.		

Latitude de départ.... 17° 56′ 48″ N.
Différence en latitude.. 0. 16. 19. S.

Latitude d'arrivée..... 17. 40. 29. N.

Somme............. 35. 37. 17.
Moyen parallèle....... 17. 48. 38.

Milles courus........ 16ᵐ 2ᵈ
Route corrigée........ S. 4° E.

Longitude de départ... 31′ 22° 26″ E.
Différence en longitude. 0. 1. 12. E.

Longitude d'arrivée.... 31. 23. 38. E.

Le 22 avril 1821, parti de Qoubouchi à 7 heures. Nous marchons sur un terrain très-uni et inculte. A 1 heure 30 min., une île est en vue. A 3 heures 45 min., nous traversons un hameau en face du confluent de l'Atbarah. Campé à 4 heures dans le petit village d'el-Masalalâb.

De GEBEL BARKAL à ASSOUR.

HEURES DE MARCHE.	ROUTE à la boussole.	VARIATION NORD-OUEST.	ROUTE CORRIGÉE.	MILLES COURUS.	DIFFÉRENCE EN LATITUDE.		DIFFÉRENCE EN LONGITUDE.	
					Nord.	Sud.	Est.	Ouest.
7^h	S. 15° O.	11°30′	S. 3° O.	1^{m}0^d	.....	1. 0.	.....	0. 4.
8.	S. 20. O.	.....	S. 9. O.	2. 0.	.....	1.97.	.....	0.33.
9.	S. 40. O.	.....	S. 28. O.	2. 0.	.....	1.77.	.....	0.91.
10.	S. O.	.....	S. 34. O.	2. 0.	.....	1.67.	.....	1. 10.
11.	O. 30. S.	.....	O. 42. S.	0. 5.	.....	0.34.	.....	0.38.
12.	S. 35. O.	.....	S. 24. O.	2. 0.	.....	1.83.	.....	0.81.
1.	S. 8. O.	.....	S. 4. E.	1. 8.	.....	1.80.	0. 12.	.....
2.	S. 20. O.	.....	S. 8. O.	2. 0.	.....	1.99.	.....	0.30.
3. / 3. 35′	S. 35. O.	.....	S. 24. O.	2. 0. / 1. 3.	.....	3. 1.	.....	1. 35.
						15.38.	0. 12.	5. 22.
								0. 12.
								5. 10.

Latitude de départ..... 17° 40′ 29″ N.
Différence en latitude.. 0. 15. 23. S.

Latitude d'arrivée..... 17. 25. 6. N.

Somme................. 35. 5. 35.
Moyen parallèle....... 17. 32. 47.

Milles courus........ 16^m
Route corrigée...... S. 19° O.

Longitude de départ... 31° 23′ 38″ E.
Différence en longitude. 0. 5. 18. O.

Longitude d'arrivée.... 31. 18. 20. E.

Le 23 avril 1821, parti d'el-Masalalâb à 6 heures 35 min. Chemin très-uni, au milieu des terres cultivées. A 10 heures, halte de 45 min. A 3 heures, rencontre d'un lieu ombragé par de superbes acacias. A 3 heures 35 m., station à Ez-Zehdâb.

HEURES DE MARCHE.	ROUTE à la boussole.	VARIATION NORD-OUEST.	ROUTE CORRIGÉE.	MILLES COURUS.	DIFFÉRENCE EN LATITUDE		DIFFÉRENCE EN LONGITUDE	
					Nord.	Sud.	Est.	Ouest.
7ʰ	S. E....	11°30'	E. 33° S.	0ᵐ 8ᵈ	.....	0. 46.	0. 66.	
12.	} S. O...	.....	S. 33. O.	2. 3. } 2. 3.	.....	5.53.	.....	3. 59.
1.								
2.				2. 0.				
3.	S. 30° O.	.....	S. 18. O.	2. 0.	.....	1.91.	.....	0. 60.
4.	} S. 10. O.		} S. 1. E.	2. 0. } 2. 0.	.....	4. 0.	0. 8.	
5.								
					11.90.	0. 74.	4. 19.	
								0. 74.
								3. 45.

Latitude de départ..... 17° 25' 6" N.
Différence en latitude.. 0. 11. 54. S.

Latitude d'arrivée..... 17. 13. 12.

Somme............ 34. 38. 18.
Moyen parallèle....... 17. 19. 9.

Milles courus........ 12ᵐ 4ᵈ
Route corrigée....... S. 16° O.

Longitude de départ... 31° 18' 20" E.
Différence en longitude. 0. 3. 36. O.

Longitude d'arrivée.... 31. 14. 44. E.

Le 24 avril 1821, parti d'Ez-Zehdâb à 6 heures 30 m., A 7 h., on passe sur la rive droite du fleuve. A 11 heures 45 min., vue d'une île. A midi, la rive gauche se montre bordée de montagnes peu élevées. Campé à 5 heures à Qabâtty.

De GEBEL BARKAL à ASSOUR.

HEURES DE MARCHE.	ROUTE à la boussole.	VARIATION NORD-OUEST.	ROUTE CORRIGÉE.	MILLES COURUS.	DIFFÉRENCE EN LATITUDE.		DIFFÉRENCE EN LONGITUDE.	
					Nord.	Sud.	Est.	Ouest.
4ʰ	S. 35° O.	11°30′	S. 23° O.	2ᵐ 3ᵈ	.....	2.10.	.....	0. 70.
5.	} S. 30. O.	.....	S. 19. O.	2. 3.	.....	4. 9.	.....	1. 42.
6.				2. 0.				
7.				1. 5.				
8.	} S. 10. E.	.....	S. 22. E.	2. 0.	.....	7.40.	3. 0.	
9.				2. 0.				
10. 10′				2. 5.				
12.	O. 15. N.	.....	O. 4. N.	2. 0.	0. 13.	.....	.....	2. 0.
12. 15.	N.....	.....	N. 11. O.	0. 5.	0. 49.	.....	.....	0. 8.
					0. 62.	13.59.	3. 0.	4. 20.
						0. 62.		3. 0.
						12.97.		1. 20.

Latitude de départ.... 17° 13′ 12″ N.
Différence en latitude.. 0. 12. 58. S.

Latitude d'arrivée..... 17. 0. 14. N.

Somme............. 34. 13. 26.
Moyen parallèle...... 17. 6. 43.

Milles courus........ 13ᵐ
Route corrigée....... S. 5° O.

Longitude de départ... 31° 14′ 44″ E.
Différence en longitude. 0. 1. 18. O.

Longitude d'arrivée.... 31. 13. 26. E.

Le 25 avril 1821, parti de Qabátty à 3 h. du matin. A 5 h., nous longeons plusieurs montagnes. A 7 heures 30 min., rencontre d'un village nommé *Gebel*. A 10 h. 10 min., vue d'un grand nombre de pyramides nommées *Tarábyls* ; halte de 40 m. A 11 heures 30 m., autres ruines près du fleuve. A midi 15 m., nous prenons gîte au petit village d'Assour ou Achour.

HEURES DE MARCHE.	ROUTE à la boussole.	VARIATION NORD-OUEST.	ROUTE CORRIGÉE.	MILLES COURUS.	DIFFÉRENCE EN LATITUDE.		DIFFÉRENCE EN LONGITUDE.	
					Nord.	Sud.	Est.	Ouest.
7ʰ				2ᵐ 0ᵈ				
8.	S. 35° O.	11°30′	S. 23° O.	2. 0.	.....	5.50.	.....	2.34.
9.				2. 0.				
10.	S. 40. O.	.....	S. 28. O.	2. 0.	.....	1.77.	.....	0.93.
11.	O. 35. S.	.....	O. 47. S.	2. 0.	.....	1.47.	.....	1.36.
12.	O. 40. S.	.....	S. 39. O.	2. 0.	.....	1.56.	.....	1.25.
1.	O. 15. S.	.....	O. 27. S.	1. 8.	.....	0.82.	.....	1.60.
1. 45′	O. 25. S.	.....	O. 36. S.	1. 5.	.....	0.90.	.....	1.20.
3.	O. 30. N.	.....	O. 18. N.	1. 3.	0. 40.	.....	.....	1.24.
4.	O. 15. N.	.....	O. 4. N.	1. 0.	0. 8.	.....	.....	1. 0.
5.	O. 10. S.	.....	O. 22. S.	2. 0.	.....	0.76.	.....	1.86.
6. 15.	O. 35. S.	.....	S. 44. O.	2. 5.	.....	1.81.	.....	1.75.

Latitude de départ..... 16° 56′ 55″ N.   0. 48.   14.59.   14.53.
Différence en latitude.. 0. 14. 6. S.   0.48.

Latitude d'arrivée..... 16. 42. 49. N.

Somme.............. 33. 39. 44.   14.11.
Moyen parallèle...... 16. 49. 52.

Milles courus........ 20ᵐ 3ᵈ
Route corrigée....... O. 44° S.

Longitude de départ... 32° 0′ 0″ E.
Différence en longitude. 0. 15. 15. O.

Longitude d'arrivée.... 31. 44. 54. E.

Ici la longitude de 32° 0′ 0″ est obtenue par les observations astronomiques.

Le 9 mai, parti d'Assour à 6 h. 12 min. A 8 heures, le désert est bordé par une chaîne de montagnes. A 11 heures, nous sommes en face de l'île de Kourqos. A 4 h., vue d'une petite île. A 6 heures 15 min., séjour à Chéndy.

D'ASSOUR à HALFÂY.

HEURES DE MARCHE.	ROUTE à la boussole.	VARIATION NORD-OUEST.	ROUTE CORRIGÉE.	MILLES COURUS.	DIFFÉRENCE EN LATITUDE.		DIFFÉRENCE EN LONGITUDE.	
					Nord.	Sud.	Est.	Ouest.
5ʰ 5. 40′	O. 30° N.	11°	O. 19° N.	0ᵐ 7ᵈ / 0. 3.	0. 34.	.....	.....	0. 94.
7. 8. 8. 20.	O. 10. N.	.....	O. 1. S.	1. 3. / 2. 0. / 0. 5.	.....	0. 10.	.....	3. 80.
					0. 34. 0. 10.	0. 10.		4. 74.
					0. 24.			

Latitude de départ..... 16° 41′ 31″ N.
Différence en latitude.. 0. 0. 15. N.

Latitude d'arrivée..... 16. 41. 46. N.

Somme............. 33. 23. 17.
Moyen parallèle....... 16. 41. 38.

Milles courus........ 4ᵐ 75ᶜ
Route corrigée....... O. 3° N.

Longitude de départ... 30° 58′ 11″ E.
Différence en longitude. 0. 4. 55. O.

Longitude d'arrivée.... 30. 53. 16. E.

Le 12 mai 1821, parti de Chendy à 4 heures 40 m. A 5 h., employé 20 minutes pour passer sur la rive gauche du fleuve, lequel est large ici de trois dixièmes de mille. Campé à 8 heures 20 m., près du Nil, à une demie-lieue au sud d'el-Matammah.

HEURES DE MARCHE.	ROUTE à la boussole.	VARIATION NORD-OUEST.	ROUTE CORRIGÉE.	MILLES COURUS.	DIFFÉRENCE EN LATITUDE.		DIFFÉRENCE EN LONGITUDE.	
					Nord.	Sud.	Est.	Ouest.
7ʰ	O. 20° S.	11°	O. 31° S.	2ᵐ 3ᵈ	.....	1. 20.	.....	1.91.
8.	O. 25. S.	.....	O. 36. S.	2. 3.	.....	1. 37.	.....	1.87.
9.	O. 5. S.	.....	O. 16. S.	2. 0.	.....	0. 56.	.....	1.91.
10.	O. 15. S.	.....	O. 26. S.	2. 0.	.....	0. 89.	.....	1.80.
11.	O. 20. S.	.....	O. 31. S.	2. 0.	.....	1. 6.	.....	1.72.
12.	O. 30. S.	.....	O. 41. S.	2. 0.	.....	1. 33.	.....	1.50.
12. 30′	S. 10. O.	.....	S. 1. E.	1. 0.	.....	1. 0.	.....	
						7. 41.		10.71.

Latitude de départ..... 16° 41′ 46″ N.
Différence en latitude.. 0. 7. 24. S.

Latitude d'arrivée..... 16. 34. 22. N.

Somme............ 33. 16. 8.
Moyen parallèle....... 16. 38. 4.

Milles courus........ 13ᵐ 2ᵈ.
Route corrigée....... O. 35° S.

Longitude de départ... 30° 53′ 16″ E.
Différence en longitude. 0. 11. 18. O.

Longitude d'arrivée... 30. 41. 58. E.

Le 16 mai 1821, parti à 6 h. moins 5 m. A 10 heures 30 min., on traverse un grand village; beaucoup d'autres villages se succèdent de quart d'heure en quart d'heure. Campé à minuit 30 min., près du fleuve et du village d'el-Homek.

D'ASSOUR à HALFÀY.

HEURES DE MARCHE.	ROUTE à la boussole.	VARIATION NORD-OUEST.	ROUTE CORRIGÉE.	MILLES COURUS.	DIFFÉRENCE EN LATITUDE.		DIFFÉRENCE EN LONGITUDE.	
					Nord.	Sud.	Est.	Ouest.
6ʰ	O. 15° S.	11°	O. 26° S.	1ᵐ 2ᵈ	.....	0. 54.	.....	1. 8.
7.	O. 35. S.	.....	S. 44. O.	2. 3.	.....	1. 65.	.....	1. 60.
8.	O. 40. S.	.....	S. 39. O.	2. 3.	.....	1. 80.	.....	1. 46.
9.	O. 20. S.	.....	O. 31. S.	2. 3.	.....	1. 20.	.....	1. 98.
10.	O. 25. S.	.....	O. 36. S.	2. 0.	.....	1. 18.	.....	1. 62.
						6. 37.		7. 74.

Latitude de départ..... 16° 34' 22" N.
Différence en latitude.. 0. 6. 22. S.

Latitude d'arrivée..... 16. 28. 0. N.

Somme............. 33. 2. 22.
Moyen parallèle....... 16. 31. 11.

Milles courus........ 10ᵐ 2ᵈ
Route corrigée....... O. 40° S.

Longitude de départ... 30° 41' 58" E.
Différence en longitude. 0. 8. 12. O.

Longitude d'arrivée.... 30. 33. 46. E.

Le 17 mai 1821, parti à 5 heures 15 min. du soir. Route entre les limites du désert et les terres cultivées. Campé à 10 heures au lieu nommé *Guerif*.

JOURNAL DE ROUTE,

HEURES DE MARCHE.	ROUTE à la boussole.	VARIATION NORD-OUEST.	ROUTE CORRIGÉE.	MILLES COURUS.	DIFFÉRENCE EN LATITUDE.		DIFFÉRENCE EN LONGITUDE.	
					Nord.	Sud.	Est.	Ouest.
4ʰ	N. O....	11°	O. 34° N.	2ᵐ 0ᵈ	1. 13.	.....	.....	1.65.
5.	O. 25° N.	.....	O. 14. N.	2. 0.	0. 45.	.....	.....	1.93.
6.	O. 15. N.	.....	O. 4. N.	2. 0.	0. 30.	.....	.....	3.98.
7.				2. 0.				3.98.
8.	O......	.....	O. 11. S.	2. 3.	.....	0. 43.	.....	2.28.
8. 45′	O. 20. S.	.....	O. 31. S.	1. 6.	.....	0. 80.	.....	1.40.
9. 45.	S. 35. E.	.....	E. 44. S.	2. 0.	.....	1. 44.	1. 43.	
10. 15.	O. 20. S.	.....	O. 31. S.	1. 0.	.....	0. 52.	.....	0.86.
					1. 88.	3. 19.	1. 43.	12.10.
						1. 88.		1. 43.
						1. 31.		10.64.

Latitude de départ..... 16° 28′ 0″ N.
Différence en latitude.. 0. 1. 18. S.

Latitude d'arrivée..... 16. 26. 42. N.

Somme............. 32. 54. 42.
Moyen parallèle....... 15. 27. 21.

Milles courus......... 10ᵐ 7ᵈ
Route corrigée....... O. 7° S.

Longitude de départ... 30° 33′ 46″ E.
Différence en longitude. 0. 11. 0. E.

Longitude d'arrivée.... 30. 22. 46. E.

Le 18 mai 1821, parti de Guerif à 3 heures du soir. Nous marchons à 800 pas du fleuve, dans le lit duquel le désert anticipe souvent. A 10 heures 15 min., campé au bord du fleuve, près de Derreira.

D'ASSOUR à HALFÂY.

HEURES DE MARCHE.	ROUTE à la boussole.	VARIATION NORD-OUEST.	ROUTE CORRIGÉE.	MILLES COURUS.	DIFFÉRENCE EN LATITUDE.		DIFFÉRENCE EN LONGITUDE.	
					Nord.	Sud.	Est.	Ouest.
4^h	O......	11°	......	1^m 0^d	.....	0.20.	.....	0.98.
5.	O. 30° S.	.....	O. 41° S.	2. 0.	.....	2.61.	.....	3. 2.
6.				2. 0.				
7.	S. O. ...	.....	S. 34. O.	2. 0.	.....	1.67.	.....	1.50.
8.	O. 20. S.	.....	O. 31. S.	1. 0.	.....	1.55.	.....	2.57.
9.				2. 0.				
10.	O. 25. S.	.....	O. 36. S.	2. 0.	.....	1.18.	.....	1.61.
11.	O. 30. S.	.....	O. 41. S.	2. 0.	.....	1.30.	.....	1.50.
12.	S. 30. O.	.....	S. 19. O.	2. 0.	.....	1.90.	.....	0.65.
12. 15′	S. E. ...	.....	E. 34. S.	0. 5.		0.30.	0. 42.	
						10.71.	0. 42.	11.43.
								0.42.
								11.01.

Latitude de départ..... 16° 26′ 42″ N.
Différence en latitude.. 0. 10. 42. S.

Latitude d'arrivée..... 16. 16. 0. N.

Somme............. 32. 42. 42.
Moyen parallèle....... 16. 21. 21.

Milles courus......... 15^m 4^d
Route corrigée........ O. 43° S.

Longitude de départ... 30° 22′ 46″ E.
Différence en longitude. 0. 11. 30. O.

Longitude d'arrivée.... 30. 11. 16. E.

Le 19 mai 1821, parti à 3 h. 30 min. A 5 heures 15 min., une île nous fait face; beaucoup de rochers de granit embarrassent la route. A 9 heures, chemin uni sur le désert. A midi 15 min., campé près du fleuve, à l'endroit nommé *Ouddy-Btchâr.*

HEURES DE MARCHE.	ROUTE à la boussole.	VARIATION NORD-OUEST.	ROUTE CORRIGÉE.	MILLES COURUS.	DIFFÉRENCE EN LATITUDE.		DIFFÉRENCE EN LONGITUDE.	
					Nord.	Sud.	Est.	Ouest.
5ʰ	O. 20°N.	11°	O. 9°N.	2ᵐ 0ᵈ	0. 33.	.....	.....	1. 96.
6.	O. 25. S.	.....	O. 36. S.	1. 8.	.....	1. 6.	.....	1. 46.
7.	S. O.	.....	S. 34. O.	1. 8.	.....	3. 15.	.....	2. 12.
8.				2. 0.				
9.	S. 30. O.	.....	S. 19. O.	2. 0.	.....	1. 90.	.....	0. 66.
10.	S. 20. O.	.....	S. 9. O.	2. 0.	.....	1. 98.	.....	0. 33.
11. 10'	S. 10. E.	.....	S. 21. E.	2. 0.	.....	1. 89.	0. 70.	

		0. 33.	9. 98.	0. 70.	6. 53.
			0. 33.		0. 70.
			9. 65.		5. 83.

Latitude de départ..... 16° 16' 0" N.
Différence en latitude.. 0. 9. 39. S.

Latitude d'arrivée..... 16. 6. 21. N.

Somme............ 32. 22. 21.
Moyen parallèle....... 16. 11. 10.

Milles courus........ 11ᵐ 3ᵈ
Route corrigée....... S. 32° O.

Longitude de départ... 30° 11' 16" E.
Différence en longitude. 0. 6. 9. O.

Longitude d'arrivée.... 30. 5. 7. E.

Le 20 mai 1821, parti d'Ouâdy Bichâr à 4 heures du soir. La rive droite est bordée par une chaîne de montagnes. A 4 heures 30 m., autres montagnes sur la rive gauche. A 11 heures 10 minutes, campé à l'A'qabah Guerri.

D'ASSOUR à HALFÂY.

HEURES DE MARCHE.	ROUTE à la boussole.	VARIATION NORD-OUEST.	ROUTE CORRIGÉE.	MILLES COURUS.	DIFFÉRENCE EN LATITUDE.		DIFFÉRENCE EN LONGITUDE.	
					Nord.	Sud.	Est.	Ouest.
4h	O. 10° S.	11°	O. 21° S.	0m 5d	.....	0.20.	.....	0.48.
5.	S. 30. O.	.....	S. 19. O.	2. 0.	.....	3.80.	.....	1.30.
6.				2. 0.				
7.	S. 20. O.	.....	S. 9. O.	2. 0.	.....	1.97.	.....	0.31.
8.	S. O.	.....	S. 34. O.	1. 7.	.....	1.44.	.....	0.93.
9.	S.	.....	S. 11. E.	1. 3.	.....	1.27.	0.26.	
10.	S. 5. E.	.....	S. 16. E.	2. 0.	.....	1.94.	0.54.	
11.	S.	.....	S. 11. E.	1. 3.	.....	1.27.	0.25.	
						11.89.	1.05.	3.02.
								1.05.
								1.97.

Latitude de départ..... 16° 6′ 21″ N.
Différence en latitude.. 0. 11. 54. S.

Latitude d'arrivée..... 15. 54. 27. N.

Somme............... 32. 0. 48.
Moyen parallèle....... 16. 0. 24.

Milles courus......... 12m
Route corrigée........ S. 9° O.

Longitude de départ... 30° 5′ 7″ E.
Différence en longitude. 0. 2. 0. 0.

Longitude d'arrivée.... 30. 3. 7. E.

Le 21 mai 1821, parti à 3 h. 30 min. du soir. A 6 heures, beaucoup de rochers sur le fleuve. A 7 heures, rencontre de plusieurs villages. A 11 heures, campé en face d'une grande île, au bord du fleuve, dans le lieu nommé *Sehal el-Guimeab*.

JOURNAL DE ROUTE,

HEURES DE MARCHE.	ROUTE à la boussole.	VARIATION NORD-OUEST.	ROUTE CORRIGÉE.	MILLES COURUS.	DIFFÉRENCE EN LATITUDE.		DIFFÉRENCE EN LONGITUDE.	
					Nord.	Sud.	Est.	Ouest.
5ʰ	S. 5° O.	11°	S. 6° E.	0ᵐ 8ᵈ	.....	0.75.	0.06.	.....
6.	S. 15. O.	.....	S. 4. O.	2. 3.	.....	2.28.	.....	0.13.
7.	S. 20. O.	.....	S. 9. O.	2. 3.	.....	2.26.	.....	0.35.
8.	S. 15. O.	.....	S. 4. O.	1. 3.	.....	1.29.	.....	0.05.
9.	S. 5. E.	.....	S. 16. E.	1. 9.	.....	1.93.	0.52.	.....
10.	S. 15. E.	.....	S. 26. E.	1. 3.	.....	1.18.	0.55.	.....
11. 10′	S. 20. O.	.....	S. 9. O.	1. 5.	.....	1.48.	.....	0.24.
						11.17.	1.13.	0.77.
							0.77.	
							0.36.	

Latitude de départ..... 15° 54′ 27″ N.
Différence en latitude.. 0. 11. 10. S.

Latitude d'arrivée..... 15. 43. 17. N.

Somme............. 31. 37. 44.
Moyen parallèle....... 15. 48. 52.

Milles courus........ 11ᵐ 15ᶜ
Route corrigée....... S. 3° E.

Longitude de départ... 30° 3′ 7″ E.
Différence en longitude. 0. 0. 6. E.

Longitude d'arrivée.... 30. 3. 13. E.

Le 22 mai 1821, parti de Sehal el-Guimeab à 4 heures 30 minutes du soir, marchant à 800 pas du fleuve. Habitations éparses. A 11 h. 10 min., campé en face d'une île, à Ouâdy el-Halfây.

D'ASSOUR à HALFÂY.

HEURES DE MARCHE.	ROUTE à la boussole.	VARIATION NORD-OUEST.	ROUTE CORRIGÉE.	MILLES COURUS.	DIFFÉRENCE EN LATITUDE.		DIFFÉRENCE EN LONGITUDE.	
					Nord.	Sud.	Est.	Ouest.
2^h	S. O....	11°	S. 34° O.	1^m 5^d	....	1. 27.	....	0. 86.
3.	S......	....	S. 11. E.	3. 0.	....	2. 94.	0. 58.	....
3. 35.	S. 10° O.	....	S. 1. E.	1. 5.	....	1. 50.	0. 6.	....
6.	S......	....	S. 24. O.	3. 0.	....	4. 10.	....	1. 83.
6. 30.	S. 35. O.	....		1. 5.				
8.	N. 35. E.	....	N. 24. E.	1. 0.	0. 94.	....	0. 40.	....
					0. 94.	9. 81.	1. 4.	2. 69.
						0. 94.		1. 4.
						8. 87.		1. 65.

Latitude de départ..... 15° 43' 17" N.
Différence en latitude.. 0. 8. 52. S.

Latitude d'arrivée..... 15. 34. 25. N.

Somme............... 31. 17. 42.
Moyen parallèle....... 15. 38. 51.

Milles courus........ 9^m 1^d
Route corrigée....... S. 10° O.

Longitude de départ... 30° 3' 13" E.
Différence en longitude. 0. 1. 43. O.

Longitude d'arrivée.... 30. 1. 30. E.

Le 24 mai 1821, parti d'Ouâdy el-Halfây à 1 heure 35 minutes. A 3 heures 35 min., halte de cinq quarts d'heure. A 6 heures 30 m., autre halte d'une heure. A 8 h., campé dans le lieu nommé Mouchra el-Hadjarât, en face de la ville d'Halfây.

HEURES DE MARCHE.	ROUTE à la boussole.	VARIATION NORD-OUEST.	ROUTE CORRIGÉE.	MILLES COURUS.	DIFFÉRENCE EN LATITUDE.		DIFFÉRENCE EN LONGITUDE.	
					Nord.	Sud.	Est.	Ouest.
4ʰ	S. 30° O.	11°	S. 19° O.	1ᵐ 3ᵈ	.....	1. 25.	.....	0. 40.
5.	S. 20. O.	.....	S. 9. O.	1. 8.	.....	1. 78.	.....	0. 29.
6.	S. 30. O.	.....	S. 19. O.	1. 3.	.....	1. 25.	.....	0. 40.
6. 45.	S. 20. O.	.....	S. 9. O.	1. 2.	.....	1. 19.	.....	0. 19.
						5. 47.		1. 28.

Latitude de départ.... 15° 44′ 56″ N.
Différence en latitude.. 0. 5. 28. S.

Latitude d'arrivée..... 15. 39. 28. N.

Somme............. 31. 24. 24.
Moyen parallèle....... 15. 42. 12.

Milles courus.......... 5ᵐ 60ᶜ
Route corrigée....... S. 13° O.

Longitude de départ... 30° 1′ 30″ E.
Différence en longitude. 0. 1. 18. O.

Longitude d'arrivée.... 30. 0. 12. E.

Latitude de départ..... 15° 39′ 28″ N.
Différence en latitude.. 0. 0. 9. S.

Latitude d'arrivée..... 15. 39. 19. N.

Longitude de départ... 30. 0. 12. E.
Différence en longitude. 0. 0. 18.

Longitude d'arrivée.... 30. 0. 30. E.

Le 27 mai 1821, parti à 3 h. 15 min. Çà et là de petits rochers s'élèvent sur les eaux du fleuve. A 6 heures 20 min., vue d'une petite île, et d'une autre grande nommée *Touti*, située à l'embouchure du fleuve Blanc, qui court ici dans l'O. 35° S. A 6 h. 45 m., campé dans le lieu nommé *Omdourmân*.

Le 30 mai, traversé le fleuve Blanc dans l'E. 20° S. Après avoir fait trois dixièmes de mille, nous campons à Ras el-Gartoum.

D'HALFÂY à SENNÂR.

HEURES DE MARCHE.	ROUTE à la boussole.	VARIATION NORD-OUEST.	ROUTE CORRIGÉE.	MILLES COURUS.	DIFFÉRENCE EN LATITUDE.		DIFFÉRENCE EN LONGITUDE.	
					Nord.	Sud.	Est.	Ouest.
6ʰ	E. 18° S.	11°	E. 7° S.	2ᵐ 0ᵈ	.....	0.26.	1.98.	
7.	S. 25. E.	.....	S. 36. E.	2. 0.	.....	1.62.	1.16.	
8.	S. 15. E.	.....	S. 26. E.	2. 0.	.....	1.80.	0.88.	
9.	S. 12. E.	.....	S. 23. E.	1. 0.	.....	1.66.	0.69.	
10.	S. E.	.....	E. 34. S.	2. 0.	.....	1.12.	1.66.	
11.	S. 25. E.	.....	S. 36. E.	2. 0.	.....	1.63.	1.17.	
12.	S. 18. E.	.....	S. 29. E.	1. 8.	.....	1.57.	0.87.	
12. 25'	S. 30. E.	.....	S. 41. E.	0. 7.	.....	0.55.	0.45.	
						10.21.	8.86.	

Latitude de départ..... 15° 36' 50" N.
Différence en latitude.. 0. 10. 12. S.

Latitude d'arrivée..... 15. 26. 38. N.

Somme............. 31. 3. 28.
Moyen parallèle...... 15. 31. 44.

Milles courus........ 13ᵐ 5ᵈ
Route corrigée....... S. 41° E.

Longitude de départ... 30° 0' 30" E.
Différence en longitude. 0. 9. 13. E.

Longitude d'arrivée.... 30. 9. 43. E.

Le 1.ᵉʳ juin 1821, parti de Ras el-Gartoum à 4 heures 50 m. Nous traversons un petit village à 5 heures 15 min., et un grand à 5 heures 30 min. A midi 25 min., campé sur le bord du fleuve, en face d'un village.

HEURES DE MARCHE.	ROUTE à la boussole.	VARIATION NORD-OUEST.	ROUTE CORRIGÉE.	MILLES COURUS.	DIFFÉRENCE EN LATITUDE.		DIFFÉRENCE EN LONGITUDE.	
					Nord.	Sud.	Est.	Ouest.
4ʰ	S. 5° E.	11°	S. 16° E.	1ᵐ 5ᵈ	.....	1. 45.	0. 40.	
5.	S. 30. E.	.....	S. 41. E.	1. 3.	.....	2. 50.	2. 15.	
6.				2. 0.				
7.	S. 20. E.	.....	S. 31. E.	2. 0.	.....	1. 71.	1. 1.	
7. 45′	E. 40. S.	.....	E. 29. S.	1. 3.	.....	0. 64.	1. 13.	
8.	E. 5. N.	.....	E. 16. N.	0. 5.	0. 15.	.....	0. 47.	
					0. 15.	6. 30.	5. 16.	
						0. 15.		
						6. 15.		

Latitude de départ..... 15° 26′ 38″ N.
Différence en latitude.. 0.   6.   9. S.

Latitude d'arrivée..... 15. 20. 29. N.

Somme............ 30. 47.   7.
Moyen parallèle....... 15. 23. 33.

Milles courus......... 8ᵐ
Route corrigée....... S. 40° E.

Longitude de départ... 30°   9′ 43″ E.
Différence en longitude. 0.   5. 24. E.

Longitude d'arrivée.... 30. 15.   7. E.

Le 2 juin 1821, parti à 3 h. du matin. On fait route à travers de belles plaines en partie désertes. A 6 heures 50 min., à 7 heures 20 min., et à 7 heures 45 minutes, rencontre de villages. A 8 heures, campé au bord du fleuve, près de plusieurs autres villages.

D'HALFÂY à SENNÂR.

HEURES DE MARCHE.	ROUTE à la boussole.	VARIATION NORD-OUEST.	ROUTE CORRIGÉE.	MILLES COURUS.	DIFFÉRENCE EN LATITUDE.		DIFFÉRENCE EN LONGITUDE.	
					Nord.	Sud.	Est.	Ouest.
4ʰ	S. 25° E.	11°	S. 36° E.	0ᵐ 6ᵈ	.....	0. 49.	0.33.	
5.	S. 35. E.	.....	E. 44. S.	2. 0.	.....	1. 40.	1.44.	
6.	S. 40. E.	.....	E. 39. S.	2. 0.	.....	1. 28.	1.54.	
7.	S. 25. E.	.....	S. 36. E.	2. 0.	.....	1. 62.	1.17.	
8.	E. 20. S.	.....	E. 9. S.	2. 0.	.....	0. 33.	1.95.	
9.	E. 15. S.	.....	E. 4. S.	2. 0.	.....	0. 17.	1.99.	
10.	S. E. ...	.....	E. 34. S.	2. 0.	.....	1. 12.	1.66.	
10. 20′	S. 35. E.	.....	E. 44. S.	0. 5.	.....	0. 34.	0.36.	
						6. 75.	10.44.	

Latitude de départ..... 15° 20′ 29″ N.
Différence en latitude.. 0. 6. 45. S.

Latitude d'arrivée..... 15° 13. 44. N.

Somme............. 30. 34. 13.
Moyen parallèle....... 15. 17. 6.

Milles courus......... 12ᵐ 4ᵈ
Route corrigée....... E. 32° S.

Longitude de départ... 30° 15′ 7″ E.
Différence en longitude. 0. 10. 45. E.

Longitude d'arrivée.... 30. 25. 52. E.

Le 3 juin 1821, parti à 3 heures 30 min. du matin. Sol très-uni, sur de belles plaines où sont de nombreux champs de dourah. A 6 heures, passé à An-Noubah, grand village. A 8 heures, autre grand village nommé *Omoqad*. A 9 heures 50 min., troisième village. A 10 heures 20 min., campé sur les bords du fleuve, près du village el-Takeyneh.

HEURES DE MARCHE.	ROUTE à la boussole.	VARIATION NORD-OUEST.	ROUTE CORRIGÉE.	MILLES COURUS.	DIFFÉRENCE EN LATITUDE.		DIFFÉRENCE EN LONGITUDE.	
					Nord.	Sud.	Est.	Ouest.
4ʰ	S. 35° E.	11°	E. 44° S.	1ᵐ 2ᵈ	.....	0. 84.	0. 86.	
5.	S. 30. E.	.....	S. 41. E.	2. 0.	.....	1. 51.	1. 30.	
6.	S. 20. E.	.....	S. 31. E.	1. 7.	.....	1. 46.	0. 86.	
7.				2. 0.	.....	1. 72.	1. 1.	
8.	S. 25. E.	.....	S. 36. E.	1. 5.	.....	1. 22.	0. 88.	
8. 45′	S. E.	.....	E. 34. S.	1. 0.	.....	0. 58.	0. 83.	
						7. 33.	5. 74.	

Latitude de départ..... 15° 13′ 44″ N.
Différence en latitude.. 0. 7. 20. S.

Latitude d'arrivée..... 15. 6. 24. N.

Somme.............. 30. 20. 8.
Moyen parallèle...... 15. 10. 4.

Milles courus........ 9ᵐ 30ᶜ
Route corrigée....... S. 39° E.

Longitude de départ... 30° 25′ 52″ E.
Différence en longitude. 0. 6. 0. E.

Longitude d'arrivée.... 30. 31. 52. E.

Le 4 juin 1821, parti à 3 h. 20 min. A 4 heures 25 minutes; grand village; terres cultivées à perte de vue, sur une belle plaine. A 6 h. 30 m., village. A 7 h. 10 m., grand village. A 8 heures; halte de 15 min. A 8 heures 25 min., village. A 8 heures 45 m., campé à Hellet Moussa, village considérable.

D'HALFÀY à SENNÂR.

HEURES DE MARCHE.	ROUTE à la boussole.	VARIATION NORD-OUEST.	ROUTE CORRIGÉE.	MILLES COURUS.	DIFFÉRENCE EN LATITUDE.		DIFFÉRENCE EN LONGITUDE.	
					Nord.	Sud.	Est.	Ouest.
4ʰ	S. 10° E.	-11°	S. 21° E.	1ᵐ 5ᵈ	.....	1. 40.	0. 53.	
5.	S. 11. O.	.....	S.	2. 0.	.....	2. 0.		
6.	S. 5. O.	.....	S. 6. E.	1. 7.	.....	1. 69.	0. 16.	
7.	S. 5. E.	.....	S. 16. E.	2. 0.	.....	1. 92.	0. 54.	
8.	S.	.....	S. 11. E.	2. 0.	.....	1. 95.	0. 38.	
8. 15'	S. 5. E.	.....	S. 16. E.	0. 5.	.....	0. 49.	0. 10.	
						9. 45.	1. 71.	

Latitude de départ..... 15° 6' 24" N.
Différence en latitude.. 0. 9. 27. S.

Latitude d'arrivée..... 14. 56. 57. N.

Somme............. 30. 3. 21.
Moyen parallèle...... 15. 1. 40.

Milles courus......... 9ᵐ 5ᵈ
Route corrigée....... S. 10° E.

Longitude de départ... 30° 31' 52" E.
Différence en longitude. 0. 1. 51. E.

Longitude d'arrivée.... 30. 33. 43. E.

Le 5 juin 1821, parti à 3 h. du matin, la route traverse de grandes plaines en partie ensemencées de dourah. A 5 heures 30 m., grand village. A 8 heures 15 m., campé près d'un très-grand village, à proximité du Nil.

HEURES DE MARCHE.	ROUTE à la boussole.	VARIATION NORD-OUEST.	ROUTE CORRIGÉE.	MILLES COURUS.	DIFFÉRENCE EN LATITUDE.		DIFFÉRENCE EN LONGITUDE.	
					Nord.	Sud.	Est.	Ouest.
3ʰ	S. 12° O.	11°	S. 1° O.	1ᵐ 0ᵈ	.....	1. 0.	.....	0. 5.
4.	S. 11. O.	.....	S.	2. 0.	.....	2. 0.		
5.	S. 12. E.	.....	S. 23. E.	1. 7.	.....	1. 57.	0. 67.	
6.	S. 20. E.	.....	S. 31. E.	2. 0.	.....	1. 72.	1. 0.	
7.	S. E. ...	.....	E. 34. S.	1. 8.	.....	1. 5.	1. 49.	
7. 50′	S. 20. E.	.....	S. 31. E.	1. 7.	.....	1. 46.	0. 86.	
						8. 80.	4. 02.	0. 5.
							0. 05.	
							3. 97.	

Latitude de départ..... 14° 56′ 57″ N.
Différence en latitude.. 0. 8. 48. S.

Latitude d'arrivée..... 14. 48. 9. N.

Somme............ 29. 45. 6.
Moyen parallèle....... 14. 52. 33.

Milles courus........ 9ᵐ 75ᶜ
Route corrigée........ S. 25. E.

Longitude de départ... 30° 33′ 43″ E.
Différence en longitude. 0. 4. 6. E.

Longitude d'arrivée.... 30. 37. 49. E.

Le 6 juin 1821, parti à 2 h. 15 minutes, du matin, en continuant de faire route sur des plaines cultivées. Rencontre de plusieurs villages assez considérables. A 7 heures 50 min., campé près de Ouad-Eddefroué.

D'HALFÂY à SENNÂR.

HEURES DE MARCHE.	ROUTE à la boussole.	VARIATION NORD-OUEST.	ROUTE CORRIGÉE.	MILLES COURUS.	DIFFÉRENCE EN LATITUDE.		DIFFÉRENCE EN LONGITUDE.	
					Nord.	Sud.	Est.	Ouest.
3ʰ	O. 40° S.	11°	S. 39° O.	0ᵐ 5ᵈ	.....	0. 39.	.....	0. 30.
4.	S. 3. O.	.....	S. 8. E.	2. 0.	.....	1. 99.	0. 28.	
5.	S. 15. E.	.....	S. 26. E.	2. 0.	.....	3. 60.	1. 74.	
6.				2. 0.				
7.	S. 20. E.	.....	S. 31. E.	1. 8.	.....	1. 53.	0. 92.	
7. 50'	S. 35. E.	.....	E. 44. S.	1. 8.	.....	1. 26.	1. 28.	
						8. 77.	4. 22.	0. 30.
							0. 30.	
							3. 92.	

Latitude de départ.... 14° 48' 9" N.
Différence en latitude.. 0. 8. 47. S.

Latitude d'arrivée..... 14. 39. 22. N.

Somme............. 29. 27. 31.
Moyen parallèle...... 14. 43. 45.

Milles courus........ 9ᵐ 7ᵈ
Route corrigée....... S. 25° E.

Longitude de départ... 30° 37' 49" E.
Différence en longitude. 0. 4. 6. E.

Longitude d'arrivée.... 30. 41. 55. E.

Le 7 juin 1821, parti d'Ouâd-Eddefroué à 2 h. 40 min. Après avoir dépassé plusieurs villages, nous campons, à 7 h. 50 min., au petit village d'Ouedou, à un quart de lieue du fleuve.

HEURES DE MARCHE.	ROUTE à la boussole.	VARIATION NORD-OUEST.	ROUTE CORRIGÉE.	MILLES COURUS.	DIFFÉRENCE EN LATITUDE.		DIFFÉRENCE EN LONGITUDE.	
					Nord.	Sud.	Est.	Ouest.
4ʰ	} S. 15° E.	11°	} S. 26° E.	2ᵐ 3ᵈ				
5.				1. 5.		3.44.	1. 66.	
6.	S. 35. E.	.....	E. 44. S.	1. 8.		1.24.	1. 29.	
7.	S. 25. E.		} S. 36. E.	1. 8.		3. 9.	2. 23.	
8.	S. 25. E.	.....		2. 0.				
9.	S......		S. 12. E.	1. 8.		1.75.	0. 38.	
9. 30'	S. 15. E.	.....	S. 26. E.	0. 8.		0.73.	0. 35.	
						10.25.	5. 91.	

Latitude de départ..... 14° 39' 22" N.
Différence en latitude.. 0. 10. 15. S.

Latitude d'arrivée..... 14. 29. 7. N.

Somme............... 29. 8. 29.
Moyen parallèle...... 14. 34. 14.

Milles courus......... 11ᵐ 8ᵈ
Route corrigée....... S. 30° E.

Longitude de départ... 30° 41' 55" E.
Différence en longitude. 0. 6. 12. E.

Longitude d'arrivée.... 30. 48. 7. E.

Le 8 juin 1821, parti d'Ouedou à 2 h. 50 min. du matin. Plaines où s'offrent successivement à nous un grand nombre de villages, dont quelques-uns assez considérables. A 9 heures 30 min., campé près du village d'Ouad-Modeyn.

D'HALFÂY à SENNÂR.

HEURES DE MARCHE.	ROUTE à la boussole.	VARIATION NORD-OUEST.	ROUTE CORRIGÉE.	MILLES COURUS.	DIFFÉRENCE EN LATITUDE.		DIFFÉRENCE EN LONGITUDE.	
					Nord.	Sud.	Est.	Ouest.
3^h	S......	11°	S. 11° E.	1^m 0^d	.....	0.99.	0.20.	
4.	S. 10° O.	.....	S. 21. E.	2. 0.	.....	1.88.	0.72.	
5.	S. 35. E.	.....	E. 44. S.	1. 8.	.....	1.25.	1.28.	
6.	S. 30. E.	.....	S. 41. E.	2. 0.	.....	1.52.	1.30.	
7.	S. 5. E.	.....	S. 16. E.	2. 0.	.....	1.93.	0.55.	
8.	S. 15. E.	.....	S. 26. E.	1. 8.	.....	1.60.	0.79.	
9.	S. 5. O.	.....	S. 6. E.	1. 5.	.....	1.49.	0.16.	
9. 15'	S.......	.....	S. 11. E.	0. 5.	.....	0.50.	0. 7.	
						11.16.	5. 7.	

Latitude de départ..... 14° 29'   7" N.
Différence en latitude.. 0. 11.   9. S.

Latitude d'arrivée..... 14. 17. 58. N.

Somme............... 28. 47. 5.
Moyen parallèle........ 14. 23. 33.

Milles courus......... 12^m 2^d
Route corrigée........ S. 25° E.

Longitude de départ... 30° 48'   7" E.
Différence en longitude. 0. 5. 18. E.

Longitude d'arrivée.... 30. 53. 25. E.

Le 9 juin 1821, parti d'Ouád-Modeyn à 2 heures 30 min. La route traverse toujours un pays de plaines où sont situés beaucoup de villages. A 9 h. 15 min., campé près d'el-Gesseyreh.

HEURES DE MARCHE.	ROUTE à la boussole.	VARIATION NORD-OUEST.	ROUTE CORRIGÉE.	MILLES COURUS.	DIFFÉRENCE EN LATITUDE.		DIFFÉRENCE EN LONGITUDE.	
					Nord.	Sud.	Est.	Ouest.
5ʰ	S. 30° O.	11°	S. 19° O.	1ᵐ 0ᵈ	.....	0. 94.	.....	0. 33.
6.	S. 15. O.	.....	S. 4. O.	2. 0.	.....	2. 0.	.....	0. 14.
7.	S. 35. O.	.....	S. 24. O.	2. 0.	.....	1. 82.	.....	0. 80.
8.	S. 15. E.	.....	S. 26. E.	1. 8.	.....	1. 60.	0. 80.	.....
9.	S. 7. O.	.....	S. 4. E.	1. 7.	.....	1. 70.	0. 11.	.....
9. 30′	S. E.	.....	E. 34. S.	1. 0.	.....	0. 58.	0. 82.	.....
						8. 64.	1. 73.	1. 27.
							1. 27.	
							0. 46.	

Latitude de départ..... 14° 17′ 58″ N.
Différence en latitude.. 0. 8. 38. S.

Latitude d'arrivée..... 14. 9. 20. N.

Somme................ 28. 27. 18.
Moyen parallèle....... 14. 13. 39.

Milles courus......... 8ᵐ 7ᵈ
Route corrigée........ S. 4° E.

Longitude de départ... 30° 53′ 25″ E.
Différence en longitude. 0. 0. 3. E.

Longitude d'arrivée.... 30. 53. 28. E.

Le 10 juin 1821, parti d'el-Gesseyreh à 4 heures 30 min. du matin. A 9 heures 30 min., campé près du village d'el-Hessau, en face d'une île.

D'HALFÂY à SENNÂR.

HEURES DE MARCHE.	ROUTE à la boussole.	VARIATION NORD-OUEST.	ROUTE CORRIGÉE.	MILLES COURUS.	DIFFÉRENCE EN LATITUDE.		DIFFÉRENCE EN LONGITUDE.	
					Nord.	Sud.	Est.	Ouest.
4^h	S. 8° O.	11°	S. 3° E.	2^m 0^d	.....	2. 0.	0. 11.	.....
5.	S. 25. O.	.....	S. 14. O.	2. 0.	.....	1.94.	.....	0. 47.
6.	S. 30. O.	.....	S. 19. O.	2. 0.	.....	1.90.	.....	0. 65.
7.	S. 15. O.	.....	S. 4. O.	1. 5.	.....	1.50.	.....	0. 10.
8.	S. 20. O.	.....	S. 9. E.	1. 5.	.....	3.47.	.....	0. 54.
9.				2. 0.				
9. 35'	S. O.	.....	S. 34. O.	0. 8.	.....	0.68.	.....	0. 43.
						11.49.	0. 11.	2. 19.
								0. 11.
								2. 8.

Latitude de départ..... 14° 9' 20" N.
Différence en latitude.. 0. 11. 30. S.

Latitude d'arrivée..... 13. 57. 50. N.

Somme............. 28. 7. 10.
Moyen parallèle....... 14. 3. 35.

Milles courus........, 11^m 7^d
Route corrigée....... S. 10° O.

Longitude de départ... 30° 53' 28" E.
Différence en longitude. 0. 2. 9. O.

Longitude d'arrivée.... 30. 51. 19. E.

Le 11 juin 1821, parti d'el-Hessau à 2 h. 40 min. Rencontre de beaucoup de villages. A 6 h., une île est en vue. A 9 h. 35 min., campé près du village de Mouna.

JOURNAL DE ROUTE,

HEURES DE MARCHE.	ROUTE à la boussole.	VARIATION NORD-OUEST.	ROUTE CORRIGÉE.	MILLES COURUS.	DIFFÉRENCE EN LATITUDE.		DIFFÉRENCE EN LONGITUDE.	
					Nord.	Sud.	Est.	Ouest.
4ʰ	S......	11°	S. 12° E.	0ᵐ 5ᵈ	.....	0. 49.	0. 10.	
5.	S. 5° O.	.....	S. 6. E.	2. 0.	.....	2. 0.	0. 21.	
6.	S......	.....	S. 12. E.	1. 8.	.....	1. 76.	0. 35.	
7.	S. 20. O.	.....	S. 9. O.	1. 8.	.....	1. 77.	.....	0. 28.
8.	S. 5. E.	.....	S. 16. E.	1. 8.	.....	1. 73.	0. 49.	
9.	S. 5. O.	.....	S. 6. E.	1. 5.	.....	1. 50.	0. 16.	
10.	S......	.....	S. 12. E.	1. 8.	.....	1. 76.	0. 36.	
10. 45'	S. 5. O.	.....	S. 6. E.	1. 0.	.....	1. 0.	0. 8.	
						12. 1.	1. 75.	0. 28.
							0. 28.	
							1. 47.	

Latitude de départ..... 13° 57' 50" N.
Différence en latitude.. 0. 12. 0. S.

Latitude d'arrivée..... 13. 45. 50. N.

Somme............. 27. 43. 40.
Moyen parallèle....... 13. 51. 50.

Milles courus......... 12ᵐ 2ᵈ
Route corrigée........ S. 7° E.

Longitude de départ... 30° 51' 19" E.
Différence en longitude. 0. 1. 30. E.

Longitude d'arrivée.... 30. 52. 49. E.

Le 12 juin 1821, parti de Mouna à 3 heures 35 min. Beaucoup de villages sont toujours en vue. A 10 heures 45 min., nous entrons dans la ville de Sennâr.

De SENNÂR à FAZOQL.

HEURES DE MARCHE.	ROUTE à la boussole.	VARIATION NORD-OUEST.	ROUTE CORRIGÉE.	MILLES COURUS.	DIFFÉRENCE EN LATITUDE.		DIFFÉRENCE EN LONGITUDE.	
					Nord.	Sud.	Est.	Ouest.
4h	O. 25° S.	11°	O. 36° S.	2m 5d	.....	2. 93.	.....	4. 7.
5.				2. 5.				
5. 45.	O. 10. S.	.....	O. 21. S.	2. 0.	.....	0. 71.	.....	1. 85.
8.	O. 5. S.	.....	O. 16. S.	2. 8.	.....	0. 98.	.....	2. 71.
9.	O.	.....	O. 11. S.	2. 3.	.....	0. 42.	.....	2. 29.
10.	O. 10. S.	.....	O. 21. S.	2. 5.	.....	0. 89.	.....	2. 34.
10. 50'.	O.	.....	O. 11. S.	2. 0.	.....	0. 89.	.....	1. 99.
						6. 32.		15. 25.

Latitude de départ..... 13° 36' 51" N.

Différence en latitude... 0.   6. 19. S.

Latitude d'arrivée..... 13. 30. 32. N.

Somme.............. 27.   7. 23.

Moyen parallèle....... 13. 33. 41.

Milles courus......... 16m 5d

Route corrigée....... O. 23° S.

Longitude de départ... 31° 24' 34" E.

Différence en longitude. 0.   15. 42. O.

Longitude d'arrivée.... 31.   8. 52. E.

Le 1.er décembre 1821, parti de Sennâr à 3 heures du soir. A 4 h. village; à 5 heures, autre village. A 6 heures, nous nous arrêtons à el-Hassas pour y passer la nuit.

Le 2, parti à 6 heures 45 min. du matin. Nous passons à 7 heures 15 min. au village d'el-Azaz; à 8 heures 20 minutes, à celui de Chimbo; à 10 heures 50 min., au hameau d'Alaka el-Foghayr, situé au pied de Djebel Mouyl. Après avoir fait le tour de la montagne, nous retournons à Sennâr.

HEURES DE MARCHE.	ROUTE à la boussole.	VARIATION NORD-OUEST.	ROUTE CORRIGÉE.	MILLES COURUS.	DIFFÉRENCE EN LATITUDE.		DIFFÉRENCE EN LONGITUDE.	
					Nord.	Sud.	Est.	Ouest.
6ʰ	S. 25° O.	11°	S. 14° O.	0ᵐ 8ᵈ	.....	0.79.	.....	0.19.
7.10.	S. 35. E.	.....	E. 44. S.	1. 8.	.....	1.24.	1.28.	
10.	S. 25. E.	.....	S. 36. E.	2. 0.	.....	1.62.	1.17.	
11.	S. 15. E.	.....	S. 26. E.	2. 0.	.....	1.80.	0.90.	
12.	S. 10. E.	.....	S. 21. E.	1. 6.	.....	1.49.	0.60.	
2.	S. 15. E.	.....	S. 26. E.	2. 3.	.....	2.10.	1. 0.	
3.	S. 10. O.	.....	S. 1. E.	1. 3.	.....	1.30.	0.10.	
4. 5.	S. 10. E.	.....	S. 21. E.	2. 0. / 1. 5.	.....	3.30.	1.26.	
5. 50.	S. 25. E.	.....	S. 36. E.	1. 5.	.....	1.23.	0.89.	
						14.87.	7.20.	0.19.
							0.19.	
							7. 1.	

Latitude de départ..... 13° 36′ 51″ N.
Différence en latitude.. 0. 14. 52. S.

Latitude d'arrivée..... 13. 21. 59. N.

Somme............. 26. 58. 50.
Moyen parallèle........ 13. 29. 25.

Milles courus......... 16ᵐ 5ᵈ
Route corrigée....... S. 26° E.

Longitude de départ... 31° 24′ 34′ E.
Différence en longitude. 0. 7. 18. E.

Longitude d'arrivée.... 31. 31. 52. E.

Le 7 décembre 1821, parti de Sennâr à 5 heures 30 minutes du soir. A 7 heures 10 min., nous nous arrêtons pour passer la nuit. Le 8, parti à 9 heures. A midi, halte de 45 min. à Kournekel. A 2 heures 30 min., nous sommes à el-Fetir, en face d'une petite île. A 5 heures 50 min., campé près du grand village de Hellet Cheryf-Mahammed.

De SENNÂR à FAZOQL.

HEURES DE MARCHE.	ROUTE à la boussole.	VARIATION NORD-OUEST.	ROUTE CORRIGÉE.	MILLES COURUS.	DIFFÉRENCE EN LATITUDE.		DIFFÉRENCE EN LONGITUDE.	
					Nord.	Sud.	Est.	Ouest.
3ʰ	S. 10° E.	11°	S. 21° E.	4ᵐ 1ᵈ	.....	3.83.	1.50.	
4.	S.....	.....	S. 11. E.	1. 5.	.....	1.48.	0.30.	
5.	S. E....	.....	E. 34. S.	2. 3.	.....	1.30.	1.90.	
6.	S. 40. E.	.....	E. 39. S.	2. 0.	.....	1.26.	1.56.	
8.	S. 25. E.	.....	S. 36. E.	4. 0.	.....	3.25.	2.33.	
9.	S. 10. E.	.....	S. 21. E.	1. 7.	.....	1.59.	0.62.	
10.	S. 20. O.	.....	S. 9. O.	2. 0.	.....	1.98.	.....	0.33.
11.	S. 25. O.	.....	S. 14. O.	2. 0.	.....	1.95.	.....	0.48.
12.	S. 5. O.	.....	S. 6. E.	1. 8.	.....	1.80.	0.20.	
1.	E. 10. S.	.....	E. 1. N.	2. 0.	0. 4.	.....	2. 0.	
2.	S. E....	.....	E. 34. S.	2. 0.	.....	1.13.	1.65.	
3.	E. 35. S.	.....	E. 24. S.	2. 0.	.....	0.82.	1.82.	
3. 30'	E. 10. S.	.....	E. 1. N.	1. 0.	0. 2.	.....	1. 0.	

Latitude de départ....	13° 21' 59" N.	0. 6.	20.39.	14.88.	0.81.
Différence en latitude..	0. 20. 20. S.		0.06.	0.81.	
Latitude d'arrivée.....	13. 1. 39. N.		20.33.	14.07.	
Somme.............	26. 23. 38.				
Moyen parallèle......	13. 11. 49.				
Milles courus.........	24ᵐ 8ᵈ				
Route corrigée.......	S. 35° E.				
Longitude de départ...	31° 31' 52" E.				
Différence en longitude.	0. 14. 30. E.				
Longitude d'arrivée....	31. 46. 22. E.				

Le 9 décembre 1821, parti à minuit 50 min. A 3 heures, grand village d'Ar-rărăbah. Nous marchons tout le jour sur un sol assez uni et en grande partie inculte. A 3 heures 30 m., campé près d'un petit village au bord du fleuve.

HEURES DE MARCHE.	ROUTE à la boussole.	VARIATION NORD-OUEST.	ROUTE CORRIGÉE.	MILLES COURUS.	DIFFÉRENCE EN LATITUDE.		DIFFÉRENCE EN LONGITUDE.	
					Nord.	Sud.	Est.	Ouest.
4ʰ	S. 5° O.	11°	S. 6° E.	1ᵐ 3ᵈ	.....	1.29.	0.10.	
5.	S......	.....	S. 11. E.	2. 2.	.....	2.14.	0.45.	
6.	S. 15. E.	.....	S. 26. E.	2. 2.	.....	1.95.	0.97.	
7.	S......	.....	S. 11. E.	2. 0.	.....	1.96.	0.38.	
9.	S. 35. O.	.....	S. 24. O.	2. 6.	.....	2.38.	.....	1. 4.
11.	S. 25. O.	.....	S. 14. O.	2. 5.	.....	2.43.	.....	0.60.
1.	S. 30. E.	.....	S. 41. E.	3. 6.	.....	2.71.	2.37.	
4.	S. 35. E.	.....	E. 44. S.	4. 5.	.....	3.13.	3.24.	
5.	S. 15. E.	.....	S. 26. E.	2. 2.	.....	1.98.	0.94.	
6.	S. 5. O.	.....	S. 6. E.	2. 0.	.....	1.99.	0.23.	
6. 30′	S. 15. E.	.....	S. 26. E.	1. 0.	.....	0.90.	0.44.	
					22.86.	9.12.	1.64.
						1.64.	
						7.48.	

Latitude de départ..... 13° 1′ 39″ N.
Différence en latitude.. 0. 22. 51. S.

Latitude d'arrivée..... 12. 38. 48. N.

Somme............ 25. 40. 27.
Moyen parallèle....... 12. 50. 13.

Milles courus........ 24ᵐ
Route corrigée....... S. 18° E.

Longitude de départ... 31° 46′ 22″ E.
Différence en longitude. 0. 7. 36. E.

Longitude d'arrivée.... 31. 53. 58. E.

Le 11 décembre 1821, parti à 3 heures 30 min. du matin. A 6 h. 30 min., village de Seyrrou. En face, sur la rive droite du fleuve, plusieurs villages sont en vue. A 1 heure, halte de 45 min. Nous marchons tout le jour au milieu des bois. A 6 heures 30 minutes, campé à Ad-Darameylch.

De SENNÂR à FAZOQL.

HEURES DE MARCHE.	ROUTE à la boussole.	VARIATION NORD-OUEST.	ROUTE CORRIGÉE.	MILLES COURUS.	DIFFÉRENCE EN LATITUDE.		DIFFÉRENCE EN LONGITUDE.	
					Nord.	Sud.	Est.	Ouest.
4ʰ	S. 5° O.	11°	S. 6° E.	2ᵐ 3ᵈ	.....	2.29.	0.27.	.....
5.	S. 15. O.	.....	S. 4. O.	1. 3.	.....	1.30.	.....	0. 9.
6.	S. 5. O.	.....	S. 6. E.	1. 3.	.....	1.29.	0.11.	.....
7.	S. 10. O.	.....	S. 1. E.	2. 0.	.....	2. 0.	0. 2.	.....
8.	S. 35. E.	.....	E. 44. S.	1. 3.	.....	0.92.	0.94.	.....
9.	S. 15. O.	.....	S. 4. O.	2. 0.	.....	2. 0.	.....	0. 12.
10.	S. 25. O.	.....	S. 14. O.	1. 6.	.....	1.54.	.....	0. 37.
11.	S. 30. O.	.....	S. 19. O.	2. 0.	.....	1.90.	.....	0. 63.
12.	S. O.	.....	S. 34. O.	1. 6.	.....	1.32.	.....	0. 88.
1.	S. 15. O.	.....	E. 34. O.	2. 0.	.....	2. 0.	.....	0. 12.
4.	S. E.	.....	E. 34. S.	4. 8.	.....	2.70.	4. 0.	.....
5.	S. 35. E.	.....	E. 44. S.	2. 0.	.....	1.40.	1.43.	.....
					20.66.	6.77.	2.21.	
						2.21.		
							4.56.	

Latitude de départ..... 12° 38′ 48″ N.
Différence en latitude.. 0. 20. 39. S.
Latitude d'arrivée..... 12. 18. 9. N.

Somme............... 24. 56. 57.
Moyen parallèle...... 12. 28. 28.

Milles courus.......... 21ᵐ 2ᵈ
Route corrigée........ S. 13° E.

Longitude de départ... 31° 53′ 58″ E.
Différence en longitude. 0. 4. 40. E.
Longitude d'arrivée.... 31. 58. 33. E.

Le 13 décembre 1821, parti à 2 heures 45 min. A 5 heures, sol très-uni, montueux au bord du fleuve. A 7 heures 30 min., village d'Er-Reqeybeh. A 8 heures, petit village. A 8 heures 30 min., village d'el-Hedeybah. A 9 heures, autre petit village. A 10 h., sol marécageux. Après avoir encore traversé trois petits villages, nous nous arrêtons à 5 heures. Campé dans celui de Ferhânneh.

HEURES DE MARCHE.	ROUTE à la boussole.	VARIATION NORD-OUEST.	ROUTE CORRIGÉE.	MILLES COURUS.	DIFFÉRENCE EN LATITUDE.		DIFFÉRENCE EN LONGITUDE.	
					Nord.	Sud.	Est.	Ouest.
6ʰ	E......	11°	E. 11° N.	2ᵐ 5ᵈ	0. 49.	.....	2. 47.	
7.	S. E....	.....	E. 34. S.	2. 3.	.....	1. 29.	1. 90.	
8.	S. 25° E.	.....	S. 36. E.	2. 0.	.....	2. 70.	1. 92.	
8. 45′				1. 3.				
10.	E. 35. S.	.....	E. 24. S.	1. 3.	.....	0. 53.	1. 19.	
11.	S. E....	.....	E. 34. S.	2. 3.	.....	1. 29.	1. 90.	
12.	S......	.....	S. 11. E.	2. 3.	.....	2. 28.	0. 43.	
12. 30.	S. 25. E.	.....	S. 36. E.	1. 0.	.....	0. 83.	0. 58.	
					0. 49.	8. 92.	10. 39.	
						0. 49.		
						8. 43.		

Latitude de départ..... 12° 18′ 9″ N.
Différence en latitude.. 0. 8. 26. S.

Latitude d'arrivée..... 12. 9. 43. N.

Somme............... 24. 27. 52.
Moyen parallèle....... 12. 13. 56.

Milles courus......... 13ᵐ 4ᵈ
Route corrigée........ E. 39° S.

Longitude de départ... 31° 58′ 38″ E.
Différence en longitude. 0. 10. 36. E.

Longitude d'arrivée.... 32. 9. 14. E.

Le 14 décembre 1821, parti de Ferhànneh à 4 heures 45 min. du matin. A 7 heures 10 m., village d'Amar. A 8 heures 45 min., halte de 30 m. Sol marécageux. A 9 h. 45 min., village ; à 10 h., autre village nommé *Moug* ou *Mougai* ; à 11 heures 20 min., autre nommé *Abo*. A midi 30 min., campé près d'Ad-Deguiab.

De SENNÀR à FAZOQL.

HEURES DE MARCHE.	ROUTE à la boussole.	VARIATION NORD-OUEST.	ROUTE CORRIGÉE.	MILLES COURUS.	DIFFÉRENCE EN LATITUDE.		DIFFÉRENCE EN LONGITUDE.	
					Nord.	Sud.	Est.	Ouest.
6ʰ	S. 25° O.	11°	S. 14° O.	1ᵐ 8ᵈ	....	1.75.	....	0. 41.
7.	} S. 15. O.	....	} S. 4. O.	1. 8.	....	5.59.	....	0. 39.
8.				1. 8.				
9.				2. 0.				
10.	} S. 10. O.	....	} S. 1. O.	2. 0.	....	3.30.	0. 7.	
11.				1. 3.				
12.	} S. 25. O.	....	} S. 14. O.	1. 5.	....	2.62.	....	0. 63.
12. 45′				1. 2.				
					13.26.	0. 7.	1. 43.
								0. 07.
								1. 36.

Latitude de départ...... 12° 9′ 43″ N.
Différence en latitude.. 0. 13. 15. S.

Latitude d'arrivée..... 11. 56. 28. N.

Somme............. 24. 6. 11.
Moyen parallèle....... 12. 3. 5.

Milles courus......... 13ᵐ 36ᶜ
Route corrigée....... S. 6° O.

Longitude de départ... 32° 9′ 14″ E.
Différence en longitude. 0. 1. 30. O.

Longitude d'arrivée.... 32. 7. 44. E.

Le 15 décembre 1821, parti d'Ad-Deguiab à 5 h. du matin, faisant route dans des bois. A 6 h. 10 m., grand marais. Rencontre des villages de Taoula, à 7 h.; de Serreygo, à 8 heures 45 min., et d'el-Mougol, à 10 heures 25 min. Campé au bord du fleuve, à midi 45 min.

HEURES DE MARCHE.	ROUTE à la boussole.	VARIATION NORD-OUEST.	ROUTE CORRIGÉE.	MILLES COURUS.	DIFFÉRENCE EN LATITUDE.		DIFFÉRENCE EN LONGITUDE.	
					Nord.	Sud.	Est.	Ouest.
5ʰ	S. 40° O.	11°	S. 29° O.	1ᵐ 0ᵈ	.....	0.88.	.....	0.46.
6.	S. 35. O.	.....	S. 24. O.	2. 0.	.....	1.83.	.....	0.80.
7.	S. 15. O.	.....	S. 4. O.	1. 8.	.....	1.80.	.....	0.12.
8.	S. 15. E.	.....	S. 26. E.	2. 0.	.....	1.80.	0.88.	
9.	S. 15. O.	.....	S. 4. O.	2. 0.	.....	1.99.	.....	0.13.
10.	O. 40. S.	.....	S. 39. O.	1. 5.	.....	1.18.	.....	0.93.
11.	O. 10. N.	.....	O. 1. S.	1. 5.	.....	0. 2.	.....	1.50.
12.	O. 25° N.	.....	O. 14. N.	2. 0.	0.46.	.....	.....	1.94.
1.	O. 20. N.	.....	O. 9. N.	2. 0.	0.34.	.....	.....	1.97.
2. 20′	O.	.....	O. 11. S.	2. 8.	.....	0.54.	.....	2.76.
					0.80.	10.04.	0.88.	10.61.
						0.80.		0.88.
						9.24.		9.73.

Latitude de départ.... 11° 56′ 28″ N.
Différence en latitude.. 0. 9. 14. S.

Latitude d'arrivée..... 11. 47. 14. N.

Somme............ 23. 43. 42.
Moyen parallèle....... 11. 51. 51.

Milles courus......... 13ᵐ 4ᵈ
Route corrigée........ O. 42° S.

Longitude de départ... 32′ 7° 44″ E.
Différence en longitude. 0. 10. 0. O.

Longitude d'arrivée.... 31. 57. 44. E.

Le 16 décembre 1821, parti à 4 heures 30 min. du matin. A 6 h. 45 min., petit village. A 7 heures 30 m., grand marais; à 9 heures 30 min., village. On quitte le fleuve pour entrer dans l'intérieur des terres, où se font remarquer beaucoup de traces des pas d'éléphans. A 2 heures 20 m., campé dans un bois.

De SENNÂR à FAZOQL.

HEURES DE MARCHE.	ROUTE à la boussole.	VARIATION NORD-OUEST.	ROUTE CORRIGÉE.	MILLES COURUS.	DIFFÉRENCE EN LATITUDE.		DIFFÉRENCE EN LONGITUDE.	
					Nord.	Sud.	Est.	Ouest.
4h 30'	O. 25° S.	11°	O. 36° S.	1m 2d	.....	0. 71.	.....	0.97.
6.	} N.O.....	.....	O. 34. N.	} 1. 3. / 2. 0.	1. 87.	.....	.....	2.72.
7.								
8.	O. 35. N.	.....	O. 24. N.	1. 3.	0. 52.	.....	.....	1.18.
9.	O. 30. N.	.....	O. 19. N.	1. 6.	0. 53.	.....	.....	1.50.
10.	N.O.....	.....	O. 34. N.	2. 0.	1. 12.	.....	.....	1.65.
11.	} O. 25. N.	.....	O. 14. N.	} 2. 0. / 1. 6.	0. 88.	.....	.....	3.50.
11. 45.								
1.	N. 35. O.	.....	O. 44. N.	1. 5.	1. 6.	.....	.....	1. 8.
2.	O. 20. N.	.....	O. 9. N.	2. 0.	0. 31.	.....	.....	1.97.
4.	O.	.....	O. 11. S.	4. 3.	.....	0. 82.	.....	4.23.
5.	O. 20. N.	.....	O. 9. N.	2. 0.	0. 31.	.....	.....	1.97.
					6. 60. / 1. 53.	1. 53.		20.77.
					5. 07.			

Latitude de départ..... 11° 47' 14" N.
Différence en latitude.. 0. 5. 4. N.
Latitude d'arrivée..... 11. 52. 18. N.
Somme............. 23. 39. 32.
Moyen parallèle...... 11. 49. 46.

Milles courus......... 21m 4d
Route corrigée....... O. 14° N.

Longitude de départ... 31° 57' 44" E.
Différence en longitude. 0. 21. 12. O.
Longitude d'arrivée.... 31. 36. 32. E.

Le 17 décembre 1821, parti à 4 heures du matin. Nous marchons toujours dans des bois. A 4 h. 30 min., halte de 45 min.; autre à 11 heures 45 min., pour prendre de l'eau de pluie. A 5 h., campé près du village et de la montagne d'el-Qerebyn.

HEURES DE MARCHE.	ROUTE à la boussole.	VARIATION NORD-OUEST.	ROUTE CORRIGÉE.	MILLES COURUS.	DIFFÉRENCE EN LATITUDE.		DIFFÉRENCE EN LONGITUDE.	
					Nord.	Sud.	Est.	Ouest.
5^h	S. 10° E.	11°	S. 21° E.	1^m 2^d	.....	1.13.	0.41.	
6.	S. 25. E.	.....	S. 36. E.	2. 3.	.....	1.87.	1.34.	
7.	S. 10. O.	.....	S. 1. E.	2. 3.	.....	2.30.	0. 5.	
8.	S. 15. O.	.....	S. 4. O.	2. 3.	.....	2.30.	.....	0. 13.
9.	S. E.	.....	E. 34. S.	2. 0.	.....	1.12.	1.64.	
10.	E.	.....	E. 11. N.	1. 5.	0. 30.	.....	1.49.	
11.	S. 30. E.	.....	S. 41. E.	2. 3.	.....	1.77.	1.53.	
12.	S. 25. E.	.....	S. 36. E.	2. 0.	.....	1.61.	1.17.	
2.	S. 15. E.	.....	S. 26. E.	4. 3.	.....	3.90.	1.89.	
3.	S. 20. E.	.....	S. 31. E.	2. 0.	.....	1.72.	1. 1.	
4.	S. 35. E.	.....	E. 44. S.	2. 0.	.....	1.40.	1.42.	
5.	S. E.	.....	E. 34. S.	2. 0.	.....	1.12.	1.64.	
6.	S. 30. E.	.....	S. 41. E.	2. 0.	.....	1.50.	1.30.	
6. 30′	E. 30. S.	.....	E. 19. S.	1. 0.	.....	0.33.	0.93.	

Latitude de départ..... 12° 5′ 9″ N.
Différence en latitude.. 0. 21. 46. S.
Latitude d'arrivée..... 11. 43. 23. N.
Somme............. 23. 48. 32.
Moyen parallèle....... 11. 54. 16.

Milles courus......... 26^m 8^d
Route corrigée....... S. 36° E.

Longitude de départ... 31° 36′ 88″ E.
Différence en longitude. 0. 16. 12. E.
Longitude d'arrivée.... 31. 52. 44. E.

Totaux: 0. 30. | 22. 7. | 15.82. | 0. 13.
0. 30. | 0. 13.
21.77. | 15.69.

Le 20 décembre 1821, parti d'el-Qerebyn à 4 h. 35 m. A 9 h. 30 min., plusieurs mares d'eau. Halte de 15 m. A 6 heures, nous longeons plusieurs petites montagnes de granit. A 6 h. 30 min., campé au pied de deux petites montagnes, près du village d'A-qâdy.

De SENNÂR à FAZOQL.

HEURES DE MARCHE.	ROUTE à la boussole.	VARIATION NORD-OUEST.	ROUTE CORRIGÉE.	MILLES COURUS.	DIFFÉRENCE EN LATITUDE.		DIFFÉRENCE EN LONGITUDE.	
					Nord.	Sud.	Est.	Ouest.
5h	S.E....	11°	E. 34° S.	1m 3d	.....	0.73.		
6.	S. 25° E.	.....	S. 36. E.	2. 0.	.....	1.62.		
7.	S. 20. E.	.....	S. 31. E.	2. 0.	.....	1.91.		
8.	} S. 10. E.	.....	} S. 21. E.	1. 5.				
9.				2. 0.	.....	5.18.	1.97.	
10.				2. 0.				
11.	......		......	2. 0.	.....	1.98.	0.37.	
12.	S. 10. O.	.....		2. 0.	.....	2. 0.	0. 4.	
1.	} S. 5. O.	.....	} S. 6. E.	1. 8.				
1. 30'				1. 0.	.....	2.79.	0.30.	
						16.21.	5.95.	

Latitude de départ..... 11° 43′ 23″ N.
Différence en latitude.. 0. 16. 12. S.
_____
Latitude d'arrivée..... 11. 27. 11. N.
_____
Somme. .... 23. 10. 34.
Moyen parallèle...... 11. 35. 17.

Milles courus........ 17m 3d
Route corrigée........ S. 20° E.

Longitude de départ... 31° 52′ 44″ E.
Différence en longitude. 0. 6. 0. E.
_____
Longitude d'arrivée.... 31. 58. 44. E.

Le 22 décembre 1821, parti d'Aqâdy à 3 heures 45 m. A 9 h. 15 min., gros rochers de granit. A 10 heures 15 min., petite montagne de granit. A 1 h. 30 min., campé sous la montagne et le village de Kilgou.

HEURES DE MARCHE.	ROUTE à la boussole.	VARIATION NORD-OUEST.	ROUTE CORRIGÉE.	MILLES COURUS.	DIFFÉRENCE EN LATITUDE.		DIFFÉRENCE EN LONGITUDE.	
					Nord.	Sud.	Est.	Ouest.
6ʰ	S.O....	11°	S. 34° O.	1ᵐ 0ᵈ	.....	0. 83.	.....	0. 53.
7.	O. 40° S.	.....	S. 39. O.	1. 8.	.....	1 40.	.....	1. 11.
8.	} O. 30. S.	.....	O. 41. S.	{ 1. 5.	.....	2. 20.	.....	2. 50.
9.				1. 8. }				
10.	O. 20. S.	.....	O. 31. S.	1. 3.	.....	0. 70.	.....	1. 11.
11.	O. 15. N.	.....	O. 4. N.	1. 0.	0. 9.	.....	.....	0. 99.
					0. 9.	5. 13.		6. 24.
						0. 9.		
						5. 4.		

Latitude de départ..... 11° 34' 0" N.
Différence en latitude.. 0. 5. 3.

Latitude d'arrivée..... 11. 28. 57.

Somme............ 23. 2. 57.
Moyen parallèle....... 11. 31. 28.

Milles courus......... 8ᵐ
Route corrigée....... O. 39° S.

Longitude de départ... 31° 58' 44" E.
Différence en longitude. 0. 6. 24. O.

Longitude d'arrivée... 31. 52. 20. E.

Le 25 décembre 1821, parti de Kilgou à 5 heures 15 min. A 6 h., village. A 9 h. 20 min., arrivé à la montagne de Gassi. A 11 heures, campé dans un ravin de cette montagne.

De SENNÂR à FAZOQL.

HEURES DE MARCHE.	ROUTE à la boussole.	VARIATION NORD-OUEST.	ROUTE CORRIGÉE.	MILLES COURUS.	DIFFÉRENCE EN LATITUDE.		DIFFÉRENCE EN LONGITUDE.	
					Nord.	Sud.	Est.	Ouest.
7h	E. 30° S.	11°	E. 19° S.	1m 5d	.....	0. 50.	1. 43.	.....
8.	S. 25. E.	.....	S. 36. E.	2. 0.	.....	1. 63.	1. 16.	.....
9.	S. 20. O.	.....	S. 9. O.	1. 8.	.....	3. 8.	.....	0. 49.
10.				1. 3.				
11.	S. 15. O.	.....	S. 4. O.	1. 2.	.....	2. 19.	.....	0. 17.
11. 30'				1. 0.				
						7. 40.	2. 59.	0. 66.
							0. 66.	
							1. 93.	

Latitude de départ..... 11° 28' 57" N.
Différence en latitude.. 0. 7. 24. S.

Latitude d'arrivée..... 11. 21. 33. N.

Somme............. 22. 50. 30.
Moyen parallèle....... 11. 25. 15.

Milles courus........ 7m 6d
Route corrigée....... S. 14° E.

Longitude de départ... 31° 52' 20" E.
Différence en longitude. 0. 2. 0. E.

Longitude d'arrivée.... 31. 54. 20. E.

Le 26 décembre 1821, parti à 5 h. 50 min. A 7 h., montagne de Tâby, couverte de villages et de grands arbres. A 11 heures 30 m., campé au bord d'un ruisseau, en face de Djebel Djanak.

Le 27, on retourne à la montagne de Kifgou; et à 9 h. 30 m. du soir, nous campons dans la partie S. E. de cette montagne.

HEURES DE MARCHE.	ROUTE à la boussole.	VARIATION NORD-OUEST.	ROUTE CORRIGÉE.	MILLES COURUS.	DIFFÉRENCE EN LATITUDE.		DIFFÉRENCE EN LONGITUDE.	
					Nord.	Sud.	Est.	Ouest.
6ʰ	S. 20° E.	11°	S. 31° E.	0ᵐ 5ᵈ	.....	0. 44.	0.24.	
7.	E. 40. S.	.....	E. 29. S.	2. 0.	.....	0.99.	1.73.	
8.	E. 20. S.	.....	E. 9. S.	1. 8.	.....	0. 30.	1.78.	
9.	E. 15. S.	.....	E. 4. S.	2. 0.	.....	0. 17.	2. 0.	
10.	E. 10. S.	.....	E. 1. N.	1. 8.	0. 5.	.....	1.80.	
11.	E. 15. S.	.....	E. 4. S.	2. 0.	.....	0. 17.	2. 0.	
12.	} E. 15. N.	.....	E. 26. N.	{ 1. 8.	1. 57.	.....	3.25.	
1.				1. 8. }				
2.	}			{ 2. 0.				
3.	} E. 20. N.	.....	E. 31. N.	{ 1. 8.	2. 38.	.....	3.93.	
5.	}			0. 8. }				
6. 20.	S. 20. E.	.....	S. 31. E.	0. 8.	.....	0. 42.	0.69.	

Latitude de départ.....	11° 32' 54" N.	4. 0.	2. 49.	17.42.
Différence en latitude..	0. 1. 30. N.	2. 49.		
Latitude d'arrivée.....	11. 34. 24. N.			
Somme.............	23. 7. 18.	1. 51.		
Moyen parallèle.......	11. 33. 39.			

Milles courus........	17ᵐ 52ᶜ
Route corrigée.......	E. 4° N.
Longitude de départ...	31° 58' 14" E.
Différence en longitude.	0. 17. 40. E.
Longitude d'arrivée....	32. 15. 54. E.

Le 29 décembre 1821, parti à 5 heures 15 min. A 3 h., torrent. Halte d'une heure 15 m. A 5 h., on arrive au Nil. A 6 h. 20 min., campé sur le bord du fleuve, en face de la montagne de Gargadah.

De SENNÂR à FAZOQL.

HEURES DE MARCHE.	ROUTE à la boussole.	VARIATION NORD-OUEST.	ROUTE CORRIGÉE.	MILLES COURUS.	DIFFÉRENCE EN LATITUDE.		DIFFÉRENCE EN LONGITUDE.	
					Nord.	Sud.	Est.	Ouest.
9^h	S. 30° O.	11°	S. 19° O.	1^m 0^d	.....	0.93.	.....	0.32.
11.	S. 5. O.	.....	S. 6. E.	2. 5.	.....	2.44.	0.27.	
12.	S. 15. E.	.....	S. 26. E.	2. 0.	.....	1.80.	0.88.	
2.	S. 40. E.	.....	E. 39. S.	2. 0.	.....	1.26.	1.54.	
3.	E. 25. S.	.....	E. 14. S.	2. 0.	.....	0.47.	1.93.	
4.	E. 35. S.	.....	E. 24. S.	2. 0.	.....	0.80.	1.83.	
5.	E. 30. S.	.....	E. 19. S.	2. 0.	.....	0.67.	1.89.	
6.	E. 25. S.	.....	E. 14. S.	1. 8.	.....	0.43.	1.73.	
9. 30'	S. 35. E.	.....	E. 44. S.	2. 5.	.....	1.73.	1.80.	
					10.53.	11.87.	0.32.	
						0.32.		
						11.55.		

Latitude de départ.... 11° 34' 24" N.
Différence en latitude.. 0. 10. 32. S.

Latitude d'arrivée..... 11. 23. 52. N.

Somme............... 22. 58. 16.
Moyen parallèle...... 11. 29. 8.

Milles courus........... 15^m 6^d
Route corrigée.......... E. 42° 30' S.

Longitude de départ... 32° 15' 54" E.
Différence en longitude. 0. 11. 42. E.

Longitude d'arrivée.... 32. 27. 36. E.

Le 30 décembre 1821, parti à 7 heures 40 min. A 9 heures, torrent. Halte de 45 min. A midi 15 min., second torrent. Halte de 45 min. A 5 heures, troisième torrent. A 6 heures, montagne couverte d'arbres; route sinueuse, très-difficile à observer. A 9 h. 30 min., campé sur le bord du fleuve, en face d'une petite île.

JOURNAL DE ROUTE,

HEURES DE MARCHE.	ROUTE à la boussole.	VARIATION NORD-OUEST.	ROUTE CORRIGÉE.	MILLES COURUS.	DIFFÉRENCE EN LATITUDE.		DIFFÉRENCE EN LONGITUDE.	
					Nord.	Sud.	Est.	Ouest.
7ʰ	S. 25° E.	11°	S. 36° E.	1ᵐ 3ᵈ	.....	1.10.	0.76.	
8.	S. 30. E.	.....	S. 41. E.	1. 5.	.....	1.13.	0.99.	
9.	S. 25. E.	.....	S. 36. E.	1. 8.	.....	1.47.	1. 8.	
10.	S.....	.....	S. 11. E.	2. 0.	.....	1.97.	0.38.	
11.	S. 15. E.	.....	S. 26. E.	2. 0.	.....	1.81.	0.88.	
12.	S. 20. E.	.....	S. 31. E.	1. 5.	.....	1.30.	0.77.	
3.	S. 25. E.	.....	S. 36. E.	3. 6.	.....	2.90.	2.10.	
4.	S. 35. E.	.....	E. 44. S.	0. 7.	.....	0.50.	0.51.	
5.	S. 25. E.	.....	S. 36. E.	1. 8.	.....	1.46.	1. 8.	
6.	S. 35. E.	.....	E. 44. S.	1. 5.	.....	1. 6.	1. 9.	
6. 35'	S. E.....	.....	E. 34. S.	1. 0.	.....	0.58.	0.83.	
7.	E.....	.....	E. 11. N.	1. 8.	0. 36.	.....	1.76.	
8.	N. 35. E.	.....	N. 24. E.	1. 3.	1. 18.	.....	0.52.	
9.	N. 2. E.	.....	N. 9. E.	1. 4.	1. 38.	.....	0.25.	
9. 30.	N. 40. E.	.....	N. 29. E.	0. 8.	0. 72.	.....	0.37.	
					3. 64.	15.28.	13.37.	
						3. 64.		
						11.64.		

Latitude de départ..... 11° 23' 52" N.
Différence en latitude.. 0. 11. 38. S.

Latitude d'arrivée..... 11. 12. 14. N.

Somme............. 22. 36. 6.
Moyen parallèle....... 11. 18. 3.

Milles courus........ 17ᵐ 6ᵈ
Route corrigée....... E. 41° S.

Longitude de départ... 32° 27' 36" E.
Différence en longitude. 0. 13. 36. E.

Longitude d'arrivée.... 32. 41. 12. E.

Le 1.ᵉʳ janvier 1822, parti à 6 h. A 6 heures 55 min., torrent. A 7 h. 40 min., village d'el-Messeyl. A midi 10 min., rivière de Toumat. A 2 heures 40 m., village. A 3 h., halte de 25 min. A 4 heures et à 4 heures 20 min., petits villages. A 4 h. 45 m., mont Fazoql. A 6 h. 25 m., campé dans un petit village.
Le 2, parti à 6 heures 30 min. A 7 heures 30 min., torrent. A 9 h. 30 min., campé sur le bord du fleuve, près du village d'Yara, dans la province de Fazoql.

De FAZOQL à SINGUÉ.

HEURES DE MARCHE.	ROUTE à la boussole.	VARIATION NORD-OUEST.	ROUTE CORRIGÉE.	MILLES COURUS.	DIFFÉRENCE EN LATITUDE.		DIFFÉRENCE EN LONGITUDE.	
					Nord.	Sud.	Est.	Ouest.
8ʰ	S. 15° O.	11°	S. 4° O.	2ᵐ0ᵈ	.....	2. 0.	.....	0. 13.
9.	S. 20. O.	.....	S. 9. O.	2. 0.	.....	1.98.	.....	0. 30.
9. 45ʹ	S. 15. O.	.....	S. 4. O.	2. 0.	.....	2. 0.	.....	0. 13.
12.	S. 25. O.	.....	S. 14. O.	3. 5.	.....	3.40.	.....	0. 87.
1.	S. 20. O.	.....	S. 9. O.	2. 0.	.....	1.98.	.....	0. 30.
7. 50.	S. 25. O.	.....	S. 14. O.	4. 0.	.....	3.89.	.....	0. 93.
3.	O. 35. S.	.....	S. 44. O.	1. 0.	.....	0.72.	.....	0. 69.
4.	O. 20. S.	.....	O. 31. S.	2. 0.	.....	1. 6.	.....	1. 73.
						17.03.		5. 08.

Latitude de départ.... 11° 15ʹ 4ʺ N.
Différence en latitude.. 0. 17. 2. S.
Latitude d'arrivée..... 10. 58. 2. N.

Somme............. 22. 13. 6.
Moyen parallèle ..... 11. 6. 33.

Milles courus......... 17ᵐ
Route corrigée....... S. 17° O.

Longitude de départ... 32° 41ʹ 12ʺ E.
Différence en longitude. 0. 5. 18. O.
Longitude d'arrivée... 32. 35. 54. E.

Le 12 janv. 1822, parti d'Yara à 6 heures 30 min. On traverse beaucoup de petits torrens. A 8 heures 30 min., halte de 15 m.; autre de 45 min. à 9 h. 45 min. A une heure, campé dans le grand torrent Baba.

Le 13, parti à 6 h. 20 minutes. Rencontre de plusieurs petits torrens. A 6 heures 45 min., petite montagne en granit. A 7 heures 50 minutes, halte à la montagne d'Aqarô. Départ à 2 h. 10 min., pour passer de l'autre côté de cette montagne. A 3 h. 10 min., campé sur la rive droite du Toumat.

HEURES DE MARCHE.	ROUTE à la boussole.	VARIATION NORD-OUEST.	ROUTE CORRIGÉE.	MILLES COURUS.	DIFFÉRENCE EN LATITUDE.		DIFFÉRENCE EN LONGITUDE.	
					Nord.	Sud.	Est.	Ouest.
8ʰ	S. O.	11°30'	S. 33° O.	2ᵐ5ᵈ	.....	2.11.	.....	1.35.
9.	S. 30° O.	.....	S. 19. O.	2. 0.	.....	1.90.	.....	0.65.
10.	S. 10. O.	.....	S. 2. E.	1. 8.	.....	1.80.	0. 7.	
11.	S. 10. E.	.....	S. 21. E.	2. 0.	.....	1.88.	0.70.	
12.	S. 35. E.	.....	E. 43. S.	1. 8.	.....	1.23.	1.31.	
1.	S. E.	.....	E. 34. S.	1. 8.	.....	1.69.	2.50.	
2.				1. 2.				
3.	S. 10. E.	.....	S. 22. E.	2. 0.	.....	1.86.	0.72.	
4.	S.	.....	S. 11°30' E.	1. 5.	.....	3.48.	0.69.	
5.				2. 0.				

Latitude de départ..... 11° 0' 42" N.   15.95. 5.99. 2. 0.
Différence en latitude.. 0. 15. 57. S.   2. 0.

Latitude d'arrivée..... 10. 44. 45. N.   3.99.

Somme............ 21. 45. 27.
Moyen parallèle....... 10. 52. 43.

Milles courus........ 16ᵐ 4ᵈ
Route corrigée...... S. 14° E.

Longitude de départ... 32° 35' 54" E.
Différence en longitude. 0. 4. 6. E.

Longitude d'arrivée.... 32. 40. 0. E.

Le 16 janvier 1822, parti à 6 h. 45 min. A 9 h., petit torrent entouré de hautes montagnes, sur lesquelles se voient plusieurs villages. A 10 h. 30 m., on franchit la montagne de Kachinkaró. A une heure 20 min., passage du Toumat; halte de 20 min. A 5 h. du soir, campé sur la rive gauche de cette rivière.

De FAZOQL à SINGUÉ.

HEURES DE MARCHE.	ROUTE à la boussole.	VARIATION NORD-OUEST.	ROUTE CORRIGÉE.	MILLES COURUS.	DIFFÉRENCE EN LATITUDE.		DIFFÉRENCE EN LONGITUDE.	
					Nord.	Sud.	Est.	Ouest.
8ʰ	S......	11°30'	S. 11° E.	2ᵐ 5ᵈ	.....	2.43.		
9.	S. 10° E.	.....	S. 22. E.	1. 5.	.....	1.40.		
10.	S. 20. E.	.....	S. 31. E.	1. 8.	.....	1.52.		
11.	S......	.....	S. 11. E.	2. 0.	.....	1.96.		
12.	S. 10. E.	.....	S. 2. E.	1. 3.	.....	1.30.		
1.	S. 5. E.	.....	S. 16. E.	1. 0.	.....	1.73.	0. 49.	
2.				0. 8.				
3.	S. 10. E.	.....	S. 2. E.	1. 5.	.....	2.30.	0. 10.	
4.				1. 8.				
5.	S......	.....	S. 11. E.	1. 6.	.....	2.55.	0. 49.	
6.				1. 0.				
						15.19.	3.44.	

Latitude de départ..... 10° 44' 45" N.
Différence en latitude.. 0. 15. 12. S.

Latitude d'arrivée..... 10. 29. 33. N.

Somme............. 21. 14. 18.
Moyen parallèle....... 10. 37. 9.

Milles courus......... 15ᵐ 5ᵈ
Route corrigée........ S. 13° E.

Longitude de départ... 32° 40' 0" E.
Différence en longitude. 0. 3. 30. E.

Longitude d'arrivée.... 32. 43. 30. E.

Le 18 janvier 1822, parti à 6 h. 40 min., en marchant dans le lit du Toumat. A 7 h. 20 m., on fait route sur la rive gauche. Sol montueux, coupé par beaucoup de petits torrens. A 10 h. 20 m., on retrouve le Toumat. Durant toute la journée, la route est sans cesse coupée par de petits torrens, et se dirige à travers des coteaux couverts de bois. A 6 h., campé sur le coteau d'Abqoulgui.

258 JOURNAL DE ROUTE, *de* FAZOQL *à* SINGUÉ.

HEURES DE MARCHE.	ROUTE à la boussole.	VARIATION NORD-OUEST.	ROUTE CORRIGÉE.	MILLES COURUS.	DIFFÉRENCE EN LATITUDE.		DIFFÉRENCE EN LONGITUDE.	
					Nord.	Sud.	Est.	Ouest.
7ʰ	O......	11°30'	O. 11° S.	1ᵐ 0ᵈ	.....	0. 20.	.....	0.99.
8.	S. 25° O.	.....	S. 13. O.	1. 5.	.....	3. 45.	.....	0.79.
9.				2. 0.				
10.	S. 5. O.	.....	S. 6. E.	1. 5.	.....	1. 50.	0. 18.	
11.	S. 15. O.	.....	S. 3. O.	1. 5.	.....	1. 50.	.....	0. 9.
12.	O. 40. S.	.....	S. 39. O.	1. 8.	.....	1. 40.	.....	1.11.
1.	O......	.....	O. 12. S.	1. 8.	.....	0. 36.	.....	1.76.
2.	O. 10. N.	.....	O. 1. S.	1. 8.	.....	0. 6.	.....	3.60.
3.				1. 8.				
4.	O. 15. N.	.....	O. 3. N.	1. 5.	0. 10.	.....	.....	1.50.
5.	O. 10. N.	.....	O. 1. S.	1. 0.	.....	0. 5.	.....	1. 0.
5. 50'	O......	.....	O. 12. S.	0. 8.	.....	0. 19.	.....	0.79.
					0. 10.	8. 71.	0. 18.	11.68.
						0. 10.		0.18.
						8. 61.		11.45.

Latitude de départ..... 10° 40' 17" N.
Différence en latitude.. 0. 8. 36. S.
Latitude d'arrivée..... 10. 31. 41. N.

Somme.............. 21. 11. 58.
Moyen parallèle....... 10. 35. 59.

Milles courus......... 14ᵐ 3ᵈ
Route corrigée........ O. 37° S.

Longitude de départ... 32° 43' 30" E.
Différence en longitude. 0. 11. 30. O.
Longitude d'arrivée.... 32. 32. 0. E.

Le 5 février 1826, parti d'Abqouïguï à 6 h. Rencontre de nouveaux torrens. A 8 h. et 10 h., petits villages. A 11 heures, on traverse le Toumat. A 1 h. 15 m., branche du Toumat; à 2 h. 15 m., très-grand torrent, dont une branche est nommée *Sergoli*. A 4 h. et à 4 h. 30 m., torrens. A 5 h. 45 m., campé à 1 h. 15 m. de distance dans l'O. de Singué. Le 7, départ à 7 heures; plusieurs torrens. On se dirige à l'O. 15° S., et à 8 h. 15 m., à l'O. A. 9 heures, campé à Singué.

DESCRIPTION

DE

DIVERS OBJETS

D'HISTOIRE NATURELLE

RECUEILLIS DURANT LE VOYAGE.

OBSERVATIONS PRÉLIMINAIRES

DE L'AUTEUR.

Avant de présenter le travail méthodique auquel des savans distingués ont bien voulu se livrer sur diverses parties d'histoire naturelle qui se rattachent à la relation de mon voyage, qu'il me soit permis de consigner ici quelques observations de détail ayant un objet analogue. Beaucoup de productions de la nature en Égypte, et principalement dans la haute Nubie, sont encore si imparfaitement connues, que j'ai osé croire qu'on accueillerait avec indulgence des notes qui sont de simples matériaux à mettre en œuvre par de plus habiles que moi.

Une des coquilles fluviatiles les plus remarquables de ma collection, est une nouvelle espèce d'éthérie [1] du haut Nil et du fleuve Bleu dans la Nubie supérieure. Je n'ai rien à ajouter à ce que j'en ai dit à la pag. 222 du tom. II.

La plus précieuse après celle-là est l'iridine

---

[1] Nommée et décrite par M. le baron de Férussac, tom. I des *Mémoires de la société d'histoire naturelle de Paris*.

(*iridina nilotica*), que j'ai recueillie dans le canal de Joseph (*voy.* tom. I, pag. 22). En la comparant avec celle qui est vulgairement connue sous le nom de *palme de la Chine* (*iridina exotica*), coquille fort chère, on remarque que la nôtre est plus épaisse. Les lignes cardinales n'offrent que lorsque l'individu est très-âgé, et encore d'une manière peu sensible, ces petits tubercules, seul caractère sur lequel M. de Lamarck avait établi la distinction entre l'iridine et l'anodonte (*voy.* vol. II, pl. LX, fig. 11); aussi cette légère différence ne parut-elle pas suffisante à plusieurs savans qui avaient prétendu réunir cette coquille au genre anodonte. Mais, d'après l'anatomie qui a été faite par M. Deshais[1] sur plusieurs individus de *l'iridina nilotica* que j'avais conservés dans la liqueur, il résulte, et ce sentiment est partagé par M. le baron de Férussac et M. de Blainville, que cette coquille, encore très-recherchée, forme un genre tout différent du genre anodonte.

Avec l'iridine, j'ai trouvé en plus grand nombre encore *l'anodonta rubens* de Lamarck,

---

[1] Tom. III des *Mémoires de la société d'histoire naturelle de Paris*.

également commune dans le Sénégal. Parmi les individus que j'ai rapportés d'Égypte, il s'en trouve de très-grands; l'intérieur de leurs valves est d'une belle couleur rose (*voy.* vol. II, pl. LX, fig. 12); dans d'autres, mais beaucoup plus rarement, il est d'un blanc nacré. Une espèce particulière parmi celles-ci m'a paru se rapprocher de l'iridine par sa forme plus alongée; elle a reçu le nom d'*anodonta arcuta* (*voy.* planche citée, fig. 4 et 5).

Toujours dans le canal de Joseph et les canaux de la basse Égypte, j'ai trouvé, mais assez rarement, une cyrène (*cyrena consobrina* d'Olivier), fig. 10 et 11, même planche, ainsi que deux espèces de mulettes. La première de celles-ci, que l'on désigne sous le nom d'*unio ægyptiacus* (*voy.* fig. 6 et 7), diffère de l'autre par le contour de ses valves, leur renflement et leur légèreté; la seconde espèce (fig. 8 et 9), nommée *unio niloticus*, offre des caractères différens par la configuration de ses valves, qui sont très-épaisses. Ayant conservé dans la liqueur divers individus de ces mulettes, un examen attentif a fait reconnaître à MM. de Blainville et Deshais des différences essentielles entre elles et les mulettes connues jusqu'à ce jour; ce qui doit contribuer à leur faire conserver la désignation particulière prise de leur localité.

Dans les mêmes lieux, et même au Sennâr, j'ai trouvé, quoique rarement, *l'ampullaria carinata* d'Olivier, figurée vol. II, pl. **LX**, fig. 9.

J'ai recueilli aussi dans le Sennâr *l'ampullaria ovata*, que le même voyageur trouva dans le lac Maréotis (*voy.* fig. 10, planche citée). Elle abonde, comme je l'ai dit, dans les sources des oasis, principalement à ez-Zabou dans el-Ouâh el-Bahryeh.

Dans le Nil près de Dongolah, et même dans la basse Nubie, j'ai rencontré deux *paludina*, l'espèce *bulimoïde* (*voy.* fig. 6) et l'espèce *unicolor* (fig. 7); ces coquilles, à quelques légères différences près, vivent aussi dans les canaux de la basse Égypte, où elles furent trouvées par Olivier.

La dernière coquille fluviatile (*voy.* fig. 8, planche citée) est une *melania fasciolata*, qui est commune dans les sources des oasis, principalement dans celles de Farafreh. Une petite variété de cette coquille fut observée par Olivier dans les canaux de la basse Égypte.

En coquilles terrestres, j'ai trouvé *l'helix irregularis*, qui varie considérablement et de forme et de couleur (*voy.* vol. II, pl. LX, fig. 1 à 3). L'individu de la figure 2 diffère tellement des autres, qu'il semblerait devoir former une espèce particulière. Il s'attache aux plantes épineuses qui croissent çà et là dans la partie du grand désert qui avoisine Syouah. Cet hélix m'a offert une particularité remarquable. Lorsque l'animal périt, la coquille qu'il laisse vide sert d'habitation à des abeilles qui y déposent leur miel [1]. Les hélix (fig. 1 et 3) sont très-abondans dans les jardins aux environs du Caire; on les ramasse et on les expose en vente dans les marchés : les Grecs principalement en font leur nourriture à l'époque de leur carême. J'ai trouvé un autre hélix (*agatine flammata*) du sous-genre *cochlogène* (g. *bulime*, Lam.), dont quelques individus avaient 2 pouces 1/2 de longueur : il est orné de belles flammes brunes. Une autre belle variété est toujours blanche (*voy.* pl. LX, fig. 4 et 5); elle existe abondamment dans les environs de Mouna, au nord de Sennâr. Ces variétés ne se trouvent pas en Égypte : on sait qu'elles sont communes au Sénégal, à Sierra-Léone, et sur la côte de Guinée.

[1] M. Drovetti ramassa, comme moi, de ces hélix, et observa la même singularité.

Dans la partie de la chaîne arabique qui avoisine le Caire, je recueillis quelques belles coquilles fossiles dont j'ai déjà parlé. La première (*voy.* vol. II, pl. LXV, fig. 11) est la vulselle lingulée [*vulsella lingulata*, Lam.]; elle a 17 centimètres de longueur; c'est la plus grande du genre. La seconde (fig. 10, même planche) est la placune vitrée [*placuna placenta*, Lam.]. On prétend que l'existence de ces espèces à l'état fossile n'était pas encore constatée d'une manière certaine. Elles ne semblent point différer des espèces vivantes aujourd'hui connues, et qui habitent l'Océan indien. Dans le même lieu j'ai trouvé diverses variétés (fig. 7, 8, 9) de l'huître flabellule [*ostrea flabellula*]. Ces coquilles gisent en couches dans un terrain tertiaire supérieur de sédiment terreux.

En descendant dans la grande pyramide de Memphis, j'observai avec ma lumière, sur le parement du conduit creusé dans la montagne, une petite cavité contenant le noyau d'une grande cérithe; je le détachai avec soin (*voy.* pl. LXV[1], fig. 6). Ce calcaire, dont

---

[1] C'est par erreur que ce noyau de cérithe a été figuré tourné à gauche; il doit être tourné à droite.

une partie s'élève au centre de la pyramide en forme de noyau, appartient aux terrains des sédimens inférieurs.

Sur la ligne du Fayoum à la petite oasis et à celle de Syouah, la majeure partie du sol appartient aux terrains secondaires de sedimens inférieurs. Les nummulites (*nummiformis*) y abondent : j'en ai conservé qui ont jusqu'à cinq centimètres et demi de diamètre (*voy*. pl. LXV, fig. 3 à 5). Le nautile (*nautilus lineatus*), fig. 1 et 2 de la planche citée, vient du désert nommé *Ras el-Baqar,* où, en suivant la route ci-dessus, on aperçoit en quantité du bois pétrifié. Le *clypeaster Gaymardi* (fig. 12) a été trouve sur la route du Khargeh à Abydos.

Parmi les singes que je pus me procurer à Sennâr et dans la province de Robâtât, on en distingue un de la famille des babouins et deux de celle des guenons. Le premier appartient à l'espèce nommée *papion* par Buffon, et *simia sphinx* par Linné ; il me fut apporté des rives du Rahad, sur l'île de Méroé, où cette espèce, dit-on, est commune, tandis qu'elle est rare dans le Sennâr. Ce singe est un des plus faciles à apprivoiser.

Je me procurai, au Sennâr, le patas à bandeau blanc de Buffon, *simia rubra* de Linné. La couleur de cette guenon est très-rousse ; l'espèce n'en est pas commune dans le pays. L'espèce de la seconde guenon, fort commune au Sennâr et au Fazoql, est très-voisine du callitriche ou singe vert, *simia sabao*. Cependant, d'après les individus que j'ai rapportés des environs de l'île de Moqrât, M. F. Cuvier la regarde comme une nouvelle espèce, et il lui a donné le nom de *grivet* [1]. Cette guenon se familiarise difficilement, et n'a point l'intelligence des babouins. Au Sennâr, je trouvai deux chauves-souris ; l'une du genre roussette, *pteropus* [2], de la plus grande espèce : les ailes étendues, elle avait vingt-six pouces ; elle était à museau de chien et à oreilles courtes. L'autre espèce, très-singulière, a été publiée par M. Geoffroy Saint-Hilaire, sous le nom de *mégaderme feuille* [3].

Les insectes que j'ai pu conserver [4] sont

---

[1] Publié dans les *Mammifères*, ouvrage de MM. Geoffroi Saint-Hilaire et F. Cuvier.

[2] Genre établi par M. Geoffroi Saint-Hilaire, qui en a publié une espèce de moyenne grandeur dans la *Description de l'Égypte*.

[3] *Annales du Muséum d'histoire naturelle.*

[4] J'ai lieu de regretter beaucoup de petits reptiles que j'avais placés dans la liqueur. Obligé de transporter à dos de chameau

OBSERVATIONS PRÉLIMINAIRES. 269

décrits ci-après; je suis redevable de ce travail à l'extrême obligeance du savant M. Latreille. M. Delile, à qui la botanique est si familière et qui a déjà enrichi la science par de précieuses découvertes en ce genre sur l'Égypte, a bien voulu de son côté décrire les plantes de mon herbier, et j'ai placé son travail à la suite du précédent [1].

A Sennâr, M. Letorzec s'occupa de la préparation de quelques peaux d'oiseaux dont je joins ici la liste : ces oiseaux sont communs aux environs de cette capitale, dans les mois de juin et juillet ; après cette époque, la plupart quittent le pays.

Coliou du Sénégal.
Guépier minule, *Vaill.*
Merle du royaume de Juida, *Buff.*
Guépier à face bleue, *Vaill.*
Drongo bronzé.
Tourtelette, *Buff.*
Pie-grièche rousse.
Pie-grièche écorcheur.
Bergeronnette, *Buff.*
Motteux.
Bengali, *Buff.*
Loxia ignicolor (du Dongolah).

les vases qui les renfermaient, je n'ai pu les conserver jusqu'au terme du voyage.

[1] *Voy.* pl. LXII, LXIII et LXIV, vol. II. Les monumens antiques, but principal de cet ouvrage, ayant déjà nécessité un grand nombre de planches, j'ai craint d'outre-passer les bornes, en faisant figurer d'autres plantes. La savante description qu'on en trouvera dans ce volume, suppléera, autant que possible, à cette omission forcée.

Souïmanga cossu.	Gonoleck.
Veuve au collier d'or.	Rollier (variété).
Tisserin.	Sénégali.
Dioch (variété).	Pie du Sénégal.

Je dois, en terminant, faire remarquer que les diverses productions de la nature qui, dans la haute Nubie, s'offrent aux regards de l'observateur, sont identiques, sauf de légères nuances, avec celles qui existent au Sénégal. Déjà les connaissances en botanique qu'on a acquises sur les contrées à l'ouest de celles que j'ai parcourues, c'est-à-dire, sur le Dâr-Four et le Bournou, établissent une continuité non interrompue des mêmes végétaux. On peut dès-lors en inférer avec vraisemblance que la vaste région située entre les 10.e et 18.e degrés de latitude, en traversant l'Afrique du golfe Arabique jusqu'aux côtes du Sénégal, nourrit sur sa surface les mêmes plantes, les mêmes quadrupèdes, les mêmes oiseaux, les mêmes insectes, les mêmes coquilles; et que ces divers êtres sont pour la plupart distincts de ceux qu'on sait habiter la région immédiatement au nord.

DESCRIPTION
DES INSECTES

Figurés sur la pl. LVIII *du tom.* II, *recueillis par* M. CAILLIAUD, *et décrits par* M. LATREILLE, *membre de l'Académie royale des sciences, &c.*

NOTA. Tous les objets, à l'exception du n.º 31, sont représentés de grandeur naturelle et suivant la distribution méthodique de l'ouvrage sur le Règne animal de M. le baron Cuvier; ceux qui ont paru nouveaux seront distingués par une phrase spécifique [1].

---

1. **TROMBIDION** COLORANT. *Trombidium tinctorium*, FAB.

    Acarus tinctorius, LINN.

L'*acarus tinctorius* de Linné se trouvant en Guinée et au Sénégal, nous sommes certains, par la comparaison que nous avons faite des individus que nous avons reçus de ces pays avec ceux que M. Cailliaud a rapportés du Sennâr, que ces arachnides appartiennent à la même espèce; mais il est au moins douteux qu'elles habitent aussi Surinam, ainsi que l'avance Fabricius. Slabber, dans le recueil

[1] M. Savigny, de l'académie royale des sciences, s'était chargé de cette partie relative aux insectes; mais une ophthalmie des plus graves et des plus opiniâtres l'a forcé de renoncer à toute espèce de travail.

de ses observations microscopiques (*Aranea colorifera*, tab. 2), et Hermann fils (*Mem. apterol.* pl. I, fig. 31), en ont donné de bonnes figures. Abstraction faite de la grandeur, le Trombidion soyeux (*holosericeum*) de nos contrées ressemble singulièrement au précédent; mais ici, d'après les observations d'Hermann, l'extrémité postérieure du corps offre au milieu une échancrure, et les papilles du dos sont globuleuses au sommet : dans l'autre, ces papilles ou poils sont barbus, et la même extrémité du corps est entière. Les habitudes sont d'ailleurs les mêmes. M. Cailliaud a trouvé le Trombidion colorant sortant de terre, et n'a point remarqué qu'on l'employât dans la teinture, ainsi qu'on commençait à le faire en Guinée, suivant le naturaliste suédois précité.

Le corps de ce Trombidion a la forme d'un triangle renversé ou dont la base est en devant, avec les angles arrondis ou très-obtus. Il est très-soyeux, d'un très-beau rouge-vermillon, avec les pieds plus pâles; le dos offre plusieurs courtes impressions transverses. La première et la dernière paire de pieds sont les plus longues de toutes.

2. ANTHIE CHASSEUR. *Anthia venator*, Fab.

Carabus cursor, Oliv.

Cette espèce, recueillie dans la petite oasis,

avait été primitivement décrite, d'après des individus pris au Sénégal, par Roussillon. M. Dupont aîné, qui a accompagné feu Richtie dans son voyage en Afrique, l'avait aussi trouvée dans les états de Tripoli. Les élytres ne sont point parfaitement lisses; on y aperçoit quelques légers sillons, et çà et là de petits points enfoncés : le duvet grisâtre formant une tache à la base de chacune d'elles, s'étend le long du bord extérieur. La tête offre, entre les yeux, deux impressions bien marquées.

3. ANTHIE BORDÉE. *Anthia marginata*, KLÜG.

Elytris punctato-striatis; limbo externo, maculis tribus ad basin, totidem medium ultra transversè ordinatis, punctis duobus superis, apice, thoracisque marginibus tomentoso-albis.

Élytres à stries ponctuées; leur limbe extérieur, trois taches à la base, trois autres transversales au-delà du milieu, deux points au-dessus, l'extrémité et les bords du corselet d'un blanc formé par un duvet.

Cet insecte est représenté avec une seule mandibule, parce que l'autre manque dans l'individu sur lequel on a fait le dessin. Le corselet est ponctué. Les deux taches intérieures de la base des élytres sont beaucoup plus petites que l'extérieure du même rang; l'interne des trois situées transversalement un peu au-delà du milieu, est placée près de la suture, et un peu plus haut que les deux autres; à l'extrémité de chaque élytre est une autre tache plus grande que les précédentes, transverse, offrant antérieurement, vers le bord interne, une échancrure aiguë, ce qui la fait paraître comme unidentée; les autres sont plus ou moins ovales ou punctiformes. Cette espèce se rapproche de l'*Anthia sexmaculata* de Fabricius.

Elle a été trouvée à el-Ouâh el-Bahryeh.

4. SPHODRE PLAN? *Sphodrus planus?* CLAIRV.

Carabus leucophthalmus, LINN. ?

Le seul individu qu'ait rapporté M. Cailliaud étant en très-mauvais état, je ne puis affirmer que cet insecte soit positivement le SPHODRE PLAN de nos contrées; mais il m'a paru, autant que j'ai pu en juger, qu'il n'en diffère point essentiellement.

Trouvé avec le précédent.

5. SCARITE HÉROS. *Scarites heros.*

Alatus, elongatus, convexus; tibiis mediis extùs bidentatis; mandibulæ sinistræ latere interno dente unico, obtuso; elytris striatis, lateribus exceptis, impunctatis; fronte lævi.

Ailé, alongé, convexe; jambes du milieu bidentées antérieurement; une seule dent et obtuse au côté interne de la mandibule gauche; élytres striées, et, à l'exception des côtés, sans points; front lisse.

Par le port, cette grande espèce ressemble beaucoup au *Scarite indien* et à quelques autres analogues; mêmes formes, et mêmes proportions relatives dans le corselet, les élytres et l'abdomen. Elle appartient à la troisième des cinq divisions que M. Bonelli a établies dans ce genre. Son corps est entièrement noir. Les mandibules sont proportionnellement moins avancées que dans plusieurs autres espèces congénères : la gauche n'a au côté interne qu'une seule dent bien distincte, et qui est formée par une dilatation arrondie et très-obtuse de sa base; l'autre mandibule en a une de plus, et dont la pointe est mousse. Les intervalles des stries des élytres, à l'exception du bord extérieur qui est finement chagriné, n'offrent aucun point enfoncé.

Trouvé à el-Ouâh el-Bahryeh.

6. TAUPIN NOTODONTE. *Elater notodonta.*

Cinerascenti-niger, punctulatus; antennis pedibusque fuscescentibus; thorace subtùs utrinque profundè canaliculato; marginis postici medio suprà unituberculato; elytris punctato-striatis.

D'un noir tirant sur le cendré, pointillé; antennes et pieds brunâtres; corselet ayant en-dessous, de chaque côté, un sillon profond; un tubercule en dessus sur le milieu de son bord postérieur; élytres ayant des stries pointillées.

Il a le plus grand rapport avec l'*Elater fuscipes* de Fabricius. Les antennes sont légèrement en scie, avec le second article plus court que le suivant. Le milieu du bord postérieur du corselet a, en dessus, une petite éminence presque carrée formant une sorte de dent, et d'où vient la dénomination de *notodonte* que j'ai donnée à cette espèce. Les deux lignes enfoncées situées de chaque côté du presternum, et où se logent les antennes, sont ici très-profondes, et l'extrémité de ce presternum a aussi une petite ligne enfoncée. Les élytres ont des stries pointillées. La forme du corps et les proportions de ses parties sont parfaitement les mêmes que dans l'espèce précitée.

Dans le Sennâr.

7. BUPRESTE IRRÉGULIER. *Buprestis irregularis*, KLÜG.

Exscutellatus, conico-ovatus, convexus; sterno medio porrecto, conico; corpore obscurè brunneo; thorace reticulato; elytris ad apicem tridentatis, castaneis, maculis duabus ad basin punctisque plurimis sparsis flavidis.

Sans écusson, conico-ovoïde, convexe; médi-sternum avancé, conique; corps d'un brun obscur; corselet réticulé; élytres tridentées à leur extrémité, de couleur marron, avec deux taches à la base et des points épars jaunâtres.

Je soupçonne que cet insecte n'est qu'une variété du *Buprestis castanea* de Fabricius; et avec d'autant plus de raison, que, dans l'un des deux individus que j'ai vus, celui qui est figuré ici, les points jaunâtres des élytres sont moins nombreux et moins prononcés que dans l'autre. Je dois la communication de celui-ci à M. le docteur Klüg, de Berlin. L'un et l'autre sont un peu plus grands que les individus ordinaires précités. Les taches du dessous du corps, les enfoncemens en forme de points du corselet, les deux impressions garnies de duvet de la base de chaque élytre, dont l'une ovale et près du bord extérieur, et l'autre orbiculaire et située vers le milieu, sont jaunâtres et non roussâtres : du milieu de ces élytres à leur extrémité, sont des points en nombre variable, de la même couleur, formés aussi par un duvet, et dont les antérieurs sont disposés sur deux lignes transverses; les autres sont placés longitudinalement près du bord extérieur et de la suture. On aperçoit des traces des mêmes points, mais d'une couleur roussâtre, dans quelques individus du *Buprestis castanea*, espèce qui habite le Sénégal. Celle-ci a été trouvée dans le royaume de Dongolah.

8. BUPRESTE DE CAILLIAUD. *Buprestis Cailliaudi.*

Exscutellata, conico-ovata, convexa; elytris integris; corpore viridi, rugosulo; thoracis lateribus, medio elytrisque lineis interruptis albidis.

Sans écusson, conico-ovoïde, convexe; élytres entières; corps vert, finement ridé ; côtés du corselet, son milieu et plusieurs lignes interrompues sur les élytres, blanchâtres.

Les sciences naturelles ne seront pas moins redevables que la géographie au voyageur auquel, comme interprète des sentimens de ceux qui les cultivent, je dédie cette espèce. Elle se rapproche beaucoup de celles que Fabricius nomme *fascicularis*, *Andreæ*, *pilosa*, *onopordinis*, et en général de toutes celles dont la forme est ovoïdoconique, convexe, qui n'ont point d'écusson, ni de dentelures à l'extrémité des élytres, et dont le médisternum n'est point avancé. Le corps de celle-ci est d'un vert assez brillant, et généralement garni d'un duvet très-court, blanchâtre et tirant un peu sur le jaunâtre; il forme trois bandes longitudinales sur le corselet, deux latérales, la troisième au milieu, et située, à ce qu'il paraît, dans un enfoncement ou dépression. Chaque élytre offre trois lignes longitudinales interrompues, de cette couleur, et formées de même, deux près de la suture, et l'autre plus large, mais moins prononcée, à peu de distance du bord extérieur.

Dans la même contrée que l'espèce précédente.

9. BUPRESTE RABOTEUX. *Buprestis scabra*, FAB., OLIV.

Tous les individus que j'ai vus sont plus grands que ceux que l'on trouve au Sénégal, et, d'après lesquels Olivier avait décrit cette espèce.

Trouvée à el-Ouâh el-Bahryeh.

10. ATEUCHUS DES ÉGYPTIENS. *Ateuchus Ægyptiorum.*

Clypeo sex-dentato, vertice subprominulo, lævi; corpore viridi, nitido; elytris subrugosulis, leviter striatis, punctatis; tibiis anticis intùs denticulatis.

Chaperon six-denté, avec le vertex un peu élevé et lisse ; corps d'un vert brillant ; élytres finement ridées, légèrement striées, ponctuées ; côté interne des jambes antérieures dentelé.

L'Éthiopie paraissant avoir été l'habitation primitive des Égyptiens, il est probable que cette espèce de bousier, d'une couleur plus éclatante que celui auquel les naturalistes ont donné le nom de *sacré*, a dû, par cela même, fixer de préférence l'attention de ce peuple ou de ses prêtres, et que dès-lors cette espèce est véritablement le *Bousier sacré* primitif. L'autre espèce lui étant presque semblable, à la couleur près, la remplaça probablement, lorsque ce peuple, ayant descendu le Nil, ne trouva plus sous ce climat la précédente. Peut-être aussi que l'une et l'autre furent indistinctement l'objet de leur culte. L'*Ateuchus des Égyptiens* n'a point sur le vertex de la tête les deux tubercules qui caractérisent l'*Ateuchus sacré* du midi de la France et d'Espagne ; on n'y voit qu'une faible éminence alongée, lisse et très-luisante. La couleur verte prend, sur quelques parties du corps, une teinte dorée. Le corselet est, à l'exception d'un petit espace, en forme de ligne, du milieu du dos, entièrement ponctué, et même chagriné sur les côtés, dont les bords sont dentelés. Les intervalles des stries très-superficielles des élytres sont finement chagrinés et offrent des points enfoncés assez nombreux et assez larges. Le côté interne des deux jambes antérieures présente une série de petites dents : dans notre *Ateuchus sacré*, ce même côté a ordinairement deux dents assez fortes.

Dans le Sennâr.

11. ATEUCHUS SACRÉ, var. *Ateuchus sacer*, FAB. var.

Le milieu de la tête offre de chaque côté, entre les yeux, une petite ligne élevée et transverse, et dont l'extrémité intérieure, étant un peu plus saillante, semble représenter l'un des deux tubercules de l'espèce ordinaire. Le corselet est presque entièrement chargé de très-petits grains. Les stries fines des élytres sont plus prononcées que dans les individus ordinaires, et placées, particulièrement les plus extérieures, sur des côtes très écrasées ou obsolètes. Les dents extérieures des jambes antérieures sont très fortes; on n'en voit qu'une à leur côté interne. Cet *Ateuchus* et quelques autres d'Afrique, paraissent, à l'égard de la surface de la tête, plus se rapprocher de l'espèce de Hongrie et de Dalmatie qu'on a distinguée sous le nom de *pius*, que du *sacer* des contrées occidentales d'Europe.

Dans le Sennâr.

12. GYMNOPLEURE PROFANE. *Gymnopleurus profanus.*

Ateuchus profanus, FAB. var.

Le dessus du corps est d'un vert brillant, un peu doré sur le corselet; son dessous est d'un vert noirâtre. Selon Fabricius, qui a décrit cette espèce comme étant de la Guinée, le corps est d'un bleu de ciel tirant sur le noir. Sa description, d'ailleurs, s'applique parfaitement à l'insecte dont nous donnons la figure, et qui habite aussi le Sennâr. Les stries des élytres sont si fines, que ces élytres paraissent être lisses à la vue simple.

13. GYMNOPLEURE ÉCLATANT. *Gymnopleurus fulgidus.*

Copris fulgidus, OLIV.

Dans le Sennâr, et se trouve aussi au Sénégal.

14. GYMNOPLEURE BICOLOR. *Gymnopleurus bicolor.*

Clypeo bidentato; corpore cœruleo; capite thoraceque suprà nitido-cupreis; thorace punctato, sparsim lævigato; elytris ad suturam transversè impressis.

Chaperon bidenté; corps bleu, avec le dessus de la tête et du corselet d'un cuivreux brillant; corselet ponctué, avec des espaces ou cicatrices lisses; des impressions transverses sur les élytres près de la suture.

Il n'est peut-être qu'une variété du précédent. Le corselet est moins variolé; les élytres sont aussi plus unies, et n'offrent que quelques impressions transverses, situées près de la partie supérieure de la suture.

Habite aussi le Sennâr.

15. ONTHOPHAGE BONASUS, mâle, var. *Onthophagus bonasus*, mas, var.

<small>*Copris bonasus*, FAB. OLIV.</small>

Cet insecte ne me paraît être qu'une variété du *Copris bonasus* mâle; il est un peu plus petit. La tête ne présente que deux cornes, l'intermédiaire ou la plus petite manquant. Le corselet, à l'exception des bords, est noirâtre.

Le *Copris catta* de Fabricius paraît être la femelle de cette espèce, ou du moins de l'une de ses variétés.

Même habitation que les précédens.

16. BOUSIER ANTENOR, mâle. *Copris Antenor*, mas, FAB., OLIV.

Haute Égypte et Sénégal.

17. BOUSIER MIDAS, fem. *Copris midas*, fem. FAB.

J'ai donné, sur la planche qui accompagne mon mémoire sur les insectes sacrés des Égyptiens (*Mémoires du Mus. d'hist. nat.* tom. V, p 270, pl. XVIII, fig. 2), la figure d'un Bousier mâle, trouvé dans la Haute-Égypte par M. Savigny, et auquel il rapporte le *Scarabée à deux cornes* d'Horapollon. Je considère cette espèce comme une variété plus grande du *Bousier Midas* de Fabricius, qu'il dit être d'Amérique, mais sans doute par méprise, cette contrée n'offrant aucune espèce analogue à celle-ci, ainsi qu'à l'*hamadryas* et au *bucephalus*. Les intervalles des stries des élytres du *Bousier Midas* sont bien plus fortement pointillées que dans l'*Antenor*, l'*Hamadryas*, autres espèces d'Afrique ; et ces points étant confluens, la surface des élytres paraît très-finement ridée. Ce caractère se trouvant dans le Bousier femelle représenté ici sous le n.° 17, la tête et le corselet ayant d'ailleurs, sauf les modifications sexuelles, de grands rapports de formes avec ceux que nous offrent ces parties dans le *Bousier Midas* mâle, nous avons lieu de présumer que notre application est juste. Cet individu est presque de la taille du *Bousier géant*, espèce uniquement établie sur des individus femelles, ceux peut-être de l'*Antenor* ou de l'*Eryx* de Fabricius, et qu'il faudrait, dans ce cas, réformer.

Dans le Sennâr.

18. BOUSIER SABÆUS, mâle. *Copris sabœus*, mas, FAB.

19. La femelle.

20. Variété plus grande du même individu.

21. HANNETON BLÊME. *Melolontha pallidula.*

Antenis novem articulatis, trilamellatis ; tarsorum unguibus inæqualibus, acutis, externo validiore; clypeo marginato, integro ; corpore rufo-flavido, nitido ; elytris striato-punctatis ; tibiis tarsisque rufis.

Antennes de neuf articles, à massue de trois feuillets; ongles des tarses inégaux, pointus, l'extérieur plus fort; chaperon rebordé, entier; corps d'un jaunâtre roussâtre, luisant; élytres à stries formées par des points; jambes et tarses roux.

Cette espèce me semble avoisiner par ses caractères essentiels les espèces nommées *viridis*, *Frischii*, *vitis*, et autres semblables, avec lesquelles M. Megerle a formé le genre *Anomala* (Dejean, *Catal. des coléopt.* page 58). Le corps est d'un jaunâtre roussâtre, plus pâle sur les élytres, luisant, très-finement pointillé, avec la poitrine garnie de poils jaunâtres. Le chaperon est rebordé, entier, arrondi latéralement, et tirant sur le roux, ainsi que les jambes et les tarses. Le crochet extérieur des quatre premiers tarses, et peut-être aussi des deux autres, est bifide; les deux jambes antérieures sont bidentées extérieurement; les quatre suivantes offrent trois rangées transverses de petites épines, la terminale comprise.

Dans une variété, le milieu du corselet a une grande tache noire s'étendant jusqu'au bord postérieur, et trifide en devant. La suture et les stries des élytres sont aussi de cette couleur.

Cette espèce se rapproche beaucoup du *Hanneton unicolor* d'Olivier, qui se trouve au Sénégal.

22. CÉTOINE olivâtre, var. *Cetonia olivacea*, var. Fab.

Elle semble faire le passage de la *Cétoine olivâtre* à celle que l'on a désignée sous le nom d'*interrompue*, de manière même que l'on pourrait encore la considérer comme une variété de celle-ci. Elle diffère de la première, en ce que le dessous du corps et les pattes sont presque entièrement noirs, et que le jaune roussâtre domine davantage sur les élytres. Celles-ci sont de cette couleur, avec le bord extérieur, la suture et six taches, noirs. L'anus offre une grande tache de la couleur des élytres, marquée de deux points noirs.

Dans le Sennâr.

23. CÉTOINE jaïet. *Cetonia gagates*, Fab., Oliv.

Trouvée avec la précédente.

M. Cailliaud a rapporté du même pays une autre cétoine très-voisine de celles que Fabricius a nommées *marginata* et *fasciata*. La bordure roussâtre des élytres se dilate intérieurement, un peu au-delà du milieu, pour former une bande transverse.

24. **HÉLOPS BORDÉ.** *Helops marginatus,* Fab.

Petite oasis. Se trouve aussi en Guinée.

25. **CANTHARIDE ÉTHIOPIENNE.** *Cantharis œthiops.*

Nigra, cinereo-pubescens; thoracis medio lineolá albicante; elytris immaculatis.

Noire, avec un duvet cendré; une petite ligne blanchâtre le long du milieu du corselet; élytres sans taches.

Cette espèce a de grands rapports avec celle que Fabricius nomme *cinerea*, mais qui habite le nouveau continent. Les antennes ne sont guère plus longues que le corselet; son milieu offre dans sa longueur une petite ligne enfoncée et blanchâtre.

Petite oasis.

26. **MYLABRE TRIGRINIPENNE.** *Mylabris trigrinipennis*

Rufa, capite, pectore, elytrorumque punctis viginti nigris.

Fauve, avec la tête, la poitrine et vingt points sur les élytres, noirs.

Ce mylabre, dont je n'ai vu qu'un individu très-défectueux, paraît avoir une grande affinité avec celui qu'Olivier a décrit dans l'*Encyclopédie méthodique*, sous le nom de *20-punctata*. Chaque élytre a dix points noirs, mais dont les quatre derniers, réunis par paire, forment deux taches lunulées ou en fer à cheval, l'une près de la suture, l'autre près du bord extérieur et plus rapprochée du bout.

A el-Ouâh el-Bahryeh.

27. LAMIE ORNÉE. *Lamia ornata.*

Cerambix ornatus, OLIV.

A el-Ouâh el-Bahryeh.

28. PENTATOME ?

Le seul individu rapporté par M. Cailliaud ayant été détruit depuis qu'on en a fait le dessin, je ne puis en donner la description.

29. ÉDESSE VEUVE. *Edessa viduata*, FAB.

Le Sennâr.

30. CORÉE HÉTÉROPE. *Coreus heteropus.*

Thorace acutè spinoso ; corpore penitùs nigro ; femoribus posticis clavatis, incurvis, intùs bidentatis ; dente medio valido, compresso, subserrato.

Corselet armé de deux épines aiguës ; corps entièrement noir ; cuisses postérieures renflées, courbes, avec deux dents au côté interne ; celle du milieu forte, comprimée, un peu dentelée en scie.

Cette espèce se rapproche beaucoup des *Lygées tristator* et *curvipes* de Fabricius. Son corps est entièrement d'un noir mat. Les antennes sont insérées et rapprochées à l'extrémité antérieure de la tête, filiformes, avec le dernier article alongé et roussâtre. Les bords latéraux du corselet sont très-finement dentelés, et terminés chacun par une épine très-aiguë. Le dessous des quatre cuisses antérieures offre de petites dents, dont une un peu plus grande, à l'extrémité. Les jambes sont comprimées et sillonnées : les cuisses postérieures sont très-grosses, courbes, avec deux dents au côté interne, dont l'une à la base et l'autre au milieu ; celle-ci est très-forte, comprimée et finement dentelée ; son extrémité postérieure se termine brusquement et semble former une troisième dent. Le dessous du corps, ainsi que le front ou l'entre-deux des antennes, n'en offre point.

Le Sennâr.

31. LARVE de TERMÈS.

Celle probablement que Forskhal appelle *arda*.

32. SCOLIE BANDES-ROUSSES, mâle. *Scolia rufozonata*, mas.

Nigra, griseo-villosa ; abdominis segmentis suprà fasciá posticá rufescente.

Noire, avec des poils gris ; une bande roussâtre et postérieure sur le dessus des segmens de l'abdomen.

Elle appartient à la division des espèces dont les ailes supérieures ont une cellule radiale et deux cubitales. Les nervures de ces ailes, ou du moins celles de la côte, sont roussâtres. Le bord postérieur et supérieur des anneaux de l'abdomen a une bande de cette couleur, mais qui est beaucoup plus petite sur le premier segment. Ces bandes se confondent sur les derniers, de manière que l'extrémité du dessus de cette partie du corps est toute roussâtre.

M. Cailliaud a recueilli dans son voyage quelques autres insectes que nous n'avons pas cru devoir faire représenter, attendu que leurs couleurs ont été altérées par la liqueur où il les avait mis. Nous y avons remarqué entre autres l'*Aptérogyne* mâle d'Olivier ; une *Lampyre* voisine du *capensis* ; une nouvelle espèce de *Géotrupe*, et le *Sinodendron digitatum* de Fabricius, qui forme maintenant un nouveau genre, celui de *Chiron*. Il a encore rapporté une nouvelle espèce de *Brachycère*, qui nous a fourni le sujet d'une notice dont nous avons fait lecture à l'Académie royale des sciences, et que, pour compléter ces observations entomologiques, nous faisons suivre ici.

Des voyageurs nous avaient appris qu'une espèce de Mante, la prêcheuse [*precaria*], suivant les conjectures de Linné, ou celle qu'on a nommée *fausta*, selon Fabricius et d'après Thunberg, était l'objet de la vénération des Hottentots ou l'un de leurs fétiches. Nous savions encore que les anciens Égyptiens portaient au cou, en manière d'amulettes, des simulacres de scarabées sacrés : mais nous avons ignoré jusqu'à ce jour qu'un insecte très-différent des précédens, une espèce de brachycère, servît aussi de talisman; c'est à M. Cailliaud, qui a rendu des services si importans à la géographie et aux sciences naturelles, que nous devons la connaissance de ce fait curieux. Je mets sous les yeux de l'Académie l'objet lui-même, et tel qu'il a été préparé par les femmes nègres du royaume de Bertât, vaste contrée située au sud du Sennâr, entre le fleuve Bleu et le fleuve Blanc.

L'insecte dont il s'agit ici, a, ainsi que les autres brachycères, les élytres très-dures, soudées, et embrassant les côtés de l'abdomen. Il paraît, d'après l'individu rapporté par ce voyageur, qu'afin de pouvoir suspendre au cou le cadavre de l'animal, on lui arrache d'abord la tête et les pieds, et qu'on lui fait un trou sous le ventre pour le vider; on introduit ensuite dans l'intérieur du corps l'extrémité d'une lanière de cuir, en la faisant passer par l'ouverture antérieure du corselet ou prothorax; on la fait sortir par celle qu'on a pratiquée sur le dessous de l'abdomen, afin d'y former un nœud qui, renfermé dans la cavité abdominale, empêche le corps de l'insecte de couler; l'autre extrémité de la lanière va en s'élargissant, et s'attache probablement au collier ou à tout autre suspensoir. Quoique l'insecte soit mutilé, il est néanmoins facile de juger, par la comparaison des parties restantes, qu'il appartient au genre *Brachycère*, établi par Olivier aux dépens de celui de *Charanson* [*Curculio*] de Linné. Cette espèce se rapproche beaucoup de celles qu'on a désignées sous les noms d'*apterus*, *globosus*, *verrucosus*, *&c.*; mais elle s'en éloigne en ce que le milieu du corset n'offre ni côtes ni sillons. Le segment thoracique est chargé de petites aspérités en forme de grains, caractère qui me paraît être exclusivement propre à certaines espèces du Cap de Bonne-Espérance ou de l'Afrique méridionale. Celle-ci est inédite, et recevra la dénomination de *sacré* [*sacer*]: elle est une des plus grandes du genre. Le fond de sa couleur est d'un cendré obscur, tirant un peu sur le brun, et parsemé de points d'un noir très-luisant, formés par de petits grains aplatis, et qui, confluens sur les côtés des élytres et à l'extrémité postérieure et dorsale du corselet, s'y convertissent en rides. Chaque côté de ce segment thoracique présente une dent courte ou une petite épine; à son extrémité antérieure sont deux éminences déprimées et ponctuées, réunies par-devant et dilatées postérieurement presque en manière de triangle. Chaque élytre offre deux rangées dorsales de tubercules déprimés, d'un noir luisant, peu nombreux, ou séparés par d'assez grands intervalles. Les rebords de la suture forment antérieurement une ride longitudinale.

Quel est le motif qui a inspiré à cette peuplade nègre un sentiment religieux pour cet insecte coléoptère? Je l'ignore asolument; tout ce que je puis dire, c'est que tous les brachycères vivent habituellement à terre dans les terrains chauds et sablonneux, et que si les habitudes des espèces africaines sont, comme il y a lieu de le présumer, les mêmes que celles des espèces du midi de l'Europe, ces insectes commencent à paraître dès les premiers jours du printemps, et dès-lors, pour des contrées où l'on ne connaît point d'hiver, immédiatement après la saison des pluies. Si le brachycère présente, sous ce rapport, quelque analogie avec le scarabée sacré, il aurait, à l'égard de la consistance plus solide de son corps et de la soudure de ses élytres qui forment une sorte de voûte, un avantage que n'offre pas le scarabée sacré, celui de pouvoir se conserver plus long-temps, d'être plus portatif, et de pouvoir servir lui-même d'amulette.

On sent que, dans cet état de choses, il est bien plus commode pour un peuple grossier, et chez lequel les arts, que son genre de vie ne lui permet pas de cultiver, ont fait peu de progrès, de porter en nature un objet de culte, que d'y suppléer par un modèle artificiel, dont la fabrication exigerait du temps et une certaine connaissance statuaire.

CENTURIE
DE PLANTES D'AFRIQUE
DU VOYAGE À MÉROÉ,

Recueillies par M. CAILLIAUD, et décrites par M. RAFFENEAU-DELILE, correspondant de l'Académie royale des sciences et de l'Académie de médecine, Chevalier de l'ordre royal de la Légion d'honneur, Professeur de botanique à la Faculté de médecine de Montpellier.

INTRODUCTION.

LE voyage de M. Cailliaud, en remontant le Nil et le fleuve Bleu, a enrichi la géographie et l'histoire naturelle de plusieurs découvertes. La part réservée à la botanique nous a fait connaître les principaux végétaux des oasis et du long trajet depuis Philæ jusqu'à Singué, situé près du 10.ᵉ degré de latitude nord. Ce voyageur a rapporté cent espèces de plantes recueillies dans les déserts et dans les localités beaucoup plus favorables. Le nombre et la nature des espèces et familles confirment les notions générales précédemment acquises sur les plantes des parties de l'Afrique explorées jusqu'à ce jour.

Un cinquième des plantes rapportées par M. Cailliaud appartiennent à la famille des Légumineuses, au nombre de vingt,
ci.................... 20 LÉGUMINEUSES.

Les autres plantes sont.............. 8 SYNANTHÉRÉES.
6 APOCINÉES.
5 ATRIPLICÉES.
4 GRAMINÉES.
4 MALVACÉES.
4 URTICÉES.
3 RUBIACÉES.
3 BORRAGINÉES.
2 PALMIERS.
2 AMARANTHACÉES.
2 ACANTHACÉES.
2 SOLANÉES.
2 SÉSAMÉES.
2 CAPPARIDÉES.
2 TILIACÉES.
2 RUTACÉES.
2 TAMARISCINÉES.
2 RHAMNÉES.
2 EUPHORBIACÉES.

A reporter...... 79.

Report...... 79.

Plus, vingt-une plantes, chacune d'une famille particulière, ou incomplètes et indéterminées...... 21.

En totalité.... 100 espèces.

Les plantes des oasis sont analogues à celles des déserts auprès de Syout et de Gyzeh dans la haute et la moyenne Égypte. Les arbres sont le *dattier*, le *doum*, les *acacias* et les *tamarix*. Aucune espèce nouvelle, point de genres nouveaux, n'ont été découverts dans ces pays uniformes. Quelques *soudes*, des plantes salées et succulentes (*nitraria*, *zygophyllum*) se rencontrent sur la route du Fayoum à Syouah, principalement à Rayân, à Ayn-Ouara et à el-Garah. Nous savions, par la relation de Lippi, qui avait séjourné dans le désert à l'oasis de Khargeh, que presque aucune plante, autre que celles entretenues par les sources saumâtres d'Égypte, n'avait été découverte à cette station isolée des caravanes. Les recherches de Lippi, en Nubie, jusqu'à la hauteur de Korty, ne lui avaient procuré que très-peu de plantes qu'il n'avait point vues auparavant plus au nord, lorsqu'il venait de traverser l'Égypte et ses déserts. Ce botaniste avait fait partie du cortége de l'ambassadeur du Roule, envoyé de France en Abyssinie. Il avait pénétré jusqu'à Sennâr, terme d'une mission où les voyageurs furent assassinés. M. Cailliaud a rapporté quelques détails sur cette fin tragique.

Lippi a donné une Flore d'Égypte manuscrite, qui se trouve dans la bibliothèque de M. de Jussieu, et dont une autre copie existait, ainsi que Shaw l'a citée, dans le musée de Shérard à Oxford. Il est le premier qui ait parlé des plantes de l'oasis du Khargeh et de celles des déserts et des plaines à l'ouest du Nil, en remontant dans la Nubie. Telle est la stérilité de ces contrées, que, du moment qu'il eut franchi les limites de l'Égypte, il ne signala que vingt plantes comme lui ayant paru nouvelles, et dont les descriptions ont été conservées.

Aucun voyageur botaniste n'a repris la même route dans le but d'y recueillir les plantes. Cependant l'expédition des Français dans la haute Égypte, aux portes de la Nubie, et les recherches de M. Cailliaud au-dessus des cataractes, nous ont procuré neuf de ces plantes. Il en reste onze que nous ne possédons point, dont deux se rapportent, par les descriptions, à des genres connus, tandis qu'il règne beaucoup d'incertitude sur les analogies et les définitions de genres et d'espèces des autres plantes que le temps pourra faire découvrir.

Voici le tableau des plantes découvertes en Nubie par Lippi.

1.° Plantes retrouvées dans les voyages plus récens. Neuf espèces; savoir:

1.° BOERHAAVIA REPENS. *Lin.* (var. major et minor.)

DANTIA NUBICA minor et minima. *Lippi.* (Manusc. n.°^{s} 238 et 239.)

2.° LANCRETIA SUFFRUTICOSA. *Delil.* (Fl. Ægypt. n.° 453, tab. 25.)

ASCYROÏDES. *Lippi* (Manusc. n.° 241.)

3.° BISTELLA GEMINIFLORA. *Delil.* (Descript. des plantes découv. par M. *Cailliaud,* pl. II, fig. 4.)

ASCYROÏDES. *Lippi* (Manusc. n.°^{s} 243 et 244.)

4.° CAPRARIA DISSECTA. *Delil.* (Flor. Ægypt. tab. 32, fig. 3.)

VERBENASTRUM AFRICANUM. *Lippi* (Manusc. n.° 245.)

5.° BUCHNERA HERMONTHICA. *Delil.* (Fl. Ægypt. tab. 34, fig. 3.)

DAHAB. *Lippi* (Manuscr. n.° 246.)

6.° CARDIOSPERMUM HALICACABUM. *Lin.*

TAFTAF, espèce de liane à petite fleur blanche sans odeur, qui croît à Dongolah, et que les chameaux mangent. (Notes manusc. de M. *Cailliaud.*)

Tautau, herbe des bords du Nil à Dongolah, et dont l'odeur est assoupissante. *Lippi* (Manuscr. n.° 251.)

7.° Salvadora persica. *Lin.*
Plotia. *Adans.* (Fam. des plant.).
Arak des Arabes, Mesuak des Barabras de Faras en Nubie. (Notes manusc. de M. *Cailliaud.*)
Arak. *Lippi* (Manusc. n.° 257.)

8.° Balanites ægyptiaca. *Delil.* (Flor. Ægypt. tab. 28, fig. 1.)
El-Heglyg des Arabes du Fâzoql, el-Kâ des païens. (Notes manusc. de M. *Cailliaud.*)
Agihalid. *Lippi* (Manusc. n.° 258.)

9.° Capparis sodada. *Rob. Brown* (Append. itin. Afr. *Denham*).
Sodada decidua. *Forsk. — Delil.* (Fl. Ægypt. tab. 26, fig. 2.)
Hombak des Arabes. *Lippi* (Manusc. n.° 259.)

2.° Plantes de Nubie découvertes par Lippi, et qui n'ont point été recueillies depuis lui dans de nouveaux voyages au même pays. Onze espèces; savoir :

1.° Rubiacée indéterminée, herbe à fleur en entonnoir à quatre divisions aiguës, soutenue par un calice à plusieurs pointes, et percée par le style. Le calice devient une capsule à plusieurs graines très-fines. Les feuilles sont entières, opposées deux par deux. *Lippi* (Manusc. n.° 242.)

2.° Ascyroïdes africanum parvum procumbens,

CENTURIE DE PLANTES. 299

>   Serpylli facie, flore luteo *Lippi* (Manusc. n. 242.)
3.° RAPHANUS SATIVUS oleifer.
>   SIMAGA. *Lippi* (Manusc. n.° 247.)
4.° ALSINOÏDES africana seu Alsine folio circinato, fructu dispermo. *Lippi*. (Manusc. n.° 248.)
>   TORENA. *Adans*. (Fam. des joubarbes, p. 249.)
5.° FAGONIASTRUM nubicum, trifolium, glaucum, procumbens, flore ferrugineo. *Lippi* (Manusc. n.° 249.)
>   FAGONIÆ species?
6.° ONAGROÏDES africana foliis Amaranthi. Plante de la famille des Onagres, dont Lippi ne vit qu'un seul pied. (Manuscr. n.° 250.)
7.° CORCHORUS, espèce rampante. *Lippi* (Manusc. n.° 252.)
8.° ATRAGALUS. *Lippi* (Manusc. n.° 253.)
9.° Plante aromatique, à fleur à fleurons. *Lippi* (Manusc. n.° 254.)
10.° TRIANTHEMA MONOGYNA. *Lin.*
>   PAPULARIA CRYSTALLINA. *Forsk.*
>   RABA de Nubie. *Lippi* (Manusc. n.° 255.)
11.° TRIANTHEMA PENTANDRA. *Lin.*
>   ROCAMA DIGYNA. *Forsk.*
>   AIZOON. *Lippi* (Manusc. n.° 256.)

Parmi les plantes dont Lippi avait parlé et qui sont à peine connues, puisque lui seul les avait vues, le genre *Bistella* a été depuis recueilli par M. Cailliaud. Les migrations de plusieurs plantes de Nubie, telles que *Buchnera hermonthica*,

Lancretia suffruticosa, Capraria dissecta, les ont fait trouver en Égypte ; mais le genre *Bistella,* vérifié par les échantillons de la collection de M. Cailliaud, ne croît qu'à Dongolah.

Un nouvel exemple de fruits d'une Légumineuse propres au tannage des cuirs, est fourni par les gousses du *Cassia Sabak* employées en Nubie. Il y a un autre fruit de Légumineuse, celui d'*Acacia nilotica,* qui sert à tanner les cuirs en Égypte.

Une espèce d'Acacia des déserts, *Acacia heterocarpa,* caractérisée par ses aiguillons non axillaires et par ses fruits bosselés irréguliers, croît sur la route de Syouah. MM. Descotils et Nectoux l'avaient recueillie sur le chemin de Suez et près d'Alexandrie. Il n'existait dans les collections qu'un rameau de cet arbrisseau, en fleurs, apporté de Syrie par feu Olivier. M. Cailliaud s'est procuré les fruits et les rameaux ; il a ainsi contribué à lever tous les doutes sur cette espèce bien caractérisée dans un des genres les plus difficiles par le grand nombre des espèces.

La famille des Apocinées renferme le *Carissa edulis,* découvert par Forskal en Arabie, puis trouvé par M. Salt en Abyssinie : nous apprenons par M. Cailliaud que cet arbrisseau habite aussi la province de Qamâmyl ; il y donne une baie agréable à manger et des fleurs très-odorantes.

Dans la même province, M. Cailliaud a découvert une nouvelle espèce de *Strychnos*, arbrisseau dont le fruit, de la forme d'une petite orange, quoique sans usage, est connu pour n'être point malfaisant. Il n'est pas amer, et jusqu'ici on n'a trouvé d'espèces vénéneuses de *Strychnos* que parmi celles qui sont amères.

Deux espèces de plantes, *Ethulia gracilis* et *Pistia Stratiotes,* qui croissent à Sennâr, appartiennent à des genres communs à l'Afrique et à l'Inde, et paraissent spontanées dans ces deux contrées. Le *Pistia Stratiotes* est une plante flottante sur l'eau, et qui se rencontre quelquefois dans la basse Égypte; l'*Ethulia gracilis* de Sennâr n'existe pas en Égypte, où se trouve l'*Ethulia conyzoïdes* de l'Inde. On serait tenté de croire que cette dernière plante a été introduite par la culture du riz en Égypte ; mais la nouvelle espèce particulière à Sennâr assigne clairement une habitation africaine au genre *Ethulia.*

L'Afrique produit le plus colossal de tous les végétaux, le *Baobab,* observé par M. Cailliaud au Sennâr : il croît aux îles du Cap Vert et au Sénégal, et acquiert une grosseur de vingt-cinq pieds de diamètre. Le fruit, qui a d'utiles propriétés, a fait connaître cet arbre semé en Égypte, et dont Prosper Alpin a parlé. Les caravanes des noirs apportent ce fruit au Caire ; il est ligneux en dehors, de la forme et de la grosseur d'un petit melon un peu alongé ; il renferme beaucoup de pulpe sèche farineuse, dans laquelle sont engagées des graines réniformes de la grosseur d'un petit haricot. La pulpe, étendue dans de l'eau, est donnée comme boisson alimentaire convenable dans les dysenteries. L'analyse chimique du fruit de *Baobab*, qui a été faite par M. Vauquelin, est propre à accréditer les vertus salutaires de ce fruit. La pulpe est principalement composée d'une gomme semblable à celle du Sénégal, d'une matière sucrée, de fécule amylacée, et d'acide qui semble être l'acide malique. Le docteur Frank, l'un des médecins de l'expédition d'Égypte, avait imité avec succès les Égyptiens dans l'emploi du *Baobab* pour traiter les malades.

M. Cailliaud a rapporté le fruit d'un arbre, *Culhamia* (*Forsk.* Descr. page 96), qui n'était connu que par la Flore d'Arabie de Forskal. Ce fruit fait voir que le *Culhamia* appartient au genre *Sterculia* de Linné, auquel Vahl l'a réuni; mais ce n'est point comme on l'a cru le *Sterculia platanifolia*, dont les fruits sont à parois minces et à petites graines verdâtres pisiformes. Le *Culhamia*, ou le *Sterculia setigera*, a le péricarpe coriace, épais, garni de soies au-dedans, et les graines noires oblongues.

Deux genres ont reçu des noms nouveaux. Le premier est le *Rogeria*, publié par M. Gay, mais qui ne nous paraît pas suffisamment distinct du *Pedalium*. Déjà le capitaine Beaufort avait découvert cette plante en remontant le Sénégal, tandis que M. Cailliaud la trouvait à Dongolah près du Nil. Le second genre, *Xeropetalum*, est une Tiliacée, dont M. Cailliaud a rapporté des grappes fleuries, et que caractérisent cinq pétales étalés en roue, persistans, avec cinq longs filets sans anthères dans la fleur, qui est polyandre.

Un arbre, formant des bois dans le pays de Bertât, produit une écorce qui se soulève en feuillets imitant du parchemin et qui remplace le papier. C'est sur cette écorce que les musulmans du pays écrivent les légendes qu'ils ont coutume de lier, enveloppées d'un petit sachet de cuir, à leur bras. L'arbre est très-élevé, branchu, sans épines, et porte des fleurs roses paniculées : nous y avons reconnu les caractères du genre *Amyris*. L'Arabie produit plusieurs Amyris dans ses provinces montueuses : l'analogie de latitude et de climat rend certaines parties de l'Afrique favorables à l'habitation de plantes de la même espèce ou du même genre qu'en Arabie.

Les descriptions subséquentes feront connaître les particularités des végétaux dont nous avons à parler.

Liste des Espèces de Plantes d'Afrique de M. Cailliaud.

Nota. L'ordre suivi dans cette énumération est d'abord celui des familles où les espèces sont les plus nombreuses ; et ensuite, lorsque des familles ont un nombre égal d'espèces, l'ordre redevient celui du *Genera plantarum*, ou de la Méthode naturelle de M. de Jussieu.

Les plantes marquées d'un astérisque sont nouvelles.

Légumineuses... 1. Acacia heterocarpa. *Delil.* (Flor.
(20 espèces.) Ægypt.)
2. ——— Seyal. *Delil.* (Ibid.)
3. ——— gummifera. *Delil.* (Ibid.)
4. ——— nilotica. *Lin.* (sub Mimosâ.)

CENTURIE DE PLANTES.   305

                5. Mimosa Habbas. *Delil.* (Flor. Ægypt.)
                6. Cassia Absus. *Lin.*
                7. ———— acutifolia. *Delil.* (Flor. Ægypt.)
                8. ———— Senna. *Lin.*
                9.*———— singueana.
              10.*———— Sabak.
              11.*———— Arereh.
              12. Tamarindus indica. *Lin.*
              13.*Bauhinia tamarindacea.
              14.*Crotalaria macilenta.
              15. Clitoria ternatea, var. γ seu minor.
              16.*Glycine moringæflora.
              17. Galega apollinea. *Delil.* (Flor. Ægypt.)
              18.*Indigofera parvula.
              19. ———————— paucifolia. *Delil.* (Fl. Ægypt.)
              20. Alhagi Maurorum. *Decandolle.*

SYNANTHÉRÉES... 21.*Vernonia amygdalina.
(8 espèces.)   22. Conyza Dioscoridis. *Desfont.*
              23.*———— dongolensis.
              24. Inula undulata. *Lin.*
              25. ———— crithmoïdes. *Lin.*
              26.*Ethulia gracilis.
              27. Eclipta erecta. *Lin.*
              28.*Acmella caulirhiza.

APOCINÉES...... 29.*Cynanchum heterophyllum.
(6 espèces.)   30. ———————— Argel. *Delil.* (Flor. Ægypt.)
              31.*Asclepias laniflora.

IV.   20

	32. Carissa edulis. *Vahl.*
	33. *Strychnos innocua.
	34. Apocineæ species. (Arbre.)
ATRIPLICÉES....	35. Salvadora persica. *Lin.*
(5 espèces.)	36. Salsola inermis. *Forsk.*
	37. Cornulaca monacantha. *Delil.* (Fl. Ægypt.)
	38. Traganum nudatum. *Delil.* (Ibid.)
	39. Atriplex Halimus. *Lin.*
GRAMINÉES....	40. Zea Mays. *Lin.*
(4 espèces.)	41. Sorghum vulgare. *Persoon.*
	42. Oryza sativa. *Lin.*
	43. Bambusa arundinacea. *Willd.*
MALVACÉES.....	44.*Hibiscus dongolensis.
(4 espèces.)	45. Sida mutica. *Delil.* (Fl. Ægypt.)
	46. Adansonia digitata. *Lin.*
	47.*Sterculia setigera.
URTICÉES......	48. Ficus Sycomorus. *Lin.*
(4 espèces.)	49.*——— platyphylla.
	50.*——— glumosa.
	51.*——— intermedia.
RUBIACÉES.....	52.*Mussænda luteola.
(3 espèces.)	53.*Psychotria nubica.
	54.*Nauclea microcephala.
BORRAGINÉES....	55.*Heliotropium pallens.
(3 espèces.)	56. Echium Rauwolfii. *Delil.* (Flor. Ægypt.)
	57.*Cordia.
PALMIERS.......	58. Phœnix dactylifera. *Lin.*
(2 espèces.)	59. Cucifera thebaica. *Delil.* (Flor. Ægypt.)
AMARANTHACÉES.	60. Celosia trigyna. *Lin.*
(2 espèces.)	61. Ærua tomentosa. *Forsk.*

ACANTHACÉES...	62.*Acanthus polystachius.
(2 espèces.)	63. *Ruellia nubica.
SOLANÉES......	64. Hyoscyamus Datora. *Forsk.*
(2 espèces.)	65.*Physalis somnifera. *Lin.*
SÉSAMÉES......	66. Sesamum orientale. *Lin.*
(2 espèces.)	67. Rogeria adenophylla. *Gay.*
CAPPARIDÉES....	68. Cleome pentaphylla. *Lin.*
(2 espèces.)	69. ——— droserifolia. *Delil.* (Flor. Ægypt.)
TILIACÉES......	70.*Grewia echinulata.
(2 espèces.)	71.*Xeropetalum quinquesetum.
RUTACÉES......	72. Tribulus terrestris. *Lin.*
(2 espèces.)	73. Zygophyllum coccineum. *Lin.*
TAMARISCINÉES..	74. Tamarix africana. *Desf.* (Flor. Atl.)
(2 espèces.)	75. ——— orientalis. *Forsk.*
RHAMNÉES......	76. Ziziphus Spina Christi. *Lin.* (sub Rhamno.)
(2 espèces.)	77.*——— parvifolia.
EUPHORBIACÉES..	78.*Ricinus megalospermus.
(2 espèces.)	79. Croton plicatum. *Vahl.*
DIOSCORÉES.....	80. Dioscorea?
(1 espèce.)	
AMOMÉES.......	81. Amomum Zinziber. *Lin.*
(1 espèce.)	
HYDROCHARIDÉES.	82. Pistia Stratiotes. *Lin.*
(1 espèce.)	
ÉLÉAGNÉES.	83. *Terminalia psidiifolia.
(1 espèce.)	
NYCTAGINÉES....	84. Boerhaavia repens. *Lin.*
(1 espèce.)	
LABIÉES.........	85. Phlomis nepetifolia. *Lin.*
(1 espèce.)	

SAPINDACÉES....	86. Cardiospermum Halicacabum. *Lin.*
(1 espèce.)	
AURANTIACÉES?..	87. Balanites ægyptiaca. *Delil.* (Flor. Ægypt.)
(1 espèce.)	
SARMENTACÉES...	88. Cissus ?
(1 espèce.)	
ANONACÉES.....	89. Anona ?
(1 espèce.)	
RENONCULACÉES..	90. Nigella sativa. *Lin.*
(1 espèce.)	
SAXIFRAGÉES....	91. *Bistella geminiflora.
(1 espèce.)	
FICOÏDES.......	92. Nitraria tridentata. *Desfont.* (Flor. Atl.)
(1 espèce.)	
TÉRÉBINTHACÉES.	93. *Amyris papyrifera.
(1 espèce.)	
CÉLASTRINÉES....	94. *Celastrus decolor.
(1 espèce.)	
CUCURBITACÉES..	95. Momordica Balsamina. *Lin.*
(1 espèce.)	
....	96. Eugenia ? ?
....	97. Plumeria ? ?
....	98. Chrysobalanus ? ?
....	99. Arbre appelé *Gokan* à Sennâr.
....	100. Arbre toujours vert, croissant au mont Tâby.

DESCRIPTIONS
DES ESPÈCES.

FAMILLE DES LÉGUMINEUSES.

1. ACACIA HETEROCARPA.

> A. ramulis pubescentibus, inordinatè aculeatis, ad axillas foliorum inermibus; foliis duplicato-pinnatis, quinquejugis; foliolis quindecimjugis dimidiatis, acutis, suprà glabris; spicis floriferis solitariis, axillaribus; leguminibus spongiosis digitum minimum crassis, subcylindricis, polymorphis, nunc oblongis torulosis curvatis, nunc subglobosis gibbosis.

ACACIA HETEROCARPA. *Delil.* (Flor. Ægypt. illustr. n.° 967.)

GYLGYL (*arabe*), fruit procuré par un droguiste en Égypte. (Notes manusc. de M. *Cailliaud.*)

ACACIA, arbuste, sur la route de l'oasis de Syouah. (Notes manusc. de M. *Cailliaud.*)

Arbre ou arbuste dont les rameaux sont très-divisés, pubescens vers leur sommet, garnis de quelques aiguillons courts peu nombreux situés à l'écart des feuilles dans les intervalles d'un nœud à l'autre.

Feuilles sans aiguillons, longues d'un pouce, doublement ailées, à cinq paires de pinnules; pétioles sans aucune glande; douze à quinze paires de folioles sur les pétioles secondaires. Folioles pubescentes, excepté à leur face supérieure, aiguës, ovoïdes-dimidiées, longues d'un peu plus d'une ligne, larges d'environ demi-ligne. Fleurs en épis cylindriques, un peu coniques, épais de quatre à cinq lignes, solitaires dans les aisselles des feuilles qu'ils dépassent peu en longueur.

Gousses fort irrégulières, d'un tissu spongieux sous une écorce brune et fine : elles sont de la grosseur du petit doigt, inégales, bosselées, un peu cylindriques, oblongues, arquées ou droites et très-courtes, quelquefois globuleuses et pyri formes. Les graines sont ovoïdes, un peu aiguës et peu comprimées, longues de quatre lignes, brunâtres, lisses, brillantes, marquées d'une lunule sur chaque face.

2. ACACIA SEYAL.

A. spinis stipularibus, geminis; foliis bipinnatis, partialibus bijugis, propriis 8-12-jugis; fructibus compressis linearibus falcatis acutis.

ACACIA SEYAL. *Delil.* (Flor. Ægypt. pag. 142, tab. 52, fig. 2.)

SEYAL, arbre du désert. (Notes manusc. de M. *Cailliaud.*)

La plupart des voyageurs qui ont parcouru les déserts de l'Égypte, ont remarqué cet arbre épineux, espèce d'Acacia très-connu des Arabes, qui l'appellent *Seyal.* Son feuillage très-fin ressemble à celui des autres Acacias épineux d'Égypte, et il est nécessaire de voir le fruit pour caractériser l'espèce : il est linéaire courbé en faulx.

Théophraste et Pline ayant fait mention, sous le nom d'*Épine altérée des déserts*, d'un arbre qui résistait à la sécheresse des déserts de Coptos, nous croyons qu'ils ont voulu parler du *Seyal,* qui croît dans ces contrées arides.

3. ACACIA GUMMIFERA.

> A. spinis axillaribus geminis recurvis aculeiformibus; foliis duplicato-pinnatis quinquejugis; petiolis sub jugo inferiori uniglandulosis; foliolis 7-10-jugis linearibus.

ACACIA GUMMIFERA. *Delil.* (Flor. Ægypt. illustr. n.º 965.)

MIMOSA GUMMIFERA. *Forsk.* (Flor. arab. pag. 124, n.º 615.)

TALLEH (*arabe*), arbre du désert. (Notes manuscr. de M. *Cailliaud.*)

Le tronc de cet arbre, lorsqu'il est jeune et vigoureux, et ses grosses branches, ont l'écorce blanchâtre, assez unie. Les derniers rameaux sont droits, plus épais qu'une plume de pigeon, garnis de feuilles longues d'un pouce, doublement ailées, à cinq paires de pinnules. Le pétiole commun porte une glande insérée un peu plus bas que la paire de pinnules inférieures; les folioles sont linéaires, obtuses, longues de près de deux lignes; les fleurs viennent en petites têtes sphériques pédonculées, groupées dans les aisselles des feuilles; les pédoncules ont six à huit lignes de longueur, et sont articulés dans le milieu, où ils portent une petite collerette à quatre dents : les têtes de fleurs ont trois à quatre lignes d'épaisseur.

4. ACACIA NILOTICA.

> A. spinis stipularibus geminis; foliis duplicato-pinnatis, pinnis 7-8-jugis; foliolis 10-24-jugis, linearibus; glandulâ unâ interdùm ad basim petioli, et multò frequentiùs inter par infimum pariaque superiora pinnarum; leguminibus moniliformibus glabris.

ACACIA NILOTICA. *Delil.* (Fl. Ægypt. illustr. n.° 963.)
ACACIA VERA. *Vesling* (Ægypt. pag. 9, Icon.)
MIMOSA NILOTICA. *Hasselq.* (Iter. pag. 475.) —*Forsk.* (Ægypt. pag. 77.)
SANT (*arabe*). Gommier d'Égypte dont les fruits servent à tanner le cuir. (Notes manuscr. de M. *Cailliaud.*)

L'*Acacia nilotica* n'est pas seulement un arbrisseau de quinze à dix-huit pieds, comme on le dit dans l'*Encyclopédie*, tom. I.ᵉʳ, pag. 19; c'est un arbre qui devient fort grand, ainsi que l'a décrit Hasselquist. Son tronc est quelquefois de la grosseur du corps d'un homme; les rameaux sur de vieux pieds sont ordinairement sans épines; il n'y a que de jeunes rameaux ou des rejetons qui soient épineux. Les feuilles sont deux fois ailées, à six ou huit paires de pinnules, à folioles linéaires longues d'environ deux lignes, et les pétioles portent des glandes rarement à la base au-dessous des pinnules, mais constamment entre les deux pinnules inférieures, et entre les paires de pinnules terminales. Les fleurs ne sont point odorantes ; elles forment des ombelles de cinq ou six capitules, pédonculées dans l'aisselle des feuilles. Les gousses longues et étroites, ayant quatre à six pouces sur cinq lignes, sont composées de pièces lenticulaires unies par des portions étranglées.

Quoique Willdenow (*Spec. plant.* tom. IV, pag. 1085) et M. Decandolle (*Prodrom.* tom. II, pag. 461) rapportent l'*Acacia vera*, qui est notre *Acacia nilotica*, à l'*Acacia arabica*, nous ne sommes pas de leur avis, par les raisons suivantes : 1.° l'*Acacia nilotica* d'Égypte a le fruit glabre, tandis que l'*Acacia arabica*, que nous avons vu dans les herbiers et qui n'est point une plante d'Égypte, a le fruit tomenteux et plus gros ; 2.° l'*Acacia* que Willdenow donne pour l'*Acacia vera* est une espèce établie sur des caractères incertains, puisque l'auteur attribue à cet *Acacia* des feuilles à deux paires de pinnules seulement, et le confond cependant avec l'*Acacia* à six paires de pinnules figuré dans Vesling ; 3.° Willdenow et M. Decandolle ont décrit leur *Acacia vera* d'après des rameaux sans fruits, et d'après une figure de Lobel, qui représente une jeune plante qui vient de germer, et dont les pinnules sont en nombre inférieur à ce que comporte l'état adulte. Nous sommes entrés dans ces détails au sujet de l'*Acacia nilotica*, parce qu'il a été renommé par ses produits. Son suc se trouvait autrefois dans les pharmacies et était un extrait des fruits; et cet arbre donnait la gomme arabique à laquelle on a préféré depuis la gomme blanche du Sénégal.

5. MIMOSA HABBAS.

M. aculeata hirsuta; foliis bipinnatis novemjugis; foliolis multijugis, linearibus, ciliatis, acutis; aculeis ramorum sparsis brevibus, petiolorum aliis lateralibus oppositis brevibus, aliis superioribus subulatis inter juga pinnarum solitariis; lomentis compressis densè hispidis.

MIMOSA HABBAS. *Delil.* (Fl. Ægypt. illustr. n.° 760.)
ERGET EL-KRONE. *Bruce* (Voyag. Abyss. tab. 7.)
MIMOSA POLYACANTHA. *Willd.* (Sp. pl. tom. IV, pag. 1034, quoad *Icon. Brucei.*)
SAGARET EL-FAS, arbuste de la province de Sokkot. (Notes manuscr. de M. *Cailliaud.*)

Arbrisseau très-garni d'aiguillons, et dont les rameaux droits, velus, effilés, rougeâtres, croissent à la hauteur d'un homme. Les feuilles sont à neuf paires de pinnules; leur pétiole commun est long de trois à cinq pouces, garni de poils couchés qui se trouvent aussi sur les pétioles secondaires, dont la longueur est de douze à dix-huit lignes. Les folioles sont linéaires, lancéolées, aiguës, longues de trois lignes, ciliées sur leurs bords. Les aiguillons sont de deux sortes; les uns courts, comprimés, recourbés, épars sur les rameaux ou opposés sur les côtés des pétioles; les autres deux fois plus longs, droits, subulés, insérés au côté supérieur des pétioles, solitaires auprès de l'attache des paires de pinnules, tandis que les aiguillons, courts, crochus, sont placés dans l'espace d'une première paire de pinnules à une seconde. Les fleurs sont roses, en têtes sphériques, pédonculées, solitaires dans les aisselles des feuilles; il leur succède des gousses linéaires, comprimées, très-rousses, couvertes de poils roides très-serrés, composées de douze à quatorze pièces monospermes articulées. Les graines sont étroites, alongées, verdâtres, ovoïdes, comprimées.

Les têtes de fleurs sont roses; elles ont six lignes de diamètre, leurs pédoncules un pouce de long. Les gousses sont longues de vingt-quatre à trente lignes, larges de sept lignes, épaisses de deux, et garnissent, en boules de cinq pouces de diamètre, les pédoncules épaissis qu'elles terminent.

6. CASSIA ABSUS.

C. foliis bijugis, obovatis; glandulis duabus subulatis inter infima. *Lin.* (Spec. pag. 537.)

C. Absus. *Lin.* — *Lamarck* (Dict. encycl. tom. I, pag. 642.) — *Delil.* (Flor. Ægypt. illustr. n.° 417.)

Absus. *Prosp. Alpin.* (Pl. Ægypt. pag. 97, Icon.)

Senna quadrifolia, &c. *Burmann.* (Flor. Zeylan. pag. 212, tab. 97.)

Chychm des droguistes d'Égypte.

Le *Cassia Absus* est une petite plante herbacée, velue, à pétioles portant deux paires de folioles : ses fleurs sont jaunes. Cette plante ne croît pas naturellement en Égypte, où les graines en sont apportées par les caravanes de Darfour. Ces graines sont noires, luisantes, presque de la grosseur et de la forme des lentilles. Leur usage est très-ordinaire pour le traitement des ophthalmies. On concasse les graines et on les monde de leur tunique; elles se réduisent en une poudre jaunâtre que l'on met sèche en petite quantité à l'intérieur de la paupière inférieure que l'on a eu soin d'abaisser. On verse la poudre entre le globe de l'œil et la paupière, en faisant tomber doucement cette poudre de dessus une petite pièce de monnaie où on l'a placée. Cette application cause une cuisson et une gêne qui font tenir les paupières fermées et qui font couler des larmes. La douleur se dissipe par degrés, en une demi-heure ou un peu plus; et les yeux, qui étaient fort injectés de sang avant et pendant l'opération, diminuent de rougeur, reprennent l'éclat de la santé, et font succéder une sensation de bien-être à l'appesantissement et à l'incommodité qui ont précédé.

L'expérience nous a fait concevoir l'utilité de ce remède, dans le cas où l'inflammation devenue chronique est entretenue par un relâchement des parties. Nous pensons que cette poudre serait dangereuse dans les inflammations actives : c'est un remède que les Égyptiens emploient avec discernement.

7. CASSIA ACUTIFOLIA.

<small>C. caule suffruticoso ; foliis pinnatis ; petiolo eglandulato ; foliolis 5-7-jugis, lanceolatis, acutis ; leguminibus planis, ellipticis, facie utráque nudis, margine superiore subarcuatis.</small>

C. ACUTIFOLIA. *Delil.* (Flor. Ægypt. pag. 75, tab. 27.)
SENNA ALEXANDRINA, sive foliis acutis. *Bauh.* (Pin. pag. 347.) — *Tournef.* (Inst. pag. 618.)
CASSIA LANCEOLATA. *Nectoux* (Voyage dans la haute Égypte, pag. 19, pl. II.)

Le *Séné* à feuilles aiguës, celui qui est le plus recherché dans le commerce, provient du *Cassia acutifolia,* et se distingue non moins par la forme de ses feuilles que par ses gousses ou follicules plates. Il croît dans la province de Chaykye. (Notes manuscrites de M. *Cailliaud.*)

8. CASSIA SENNA, L.

<small>C. foliis trijugis, quadrijugis, vel sexjugis, subovatis. *Lin.* (Spec. plant. pag. 539.)</small>

C. SENNA. *Linn.* — *Lam.* (Dict. tom. II, pag. 646.) — *Willd.* (Sp. pl. II, pag. 520.) — *Delil.* (Flor. Ægypt. illustr. n.° 420.) — *Nectoux* (Voyage dans la haute Égypte, pl. I.)
CASSIA OBOVATA. *Colladon* (Monog. pag. 92.) — *Decandolle* (Prodrom. tom. II, pag. 492, n.° 34.)

Ce *Séné* est celui à feuilles obtuses, distinct

encore du précédent par ses fruits courbés, moins aplatis, et garnis de saillies en crête sur les faces. Il se trouve dans les déserts de la haute et de la moyenne Égypte. (Notes manuscrites de M. *Cailliaud.*)

9. CASSIA SINGUEANA.

<blockquote>C. ramis apice tomentosis; foliis pinnatis septemjugis, foliolis subpollicaribus, ovato-oblongis, obtusis, interglandulosis, margine dorsoque pubescentibus.</blockquote>

Arbrisseau croissant à Singué. (Notes manuscr. de M. *Cailliaud.*)

Rameaux cotonneux au sommet. Feuilles pennées, à sept paires de folioles ovales-obtuses, pédicellées, longues de douze à quatorze lignes, larges de sept à huit lignes, velues sur les bords et en dessus. Pétiole commun long de sept pouces. Stipules longues d'une à deux lignes, subulées. Pédicelles longs d'une ligne et demie, cotonneux; une petite glande cornue entre les pédicelles de chaque paire de folioles.

Cette espèce se place dans la section des Casses colutéoïdes glandulifères, qui renferme déjà trente-cinq espèces dans le *Prodromus* de M. Decandolle.

10. CASSIA SABAK.

<blockquote>C. ramis glabellis, ferrugineis; corollis sesquipollicaribus; floribus numerosis.</blockquote>

Sabak, en langue des païens.

El.-Modus, en arabe. Arbrisseau du mont Aqarô.
(Notes manuscr. de M. *Cailliaud.*)

Rameaux un peu anguleux, presque glabres. Fleurs en grappe courte à ramification tomenteuse. Pédicelles longs de huit à quatorze lignes. Calice à cinq sépales obtus, ciliés, d'un jaune clair; pétales inférieurs un peu plus grands que les autres. Étamines inégales, trois courtes stériles, quatre moyennes et trois plus grandes. Ovaire subulé, cotonneux, atténué en un style glabre.

M. Cailliaud remarque que « cet arbuste porte
» une gousse très-large qui renferme des semences
» rouges de la grosseur de celles du Tamarin : on
» se sert beaucoup de ces gousses pour la prépa-
» ration des peaux. »

11. CASSIA AREREH.

C. foliis bipinnatis, eglandulatis, glabris; foliolis ovato-oblongis glauco-viridibus; leguminibus longis, cylindricis, semina matura intrà pulpam viridem foventibus.

El-Garada, en arabe.

Arereh, en langue des païens, à Abqoulgui, dans la province de Qamâmyl. (Notes manuscrites de M. *Cailliaud.*)

Arbre dont le fruit long, cylindrique, de la grosseur du doigt, cloisonné transversalement, ne diffère pas extérieurement de celui du *Cassia Fistula.* Il contient une pulpe qui est verte à sa maturité, autour des graines; mais cette pulpe n'est point bonne à manger, tandis que celle du *Cassia Fistula* est brune, agréable et sucrée.

Les jeunes plants venus des graines du *Cassia Arereh*, au jardin de Montpellier, ont des feuilles fort ressemblantes à celles du *Cassia Fistula*, seulement un peu plus petites et d'un vert glauque.

12. TAMARINDUS INDICA.

T. foliis pinnatis, multijugis; floribus racemosis; leguminibus crassis, elongatis.

TAMARINDUS INDICA; leguminibus elongatis, latitudine nempè sextuplò et ultrà longioribus, 8-12 spermis. *Decand.* (Prodr. tom. II, pag. 488.)

TAMARINDUS INDICA. *Lin.* (Spect pl. pag. 48.) — *Willd.* (Sp. pl. tom. III, pag. 577.) — *Poir.* (Dict. t. VII, p. 561.) — *Delil.* (Flor. Ægypt. illustr. p 20.)

LE TAMARINIER (*en français*).

TAMAR-HENDI (*arabe*), c'est-à-dire, fruit de l'Inde.

ARDEB (*arabe*); MAYLEH, en langue des païens.

Très-grand arbre, abondant dans la province de Qamâmyl.

Calice turbiné et infundibuliforme par sa base, ayant un limbe de quatre folioles réfléchies et caduques.

Corolle de trois pétales ovales-lancéolés, tournés en haut, plissés et veinés, rétrécis à la base en onglets cannelés un peu velus.

Trois étamines, dont les filamens sont réunis par leur base, libres au-dessus, cylindriques et courbés. Trois anthères ovales comprimées.

Cinq dents ou filamens avortés, alternes avec les filamens qui portent les anthères.

Deux petites soies déliées, situées au-dessous du corps des filamens, semblent remplacer la carène.

Un pistil plus long que la fleur.

Ovaire pédicellé, linéaire, comprimé. Style recourbé en fer d'alène; stigmate épaissi. Le pédicelle de l'ovaire est soudé supérieurement dans la portion infundibuliforme du calice.

Le fruit est une gousse épaisse, longue de cinq à huit centimètres, recouverte d'une écorce séparée en deux feuillets, dans l'interstice desquels est contenue une pulpe épaisse très-acide. Cette gousse renferme trois à six graines, entre lesquelles les loges ne sont séparées par aucune cloison, mais marquées par le rétrécissement de la gousse. Les graines sont comprimées, presque rondes.

Le Tamarinier est un grand arbre; il a été décrit par Tournefort, qui l'avait vu à Grenade en Espagne, et qui l'a comparé au Noyer.

Nous ne parlerions pas de ce végétal, si nous n'avions ajouté de nouveaux détails à la description de sa fleur, et s'il n'était intéressant de faire connaître combien le Tamarin naturel d'Afrique, recueilli pour le commerce, diffère de celui que l'on trouve dans les pharmacies en France, où on regrette de ne pas l'avoir de bonne qualité : ce qui fait abandonner son usage médical.

Le tronc est droit et cylindrique, sans inégalités à sa surface. Ses branches s'étendent peu en largeur; son écorce est peu fendillée, fauve-brunâtre; ses jeunes rameaux sont abaissés; leur écorce porte des points saillans; les feuilles sont simplement ailées, à huit et quatorze paires de folioles ovales-linéaires échancrées au sommet et longues de quinze et vingt millimètres. Les fleurs sont d'une couleur un peu rouillée, et viennent en grappes lâches sur les rameaux d'un ou deux ans. Chaque fleur, avant son épanouissement, est enveloppée de trois bractées, dont l'une inférieure naît à la base du pédicule de la fleur, tandis que les deux autres naissent sous le calice. Les fruits sont un peu rudes à la surface.

Le Tamarinier ne perd point entièrement ses feuilles pendant l'hiver; il ne s'en dépouille qu'au milieu du printemps; comme le Cassier et le Lebbek des jardins du Caire, quand il prend ses nouvelles feuilles. Elles naissent alors de bourgeons écailleux: les fleurs paraissent en même temps; il en avorte un très-grand nombre. Les fruits mûrissent l'hiver suivant, et deviennent rarement parfaits en Égypte, où cet arbre est rare. Les fruits, les feuilles et les fleurs sont acides.

La pulpe des fruits est le tamarin employé en médecine. On n'en récolte point en Égypte, où ce médicament est cependant fort connu et très en usage.

Les caravanes des nègres de Darfour apportent au Caire une grande quantité de tamarin, sous la forme de petits pains ronds, percés d'un trou dans le milieu, et qui pèsent depuis une livre jusques à quatre.

Ce tamarin est dur, noir et fort acide; il est composé de la pulpe du fruit, d'une partie de son écorce brisée, et l'on y trouve aussi quelques graines. On recherche les pains de tamarin qui sont les plus gros et les plus noirs en dedans; ils conservent mieux leur qualité, et leur pulpe est plus mûre.

Lorsque les droguistes du Caire veulent se procurer de bon tamarin, ils ont soin de prendre celui que les nègres des caravanes apportent dans des peaux liées, et refusent celui que ces nègres tiennent dans des sacs. Ils pensent que ce dernier est presque toujours d'une qualité inférieure, parce que les nègres, durant le voyage, l'ont fait quelquefois tremper dans l'eau. Non-seulement on fait usage au Caire du tamarin comme d'un médicament, mais on en boit quelquefois l'infusion, parce qu'elle a un goût agréable et qu'elle passe pour être plus saine que le jus de limon.

On accommode quelquefois au Caire la viande avec du tamarin, et cet assaisonnement plaît aux habitans. Outre le tamarin apporté par les caravanes, on en trouve au Caire qui vient de l'Inde et qui est fort estimé : il est renfermé dans des boîtes et confit avec du sucre; il passe pour avoir moins de vertu; mais il est plus agréable au goût, et ne contient ni les graines ni l'écorce du fruit.

13. BAUHINIA TAMARINDACEA.

B. foliis cordatis bilobis, suborbiculatis, nervis è glandulá sphacelatá bipartitá in sinu folii, per paginam superiorem excurrentibus, paginæ verò inferioris glandulis minoribus ad originem nervorum confluentibus; fructu crasso nervoso, intùs medulloso; seminibus ovoïdeis inordinatè multiseriatis.

ÉL-AYOUN des Arabes.

MAQAL des païens. Arbuste très-commun au mont Aqarô. (Notes manuscr. de M. *Cailliaud.*)

Rameaux glabres, fléchis un peu en zigzag; feuilles presque orbiculaires, de deux pouces et demi de diamètre, en cœur à la base, bilobées au sommet, à sept nervures, dont la moyenne se termine souvent par un appendice sétacé prolongé entre les lobes. Pétioles longs d'un pouce, plus minces au milieu qu'à leurs extrémités, sphacélés à la naissance des nervures du disque, de manière à présenter à la base des nervures, en dessous de la feuille, plusieurs glandes noirâtres, et deux taches ou glandes aplaties dans l'échancrure de la base du disque, à sa face supérieure. Ces caractères ne sont visibles que sur la plante sèche.

Légumes glabres, indéhiscens, épais de trois à quatre lignes, larges d'un pouce à dix-huit lignes, longs de six à huit pouces, ayant une écorce dure, d'un rouge-brun, garnie de nervures rameuses obliques. L'écorce ferme, filandreuse et coriace, couvre une moelle sèche jaunâtre composée de fibres perpendiculaires à l'épaisseur de la gousse, cotonneuses au toucher, et qui se réduisent en poussière entre les doigts. Les graines sont nombreuses et occupent des loges distinctes pratiquées dans la moelle du fruit, qui présente, en travers, des rangs inégaux de trois à quatre graines; celles-ci sont brunâtres, dures, lisses, ovoïdes, marquées d'une cicatrice qui indique leur insertion tournée vers le sommet du fruit.

Un embryon jaunâtre, comprimé, recouvert d'un endosperme plus épais que le tégument extérieur, remplit le centre de la graine.

14. CROTALARIA MACILENTA. (Pl. LXIV, fig. 2.)

C. ramis subdichotomis gracilibus, petiolis ferè longitudine foliorum; foliolis ternatis ovatis subtùs brevissimè pilosis; spicis elongatis; floribus minimè confertis; fructu oligospermo, pubescente, longitudine florum.

FERTAGA, herbe que mangent les chameaux à Sennâr. (Notes manuscr. de M. *Cailliaud.*)

Rameaux grêles, fermes, cylindriques; feuilles trifoliolées; pétioles déliés, longs de neuf lignes; folioles elliptiques, un peu pâles en dessous, minces, longues comme le pétiole commun. Stipules aiguës, caduques, fort petites; fleurs au nombre de six à huit; en épis opposés aux feuilles, longs de trois à quatre pouces et nus à la base. Calice campanulé, à cinq dents triangulaires presque égales. Corolle jaune, longue de quatre à cinq lignes; étendard veiné, pubescent en dehors, obovale, porté sur un onglet très-court un peu cilié : il y a deux tubercules au devant de l'onglet, près de la base de l'étendard. Ailes spatulées, engagées par leur onglet dans la cannelure qu'offre l'étendard entre les deux tubercules de sa base. Carène coudée, formée de deux pièces échancrées au-dessus des onglets, un peu ciliée, redressée en corne un peu tordue ; dix étamines soudées par la base en une seule lanière qui embrasse l'ovaire; dix filets distincts au-dessus de cette base, dont cinq alternativement plus longs, à anthères globuleuses, et cinq plus courts, portant des anthères alongées. Ovaire horizontal, demi-elliptique, velu et convexe à son bord supérieur; style filiforme, redressé, coudé sur le germe, stigmate épaissi en massue ovoïde. Légume ovoïde, gonflé, pubescent, long de trois à quatre lignes, se terminant par le style fléchi en dessus.

Cette plante paraît glabre; mais avec la loupe on découvre des poils courts au revers des feuilles, sur les jeunes rameaux, sur les grappes et les calices.

15. CLITORIA TERNATEA, var. γ seu minor.

C. caule volubili subpubescente, foliolis bi-trijugis ovalibus ovatisve, stipulis subulatis, pedicellis solitariis unifloris, bracteolis magnis subrotundis, leguminibus glabriusculis. Decand. (Prodr. tom. II, pag. 233.)

CLITORIA TERNATEA. *Lin.* (Spec. pl. pag. 1025.) — *Willd.* (Spec. tom. III, pag. 1058.) — *Lamarck* (Dict. tom. II, pag. 50.)

LATHYRUS SPECTABILIS. *Forsk.* (Flor. arab. p. 135.)

Les échantillons de cette plante du pays de Fazoql, ne diffèrent du *Clitoria ternatea* de l'Inde que par leurs feuilles et leurs fleurs plus petites.

16. GLYCINE MORINGÆFLORA.

G. racemis gracilibus paniculatis, 6-8-pollicaribus, sub-cinereo-pubescentibus; floribus numerosis, mediocribus; calice subsericeo, bibracteolato; vexillo reflexo; germine lineari-sericeo, pubente; stigmate crassiusculo, glabro.

Les caractères de cette plante, dont nous ne possédons que des grappes de fleurs, se rapprochent plus du *Galactia* que du *Glycine;* mais le port des grappes n'est nullement celui du *Galactia;* et ne voulant pas omettre de les décrire, c'est sous le titre du genre *Glycine,* dont beaucoup d'espèces sont insuffisamment connues, que nous les mentionnons.

Les grappes ressemblent à celles du *Maringa oleifera;* les fleurs ont environ six lignes de long; le calice est urcéolé à deux lèvres, dont la supérieure est d'une pièce, et l'inférieure tridentée; les ailes et la carène sont oblongues, dentées près de l'onglet. L'étendard est bidenté au-dessous du limbe; les étamines sont diadelphes; il y en a cinq un peu plus courtes. L'ovaire est comprimé, linéaire, soyeux, un peu plus long que le style, qui se termine par un stigmate glabre épaissi.

La plante croît à el-Qerebyn.

17. GALEGA APOLLINEA.

G. foliis subtus 3-4-jugis; foliolis emarginatis, obovatis oblongis; racemis oppositifoliis, longitudine foliorum; leguminibus linearibus, acutis, 6-7-seminiferis. *Delil.* (Flor. Ægypt. pag. 144, tab. 53, fig. 5.)

TEPHROSIA APOLLINEA. *Decand.* (Prodr. tom. II, pag. 254.)

EL-AMEYAN, plante dont la graine sert à préparer un onguent pour les blessures des chameaux, à Dongolah. (Notes manuscr. de M. *Cailliaud.*)

18. INDIGOFERA PARVULA. (Pl. LXVI, fig. 1.)

I. ramis spithameis diffusis; foliis imparipinnatis; foliolis bi-trijugis, obovatis, cinereis; stipulis subulatis; spicis floralibus folia subæquantibus.

Racine ligneuse, donnant naissance à des rameaux étalés, épais seulement de demi-ligne à une ligne. Feuilles simplement pinnées, à cinq ou sept folioles, très-brièvement pédicellées, obovales, longues de cinq lignes. Pétiole commun, canaliculé en dessus, muni à sa base de deux stipules droites subulées.

Fleurs petites, en épis axillaires un peu plus longs que les feuilles.

Calice long d'une ligne, campanulé, à cinq dents droites poilues, dont les inférieures sont les plus longues. Ce calice est presque sessile dans l'aisselle d'une petite bractée subulée.

Étendard obovoïde pubescent en dehors à son sommet. Ailes un peu plus courtes et plus étroites que la carène, un peu ciliées sur leur bord supérieur. Carène de deux pièces soudées en partie par les bords prolongés au-delà des ailes en un sommet rétréci. Chaque pièce de la carène porte un petit renflement éperonné dans sa partie moyenne, et se rétrécit en onglet à sa base.

Étamines diadelphes, la dixième supérieure libre; les neuf autres filets soudés jusque très-près de leur sommet. Anthères presque globuleuses

Ovaire linéaire; stigmate en tête.

Les feuilles et l'écorce de cette plante sont couvertes de poils couchés, insérés par leur milieu, en fléau de balance, visibles distinctement à la loupe, et donnant un aspect cendré à la plante.

Ce sont des poils semblables qui donnent aussi une teinte gris-cendré à l'*Indigofera argentea* et à l'*Indigofera paucifolia*, plantes qui croissent en Égypte.

19. INDIGOFERA PAUCIFOLIA.

I. ramis cinereis erectis; foliis simplicibus vel trifoliolatis; foliolis basi stipulatis, ovato-lanceolatis; spicis axillaribus folia superantibus, incurvis, acutis. *Delil.* (Fl. Ægypt. pag. 107, tab. 37, fig. 2.) — *Decand.* (Prodrom. tom. II, pag. 224, n.º 30.)

Touché, plante cueillie à Dongolah. (Notes manuscr. de M. *Cailliaud.*)

20. ALHAGI MAURORUM.

A. caule fruticoso, foliis obovato-oblongis, dentibus calycinis acutis. *Decand.* (Prodr. tom. II, pag. 352.)

Hedysarum Albagi. Lin. (Spec. pag. 1051.) — *Willd.* (Spec. t. III, p. 1171.) — *Lamarck* (Dict. encycl. tom. VI, pag. 376.) — *Delil.* (Flor. Ægypt. n.º 683.)

Agul et Algul Mauris, in cujus fronde, præcipuè apud Persas, manna colligitur quam *trunschibin*, Arabes vero *terniabin* et *trungibin*, appellant. *Rawolf* (Iter. pag. 94 et 173, tab. 14. — Flor. orient. n.º 228.)

Agoul de la petite oasis et de Regen. (Notes manuscr. de M. *Cailliaud.*)

L'*Agoul* est une des plantes que les voyageurs sont le plus surpris de voir facilement broutée par les chameaux, malgré les longues et fortes épines dont elle est hérissée, en petits buissons arrondis inattaquables à la main.

Cette plante ne donne point, dans les déserts d'Afrique, le suc blanc concret ou manne qui se recolte sur ce même buisson en Perse, et qui est produit, suivant Tournefort, par l'extravasion de la sève.

On reconnaît cette manne, dont M. Olivier, auteur du *Voyage dans l'Empire ottoman*, rapporta plusieurs livres en France, à ses grains ou fragmens inégaux, blancs, tout-à-fait sucrés, et secs, ne s'agglomérant en pâte que si on les tient humides, et mêlés de portions d'épines et de fruits de la plante. On exporte de Perse à Alep cette manne en grande quantité.

Niebuhr (*Descript. Arab.* pag. 129) dit que, dans les grandes villes de Perse, on ne se sert que de cette manne au lieu de sucre pour les pâtisseries et autres mets.

FAMILLE DES SYNANTHÉRÉES.

21. VERNONIA AMYGDALINA.

V. caule fruticoso; foliis lanceolatis integriusculis; ramis apice pubescentibus; paniculis diffusis longitudine foliorum, pedicellis unifloris.

Kikir (*arabe*).

Kering, en langue des païens du Fazoql. Arbre dont la feuille est très-alongée, et qui porte des fleurs blanches au sommet des branches. (Notes manuscr. de M. *Cailliaud.*)

Les rameaux de cet arbre sont minces; n'ayant qu'une ligne de diamètre à un pied au-dessous de leur terminaison. Leur écorce est glabre, légèrement brunâtre, ridée.

Les feuilles sont alternes, lancéolées, longues de cinq à six pouces, aiguës à leur sommet et à leur base, brièvement pétiolées, presque entières, ou bordées de quelques dents très-courtes inclinées, écartées. Les nervures portent au revers des feuilles quelques poils courts épars. Les pétioles, les jeunes feuilles et les rameaux des panicules sont un peu cotonneux.

Les fleurs sont disposées en corymbes terminaux, paniculés, courts et étalés, à rameaux fourchus et à pédicelles uniflores de même longueur que les fleurs. Les involucres sont demi-globuleux, formés d'écailles imbriquées, un peu obtuses, dont les extérieures sont courtes, arrondies, et les intérieures linéaires. Le réceptacle est très-peu convexe et présente quinze à vingt cicatrices ou petites tubérosités, isolées dans autant de dépressions légères rangées en quinconce. Les fleurons ont cinq lignes de longueur. L'ovaire est oblong, un peu turbiné; l'aigrette consiste en vingt ou trente soies droites, denticulées, persistantes. La corolle est tubuleuse, un peu étranglée au-dessus de sa base; elle dépasse un peu en hauteur les soies de l'aigrette. Son limbe est à cinq dents, au-dessus desquelles le stigmate, qui est filiforme, velu, bifide, s'élève d'environ une demi-ligne. Les akènes sont obovoïdes, tronqués, un peu arqués, légèrement hispides, marqués de dix nervures longitudinales, couronnés par les soies de l'aigrette, et terminés au centre de leur sommet par un petit godet brunâtre, saillant, qui est un débris de la base du style.

22. CONYZA DIOSCORIDIS.

C. foliis lato-lanceolatis dentatis, sessilibus, stipulatis. *Lin.* sub Baccharide. (Am. academ. tom. IV, pag. 289.) — *Willd.* (Spec. tom. III, pag. 1917.) — *Lamarck* (Dict. encycl. tom. I, pag. 346.)

CONYZA DIOSCORIDIS. *Rawolf* (Iter. 54, tab. 3.) — *Desfont.* (Hort. Paris.) — *Delil.* (Flor. Ægypt. n.° 811.)

23. CONYZA DONGOLENSIS.

C. ramis villosis; foliis sessilibus, oblongis, dentatis, sublyratis, basi incisis vel pinnatifidis, segmentis acutis.

TICH (*arabe*), plante à rameaux un peu velus, à feuilles longues de trois pouces, ovales-oblongues, incisées, sinueuses à la base, à segment terminal, oval, denté. Cueillie à Dongolah, sans fleurs. (Notes manuscr. de M. *Cailliaud.*)

24. INULA UNDULATA.

I. foliis amplexicaulibus, cordato-lanceolatis, undulatis. *Lin.* (Mant. p. 115.) — *Willd.* (Spec. tom. III, p. 2092.) — *Lamarck* (Dict. tom. III, pag. 406.) — *Delil.* (Flor. Ægypt. n.° 824.)

CHOBBEYREH EL-GEBEL. Plante odorante de la province de Sokkot, en Nubie. (Notes manuscr. de M. *Cailliaud.*)

25. INULA CRITHMOIDES.

I. foliis linearibus, carnosis, tricuspidatis. *Lin.* (Spec. pag. 1240.) — *Willd.* (Spec. tom. III, pag. 2101.) — *Lamarck* (Dict. tom. III, p. 261.) — *Delil.* (Flor. Ægypt. n.° 826.)

ZARATA (*arabe*). Plante du désert de la petite oasis. (Notes manuscr. de M. *Cailliaud.*)

26. ETHULIA GRACILIS. (Pl. LXIV, fig. 5.)

E. ramis strictis paniculatis, foliis lanceolatis. (Affinis *Ethuliæ conyzoidi* Linnæi, sed species distincta.)

Plante recueillie à el-Qerebyn.

Tige partagée en rameaux droits corymbifères, épais seulement d'une ligne, à un pied de distance au-dessous des fleurs, s'amincissant par degrés, légèrement striés étant secs. Les feuilles sont alternes, lancéolées, longues de deux pouces sur six lignes de large, sessiles, aiguës à leurs deux extrémités, dentées en scie sur les rameaux non fleuris, souvent entières, lorsqu'elles accompagnent des rameaux florifères.

Les fleurs sont roses, larges de trois à quatre lignes, à involucres globuleux larges d'une ligne et demie environ; elles viennent en petits corymbes, dont les rameaux se fourchent de manière à fournir à chaque fleur un pédicelle accompagné souvent d'une bractée linéaire fort petite.

L'involucre est un peu velu, composé de folioles linéaires, médiocrement aiguës, vertes au sommet. Les folioles extérieures sont un peu inégales et imbriquées. Celles du rang intérieur sont assez égales entre elles et un peu plus longues que les akènes.

Le réceptacle est nu et marqué par les impressions anguleuses de la base des akènes. Les fleurons sont roses, très-déliés, longs d'un peu plus d'une ligne. Le style est bifide, un peu cilié, et dépasse les anthères incluses dans le limbe. Les akènes sont oblongs, tronqués, anguleux, à cinq ou six faces, un peu déprimés, couverts de petits grains verruqueux, brillans, jaunâtres. Ces akènes sont sans aigrettes, couronnés d'un rebord mousse et d'un tubercule central persistant après la chute du style; leur longueur est de deux tiers de ligne.

Cette plante porte, presque dans toutes ses parties, des poils fort courts, qui la rendent un peu rude au toucher. Ses feuilles sont ponctuées de glandes transparentes très-nombreuses, visibles en exposant directement près de l'œil les feuilles en face de la lumière vive du jour, et sur-tout en les examinant à la loupe.

27. ECLIPTA ERECTA.

E. caule erecto strigoso; foliis oblongo-lanceolatis, sessilibus, remotè serratis. *Lin.* (Mant. pag. 286 et 475.) — *Willd.* (Spec. pl. tom. III, pag. 2217.) — *Lamarck* (Dict. tom. II, p. 342.) — *Delil.* (Flor. Ægypt. n.° 845.)

Qadym el-Bint (*arabe*). Graines rapportées de Sennâr, prises chez un droguiste. (Notes manuscr. de M. *Cailliaud.*)

28. ACMELLA CAULIRHIZA. (Pl. LXIV, fig. 7.)

A. caule prostrato sub petiolis radicante; foliis ovato-rhombeis, subcrenatis, basi trinerviis.

Gash el-Ganèm. Plante de Sennâr, usitée contre les maux de tête. (Notes manuscr. de M. *Cailliaud.*)

Rameaux herbacés, couchés, dichotômes, épais d'une ligne; entrenœuds longs de deux pouces et demi environ. Feuilles opposées, briévement pétiolées, longues de dix-huit à vingt lignes : elles sont ovales, un peu rhomboïdales, à trois nervures principales, saillantes en dessous. Leur disque est crénelé de quelques dents couchées, très-courtes, et porte près des bords quelques poils courts, durs, visibles à la loupe. Les pétioles sont connés; les rameaux alternes, solitaires dans l'aisselle des feuilles, quelquefois opposés. Les nœuds poussent des tubercules radiculaires brunâtres qui se montrent au-dessous de l'insertion des pétioles.

Les fleurs sont jaunes, larges de quatre lignes, portées sur des pédoncules solitaires qui partent de l'aisselle des pétioles. Les pédoncules sont filiformes, simples, et dépassent les feuilles en longueur, sur-tout à la maturité du fruit.

L'involucre est à deux rangs de folioles; l'intérieur a ses feuilles plus étroites et plus inégales que l'extérieur; elles sont au nombre de six à sept dans chacun des rangs. Les demi-fleurons, au nombre de douze à quinze, ont le limbe ovoïde, un peu quadrilatère, terminé par trois dents obtuses, et repose sur un tube hispide; leur style est bifide, peu saillant. Les akènes sont ovoïdes, tronqués, convexes en dehors, anguleux sur le côté intérieur. Les fleurons sont glabres, jaunes comme les rayons, séparés par des paillettes cymbiformes obtuses. Le réceptacle est conique, un peu tuberculeux, et presque subulé à maturité.

Les pédoncules, les involucres et les sommets des jeunes pousses sont couverts de quelques poils courts, couchés.

FAMILLE DES APOCINÉES.

29. CYNANCHUM HETEROPHYLLUM.
(Pl. LXIII, fig. 4.)

> C. ramis scandentibus glabris; foliis inferioribus cordatis dilatatis, superioribus ovatis; floribus minutis umbellatis; corollá intùs hispidá; fructu glabro.

ALAGA. Plante sarmenteuse à petite fleur en étoile, veloutée, de l'île d'Argo, au pays de Dongolah. (Notes manuscr. de M. *Cailliaud.*)

Cette plante est glabre, à rameaux minces, souvent fléchis sur les nœuds, mais qui paraissent surtout destinés à se soutenir au moyen des pétioles qui se courbent.

Les feuilles sont opposées, pétiolées, les unes un peu deltoïdes ou cordiformes, larges de vingt lignes, sur de forts rameaux : les autres feuilles sont ovoïdes-lancéolées, larges de six à huit lignes, et longues de quinze lignes; elles garnissent des rameaux simples terminaux.

Les fleurs ont deux lignes de largeur et naissent

en très-petites ombelles au côté des rameaux, dans l'intervalle de deux pétioles opposés. Ces ombelles sont portées sur un pédoncule capillaire, pubescent, qui s'épaissit, devient glabre sous les fruits, et qui reste ordinairement plus court que les pétioles des feuilles. Le calice est campanulé, très-court (d'un tiers de ligne), pubescent au-dehors. La corolle est à cinq divisions ovales-linéaires, poilues en dedans, pubescentes au dehors. Un disque glanduleux sépare le limbe du corps central staminifère, et présente cinq tubercules géminés qui font saillie au bas des angles de séparation des cinq divisions du limbe, où ils représentent cinq plis épaissis, au contour de la gorge de la corolle. Les étamines sont réunies en un corps pentagone très-court. Les follicules ou fruits sont fusiformes, arqués, glabres, environ de la longueur des feuilles, et contiennent des semences aigrettées, obovoïdes, tronquées, plates, imbriquées.

30. CYNANCHUM ARGEL.

C. caule bipedali, erecto, ramoso, foliis lanceolatis glabris. *Delil.* (Flor. Ægypt. pag. 53, tab. 20, fig. 2.)

CYNANCHUM OLEÆFOLIUM. *Nectoux* (Voyag. pag. 20, tab. 3.)

ARGEL (*arabe*). A Dongolah, les femmes, étant enceintes, mangent le fruit de cette plante. (Notes manuscr. de M. *Cailliaud.*)

Ce fruit est un follicule coriace et amer, qui ne

peut être que dangereux. Les feuilles de la plante sont purgatives, et quelquefois mélangées avec celles du Séné par les Arabes, qui en font la récolte dans le désert.

31. ASCLEPIAS LANIFLORA. (Pl. LXIV, fig. 3.)

A. foliis subsessilibus lanceolatis, pedunculis folia subæquantibus, racemosis; corollis campanulatis, laciniis limbi ovatis intùs lanosis.

Plante découverte au mont Aqarô.

Rameaux glabres cylindriques, de la grosseur d'une plume d'oie. Feuilles lancéolées, étroites, opposées, presque sessiles, longues de trois à quatre pouces, sur quatre à cinq lignes de largeur, se rétrécissant insensiblement à leurs extrémités, un peu canaliculées en dessus, sur leur nervure moyenne, la seule apparente et saillante en dessous.

Fleurs en grappes turbinées axillaires pédonculées. Ces fleurs sont blanches, évasées en cloche, larges de sept lignes, portées sur des pédicelles filiformes, longs d'un pouce, insérés dans l'aisselle d'une bractée courte, verte, subulée.

Le rachis de la grappe s'alonge et conserve, après la floraison, les traces tuberculeuses de la chute de plusieurs fleurs.

Le calice est profondément partagé en cinq divisions lancéolées, aiguës, de moitié ou des deux tiers plus courtes que la corolle. Les divisions de la corolle sont ovales, et remarquables par les poils laineux qui tapissent leur face intérieure.

La colonne staminifère ne dépasse pas le fond en godet de la corolle. Cette colonne repose sur une base étranglée, et s'épaissit au sommet en une masse tronquée cylindrique, qui porte à son contour cinq appendices verticaux connivens, nés d'une membrane circulaire, marquée dans chaque intervalle de ces appendices par une écaille courte droite onguiforme : les cinq appendices se terminent en un prolongement cornu penché sur le plateau stigmatique.

Les anthères soudées autour du plateau sont biloculaires, au nombre de cinq. Les ouvertures de deux loges sont cachées et couvertes sous l'écaille terminale et inclinée de l'anthère. Les masses polliniques de chaque loge communiquent, par une branche supérieure et latérale, avec les masses de pollen correspondantes des anthères voisines. Les masses de pollen, pendantes deux à deux, sont attachées à une glande noirâtre enchâssée à chaque angle du stigmate.

Les ovaires sont géminés, ovoïdes, glabres, amincis, et joignent par leur sommet le plateau stigmatique qui ferme le tube staminifère.

23. CARISSA EDULIS. (Pl. LXIII, fig. 1.)

C. ramis extremis pubescentibus; foliis ovatis glabris; floribus cymosis; laciniis corollæ lanceolatis.

Carissa edulis. *Vahl* (Symb. bot. tom. I, pag. 22.) — *Willd.* (Spec. pl. I, pag. 1220.) — *R. Brown* (in Append. catal. itin. Abyss. *Salt.*)

Antura. *Forsk.* (Flor. arab., descr. pag. 63.)

Athera, en arabe; Hian et Atoutou des naturels du pays à Qamâmyl. (Notes manuscr. de M. *Cailliaud.*)

Arbrisseau dont les feuilles ressemblent à celles de la grande Pervenche. Ses rameaux sont minces, dichotômes, pubescens lorsqu'ils sont terminaux : ils portent des feuilles opposées, ovales, presque sessiles, médiocrement aiguës; les plus grandes sont longues de deux pouces sur dix-huit lignes de large. Deux épines opposées se rencontrent fréquemment dans les bifurcations des rameaux; il n'y a qu'une ou deux paires de feuilles sur les portions de rameaux non florifères, et trois paires de ces mêmes feuilles sur les rameaux qui se terminent par des fleurs : leurs feuilles inférieures sont moitié moins grandes que les supérieures.

Les fleurs viennent en cime terminale, dont les pédoncules principaux multiflores, au nombre de deux à quatre, portent chacun un petit groupe de fleurs briévement pédicellées ou sessiles, accompagnées de bractées ou écailles subulées.

Le calice est pubescent, à cinq folioles lancéolées, aiguës, longues d'environ une ligne et demie. Le tube de la corolle est grêle, long de huit à neuf lignes, étranglé à l'insertion du limbe, mais renflé immédiatement sous cet étranglement, et velu à l'intérieur où sont logées cinq anthères droites, sessiles subulées: le limbe est ouvert en haut, de cinq lignes de diamètre, partagé en cinq divisions lancéolées, aiguës.

L'ovaire est glabre, lancéolé : le style, en colonne grêle, s'élève jusqu'au renflement du tube de la corolle, et se termine en un stigmate oblong, épaissi, surmonté d'un filet court plumeux.

Le fruit est une baie ovale, de la grosseur d'un pois, à deux loges et à quatre semences, bon à manger.

C'est de Forskal, qui observa cette plante en Arabie, dans les montagnes d'Hadié, que nous avons emprunté les caractères du fruit pour compléter la description de cet arbrisseau.

Vahl, en donnant, pour caractère des feuilles du *Carissa edulis*, la privation des nervures, tandis que les nervures sont très-distinctes dans les échantillons de Nubie rapportés par M. Cailliaud, nous laissait en doute de savoir si cette plante est véritablement le *Carissa edulis* ; mais il nous a paru que Vahl, en corrigeant et augmentant la description de Forskal, a pu admettre un caractère fautif. Forskal ne parle pas, il est vrai, des nervures des feuilles ; mais il est plus exact que Vahl, en décrivant les fleurs en corymbe, et les feuilles les unes aiguës, les autres obtuses, &c.

« L'*Athera* des arabes ou *Hian* et *Atoutou*
» des naturels du pays à Qâmamyl, est un arbre
» fort abondant, peu élevé, perdant ses feuilles en
» hiver, dont la feuille ressemble à celle de l'oran-
» ger, et dont la fleur est blanche, très-odorante,
» approchant du parfum de la fleur d'orange; il
» porte des épines sur les plus gros rameaux*. » En effet, de trois rameaux courts rapportés de la Nubie par M. Cailliaud, il n'y en a qu'un qui porte les épines caractéristiques du genre, dans l'angle de division des rameaux.

33. STRYCHNOS INNOCUA.

S. pomo sphærico, infrà mammoso, sub cortice lignoso nitido fovens semina orbiculata insipida immersa per pulpam fundo pericarpii præsertim adhærentem.

EL-HOUM, en arabe.

BOUDETARB, en langue des païens. Arbrisseau qui perd ses feuilles en hiver, portant un fruit lisse sphérique, de la grosseur d'une petite orange, qui jaunit en mûrissant et n'est d'aucun usage. (Notes manuscr. de M. *Cailliaud.*)

Arbrisseau dont le fruit sphérique, un peu acuminé, en mamelon à sa base, épais de deux pouces,

---

* Notes manuscrites de M. Cailliaud.

consiste en une écorce ou enveloppe indéhiscente, ferme, ligneuse, luisante en dehors et piquetée de points tuberculeux très-fins. Cette écorce limite une seule cavité remplie de pulpe dont les principales fibres naissent du pédoncule qui s'épanouit dans le fruit. Les graines sont au nombre de quinze à vingt, orbiculaires, ou un peu alongées du côté où se trouve l'embryon.

La pulpe se confond avec le tégument propre de la graine, en lui fournissant des fibres qui divergent d'un point auquel on reconnaît au bord de la graine la place qu'occupe l'embryon logé précisément là où ces fibres sont le plus rapprochées. La graine est formée d'un endosperme corné, de deux plaques juxta-posées, soudées circulairement, et qui pressent, dans un point de leur circonférence, l'embryon dont la radicule est cylindrique et centrifuge par rapport à la masse de la graine. Les cotylédons dirigent leur sommet vers le centre; ils sont foliacés, très-minces, trinervés, et constamment appliqués un peu de côté, l'un sur l'autre, de manière à ne pas se recouvrir exactement tous deux.

34. APOCINEÆ species? Arbre.

Nous mentionnons ici un arbre d'el-Qerebyn, à rameaux cylindriques, veloutés sur-tout à leurs extrémités, à feuilles pareillement veloutées, de couleur vert-jaunâtre, nullement incanes, ovales, un peu cordiformes, longues de trois pouces, presque sessiles. Les mérithalles ou entrenœuds sont plus courts que les feuilles ; les nervures sont oblongues et parallèles, au nombre de six à huit, proéminentes sous la feuille, et nées des bords de la côte moyenne, qui est demi-cylindrique et velue : il n'y a point de stipules ; les feuilles sont très-entières.

FAMILLE DES ATRIPLICÉES.

35. SALVADORA PERSICA.

S. foliis petiolatis, ovato-lanceolatis, oppositis, racemis terminalibus. *Lamarck* (Dict. encycl. tom. VI, pag. 483. — Illustr. gen. tab. 81.)

SALVADORA PERSICA. *Lin.* (Syst. veget. pag. 166.) — *Delil.* (Flor. Ægypt. n.° 189.)

ARAK des Arabes ; MESUAK des Barabras. Arbrisseau dans le Faras, en Nubie. (Notes manuscr. de M. *Cailliaud.*)

36. SALSOLA INERMIS.

S. fruticosa, aphylla, ramis inermibus, bracteis farinoso villosis. *Forsk.* (Descr. pag. 57.) — *Lamarck* et *Poiret* (Dict. encycl. tom. VII, pag. 229.) — *Delil.* (Flor. Ægypt. n.° 308.)

Cette plante, recueillie sur le chemin de Syouah, est basse et étalée ; ses rameaux sont fermes et grêles ; ses feuilles sont petites, d'une ligne environ, demi-globuleuses, pruineuses ou comme sablées à la surface, et tout-à-fait semblables aux bractées ou feuilles florales, ce qui a fait regarder à tort cette plante comme aphylle. Les fleurs sont petites comme les feuilles ; les calices fructifères sont bordés d'une membrane horizontale.

37. CORNULACA MONACANTHA.

C. caule fruticoso ramoso ; ramis junioribus articulatis ; articulis folio mucronato squamiformi terminatis ; floribus glomeratis axillaribus, bracteatis ; villorum involucris interpositis. *Delil.* (Flor. Ægypt. p. 62, tab. 22, fig. 3.)

AHADDEH (*arabe*). Plante du désert de Syouah. (Notes manuscr. de M. *Cailliaud.*)

38. TRAGANUM NUDATUM.

T. caule frutescente diffuso ; ramis junioribus albidis, glabris, apice tomentosis ; foliis triquetris mucronato-acutis. *Delil.* (Flor. Ægypt. pag. 60, tab. 22, fig. 3.)

FERES (*arabe*). Plante du désert de Syouah ; les Arabes empêchent leurs chevaux de la manger, parce qu'elle cause des pissemens de sang. (Notes manuscr. de M. *Cailliaud.*)

39. ATRIPLEX HALIMUS.

A. caule fruticoso, foliis deltoïdibus integris. *Lin.* (Spec. pag. 1492.) — *Willd.* (Spec. tom. IV, pag. 957.) — *Delil.* (Flor. Ægypt. n.° 954.)

GARDEL (*arabe*). Au Dakel. (Notes manuscr. de M. *Cailliaud.*)

FAMILLE DES GRAMINÉES.

40. ZEA MAYS.

Zea Mays. *Lin.* (Spec. pag. 1378.) — *Lamarck* Dict. encycl. tom. III, pag. 180.)

Le Maïs cultivé, appelé aussi communément *Blé de Turquie.*

Dourah roumy (*arabe*).

41. SORGHUM VULGARE.

S. paniculâ coarctatâ, ovali, maturescente cernuâ; seminibus nudis utrinque subcompressis. *Pers.* (Synops. tom. I, pag. 101.) — *Delil.* (Flor. Ægypt. n.° 161.)

Holcus sorghum. *Lin.* (Spec. pag. 1484.) — *Lamarck* (Dict. encycl. tom. III, pag. 140.)

Dourah beledy (*arabe*).

42. ORYZA SATIVA.

Oryza sativa. *Lin.* (Spec. pag. 475.) — *Lamarck* (Dict. encycl. tom. VI, pag. 208.) — *Delil.* (Flor. Ægypt. n.° 390, et Mém. pl. cult. pag. 6.)

Le Riz cultivé, appelé *Rouz* par les Arabes.

43. BAMBUSA ARUNDINACEA. *Willd.*

B. foliis linearibus acutis, margine deorsùm scabris; laminæ abruptim angustatæ nervo medio vaginam petente, inter ligulam veram interiorem et ligulam dorsalem spuriam quasi articulo quodam suppositam.

Bambos arundinacea. *Lamarck* (Dict. encycl. t. VIII, pag. 701.)

Arundo Bambos. *Lin.* (Spec. tom. I, pag. 120.)

GANYN ou GANA (*arabe*); GAGOU des païens. Espèce de Bambou dont les tiges ont quelquefois plus de trente pieds de haut, et qui, ayant aussi une moindre taille, ressemble aux roseaux communs. Ce Bambou est très-commun à Qamâmyl, et sert aux habitans pour toutes leurs constructions; ils en font le bois de leurs lances, en choisissant les tiges d'âge et de grandeur convenables. (Observations de M. *Cailliaud.*)

Nous réunissons ici au Bambou commun l'espèce qui croît à Qamâmyl; mais nous n'en possédons qu'un rameau insuffisant pour déterminer positivement l'espèce et le genre. Nous nous bornons à indiquer cette plante sans nom nouveau.

Nous avons signalé dans la phrase latine la structure de la feuille du *Bambou*, articulée avec la gaine, qui ne nous paraît pas avoir été observée par les botanistes dont nous avons les ouvrages sous les yeux.

Le nom de *Gana*, donné en Éthiopie à cette plante, est commun à plusieurs des langues les plus anciennes de l'Orient, pour désigner les roseaux. (Voyez *Hiller*, Hierobotanicon, tome II, pag. 312.)

FAMILLE DES MALVACÉES.

44. HIBISCUS DONGOLENSIS.

H. foliis ovatis subcordatis acuminatis, crenato-serratis; floribus breviter pedunculatis ; laciniis involucri angustolinearibus; calycis segmentis basi dilatatis, trinerviis, discoloribus, apice lineari reflexo virentibus.

Plante découverte à Dongolah.

Les rameaux sont environ de la grosseur d'une plume ordinaire à un pied au-dessous de leur sommet, et presque glabres. Ils sont pubescens vers leur terminaison.

Les feuilles sont ovales acuminées, quelquefois médiocrement échancrées en cœur, bordées de dents inégales demi-ovoïdes. Les pétioles ont moins de longueur que le disque des feuilles, qui acquiert ordinairement trois pouces, et qui est glabre et à trois nervures principales. Les fleurs sont solitaires dans l'aisselle des feuilles, brièvement pédonculées. Le calice extérieur ou l'involucre proprement dit est à cinq divisions linéaires, aiguës. Les divisions du calice intérieur sont brunâtres, élargies et trinervées à leur base, vertes, linéaires et rabattues par leur sommet. Les pétales sont jaunes, ovales renversés, longs d'un pouce et demi, velus en dehors à leur base. Les anthères garnissent dans toute la longueur l'androphore, au-dessus duquel paraissent cinq stigmates colorés, papilleux, turbinés.

45. SIDA MUTICA.

>S. foliis suborbiculatis, cordatis, denticulatis, breviter acuminatis, tomentosis; petalis calice vix duplò longioribus; fructu sphærico, depresso, tomentoso, umbilicato; carpellis semilunatis dispermis muticis.

ABUTILON, folio subrotundo serrato caule tomentoso. *Miller in Pocock.* (edit. angl. in-fol. vol. I, p. 282, icon.)

SIDA MUTICA, GERGYDAN de Nubie. *Delil.* (Flor. Ægypt. illustr. n.° 633.)

GORDODAN des Barabras; HABSYMBEL, graine chez un droguiste, à Sennâr. (Notes manuscr. de M. *Cailliaud*)

Arbrisseau tomenteux, quelquefois d'environ dix pieds. Feuilles à disque orbiculaire, en cœur, denticulées, larges de deux à trois pouces. Pétioles souvent plus courts que les feuilles; stipules subulées, cotonneuses. Jeunes fleurs et boutons penchés; fleurs épanouies et fruits dressés. Pédoncules axillaires, solitaires et uniflores. Fruits tomenteux, globuleux, déprimés, ombiliqués, de la grosseur de l'extrémité d'un doigt, à carpelles très-comprimées, mutiques, dispermes.

Il paraît que cette plante, sauvage en Nubie, que nous avons vue quelquefois dans la haute et dans la basse Égypte presque sauvage, est propre à quelque usage, puisque ses graines se trouvent à Sennâr, et même au Caire, où nous les avons vues, chez les droguistes. Nous n'avons cependant pu rien savoir de l'utilité de ces graines, quand nous étions en Égypte, ni des Barabras eux-mêmes en Nubie, qui nous disaient le nom de la plante tel à-peu-près qu'il a été dit aussi par eux à M. Cailliaud.

46. ADANSONIA DIGITATA.

ADANSONIA DIGITATA. *Lin.* (Spec. pag. 960.) — *Lamarck* (Dict. tom. I, pag. 370.) — *Cavan.* (Diss. tom. V, pag. 298, tab. 175.) — *Decand.* (Prodr. tom. I, pag. 478.)

BAOBAB. *Prosp. Alpin.* (Ægypt. p. 66.) — *Adanson.* (Act. Acad. Par. pag. 1761, tab. 6-7.)

Le BAOBAB, appelé EL-OMARAH à Sennâr, et dont le fruit y est appelé EL-KONGLES : les païens nomment cet arbre OUFA. (Notes manuscr. de M. *Cailliaud.*)

47. STERCULIA SETIGERA.

S. folliculis ovatis intùs densè velutinis, extùs pannosis; seminibus ovatis, nigris, carunculâ crassâ reniformi albâ instructis.

TERTU, en arabe; GONSO, en langue des païens. (Notes manuscr. de M. *Cailliaud.*)

CULHAMIA. Arbre des montagnes de l'Arabie. *Forsk.* (Descript. pag. 96.)

Nous n'avons que le fruit de ce végétal, qui présente le caractère du genre *Sterculia* par la déhiscence naturelle des follicules avant leur maturité, et qui met les ovules à nu. Ces follicules sont longs de deux à trois pouces, ovoïdes, amincis aux deux bouts, se rétrécissant par leur base et se terminant en un prolongement cornu par leur sommet. Ils sont fort légers, durs, coriaces, veloutés d'une manière très-douce en dehors, un peu ridés, garnis de poils feutrés à l'intérieur, mais alongés droits et fasciculés vers la suture autour des points d'attache des graines. Il y a cinq graines, à chacun des bords écartés de la suture qui fournissent les podospermes courts particuliers de chaque graine. Une caroncule blanche, réniforme, épaisse, surmonte le hile. La graine est noire, lisse, ovoïde, et longue de cinq à six lignes.

FAMILLE DES URTICÉES.

48. FICUS SYCOMORUS.

F. foliis cordatis, subrotundis, integerrimis. Lin. (Spec. pag. 1513.) — *Willd.* (Spec. tom. IV, pag. 1133.) — *Lamarck* (Dict. tom. II, pag. 492.)

Le FIGUIER SYCOMORE ou le SYCOMORE; en arabe GYMEYZ. (Notes manuscr. de M. *Cailliaud.*)

49. FICUS PLATYPHYLLA.

F. foliis cordatis, ovalibus, obtusis, glabris, suprà lucidis, subtùs mollibus; pedunculis axillaribus geminatis, fructu globoso longioribus.

GYMEYZ des Arabes, ou Sycomore à très-grandes feuilles, commun à Singué, et appelé MINCHO par les païens. (Notes manuscr. de M. *Cailliaud.*)

Cet arbre diffère du Sycomore d'Égypte par des feuilles deux fois plus grandes; elles sont larges de six pouces à six pouces et demi, et longues de huit pouces, entières, ou déprimées par de très-légères ondulations sur les bords, en cœur, à deux lobes demi-circulaires remontant l'un sur l'autre en dessus du pétiole.

Les nervures sont au nombre de huit à neuf, qui partent latéralement de la côte moyenne. La face supérieure des feuilles est unie et glabre; l'inférieure est réticulée, douce au toucher comme si elle était veloutée, mais on n'y distingue point de poils.

Les pétioles sont longs de trois à quatre pouces, et épais de deux lignes et demie. Les fruits naissent de l'aisselle des pétioles : ils sont globuleux, deux à deux, portés sur des pédoncules simples longs d'un pouce, garnis d'une collerette monophylle à quatre ou cinq dents obtuses, inégales. Le fruit, épais de six à huit lignes, est recouvert de quelques poils très-courts, et contient des ovaires nombreux remplis de larves de cynips.

50. FICUS GLUMOSA.

F. ramis apice pilosis; foliis ovatis cordatis, brevissimè acuminatis, junioribus sericeo-pilosis, adultis pubescentibus; gemmarum stipulis subglabris folia densè velutina tegentibus.

Grand arbre, espèce de Figuier appelé GYMEYZ, ce qui est aussi le nom du Sycomore; il croît au Djebel-Moùyl, et produit des figues que l'on mange. (Notes manuscr. de M. *Cailliaud.*)

Rameaux hispides vers leur sommet. Les stipules qui embrassent les bourgeons sont courtes, ovoïdes, presque glabres, et couvrent le rudiment trèsvelouté de la feuille. La forme et la taille des feuilles varient peu : elles ont un disque ovoïde, cordiforme, briévement acuminé, long de trois pouces sur deux et demi de large. Les pétioles sont velus.

51. FICUS INTERMEDIA.

F. foliis subreniformi-cordatis, acuminatis, glabris, longè petiolatis, nervo medio posticè glandulâ notato juxta originem petioli.

Feuilles largement échancrées en cœur, acuminées, longues de trois à quatre pouces, larges de trois à trois et demi. Leur nervure moyenne, dorsale, porte à sa jonction avec le pétiole une tache glanduleuse. La longueur des pétioles est de trois à quatre pouces, et ils paraissent d'autant plus longs en proportion du disque de la feuille, que l'échancrure en cœur de la base du disque est plus profonde, variant de six à quatorze lignes.

Ce Figuier ressemble beaucoup au *Ficus religiosa*, dont le pétiole joint aussi la nervure dorsale par une sorte d'intersection ou tache transverse glanduleuse; mais le *Ficus religiosa* est très-peu cordiforme, tandis que la feuille du *Ficus intermedia* l'est profondément.

FAMILLE DES RUBIACÉES.

52. MUSSÆNDA LUTEOLA. (Pl. LXII, fig. 1.)

M. ramis pubentibus; foliis subsessilibus ovato-lanceolatis acutis, subtùs tomentosis nervosis; corymborum ramulis trifloris; calycinis dentibus inæqualibus, quinto dente interdum foliifero, corollam superante.

OPHIORHIZA LANCEOLATA. *Forsk.* (Flor. arab., Descript. pag. 42.)

MANETTIA LANCEOLATA. *Vahl* (Symb. bot. pag. 12.)

MUSSÆNDA ÆGYPTIACA : caule villoso, foliis lanceolatis pubescentibus. (Dict. encycl. tom. IV, pag. 394.)

Arbrisseau croissant à Singué.

Rameaux florifères ligneux, cylindriques, grêles, épais seulement comme une plume de pigeon, couverts d'une écorce brunâtre garnie de poils couchés, nombreux et courts, sur presque toutes les parties de la plante. Ces rameaux se partagent en bifurcations, dans lesquelles naissent de courtes panicules florales dichotômes. Leurs entrenœuds sont à-peu-près de même longueur que les feuilles; ces dernières sont opposées, ovales-lancéolées, presque sessiles, aiguës à leur base et à leur sommet, longues d'un pouce et demi à deux pouces et demi, pâles en dessous, où les nervures sont saillantes : il y a des stipules courtes aux deux côtés de chaque nœud des rameaux, entre les pétioles des feuilles.

Les fleurs sont ternées, l'une d'elles étant axillaire dans l'intervalle de deux autres fleurs dont les pédicelles se fourchent de manière à devenir deux et trois fois dichotômes.

Le calice est supère, adhérent à l'ovaire, à cinq dents subulées, dont une prend quelquefois un accroissement remarquable, qui la change en bractée ovoïde, pétiolée, nerveuse, réticulée, jaunâtre, glabre en dessus et longue comme les fleurs.

La corolle est tubulée, longue d'un pouce, grêle, dilatée en massue au-dessous de son limbe terminal, hypocratériforme, à cinq lobes. Le style est capillaire, long comme le tube de la corolle, et se termine par un stigmate bifide, logé entre les cinq anthères sessiles, étroites, insérées dans le renflement supérieur du tube.

L'ovaire présente deux loges multiovulées.

53. PSYCHOTRIA NUBICA.

P. foliis ellipticis, supernè glabris, basi et apice subacutis, nervis subtùs pubescentibus prominulis; floribus numerosis confertis latè cymosis pubescentibus; stylo longè exserto.

Arbrisseau croissant près de Singué.

Les feuilles opposées, entières, elliptiques, un peu aiguës à chacune de leurs extrémités, longues de trois pouces, sont portées sur de courts pétioles pubescens : leurs nervures saillantes au revers des feuilles sont aussi pubescentes : les rameaux adultes sont glabres; une stipule triangulaire est placée entre les bases des pétioles.

Les fleurs forment une cime terminale, convexe, large de près de quatre pouces, composée de plusieurs rameaux trifides, terminés par des bouquets de trois à six fleurs, à corolle tubulée, pubescente au dehors, longue de cinq lignes et dépassée de trois à quatre lignes par le style.

L'ovaire est infère, pubescent, à deux loges contenant chacune un ovule; il est couronné de cinq dents calicinales obtuses fort courtes. Le style est capillaire, terminé par un stigmate bifide turbiné. Le limbe de la corolle est campanulé, à cinq divisions moitié plus courtes que le tube, pubescentes en-dehors et en dedans.

Les étamines, au nombre de cinq, ont leurs anthères en navette, aiguës à leurs extrémités, versatiles, insérées à l'ouverture du tube; leurs loges sont introrses et blanches.

54. NAUCLEA MICROCEPHALA.

N. foliis lanceolatis verticillatis quaternis; capitulis florum parvulis longè pedunculatis; calyce corollâque pubescentibus minimis.

MECHEKA. Arbrisseau découvert à Singué. (Notes manuscr. de M. *Cailliaud.*)

Rameaux parfaitement glabres, à feuilles lancéolées verticillées quatre à quatre, longues de six à sept pouces, larges de douze à quinze lignes, rétrécies insensiblement en pétiole, séparées par des stipules qui se dessèchent et se détachent en un anneau à quatre dents placées aux intervalles des pétioles : les jeunes feuilles sont luisantes et demi-transparentes.

Les fleurs viennent en têtes sphériques longuement pédonculées dans les aisselles des feuilles; un pédoncule plus grêle, mais plus long que les pétioles, répond à la base de chaque feuille et porte au-dessus de sa partie moyenne une bractée sèche, caduque, de deux à quatre pièces connées. Les fleurs sont fort petites, environ d'une ligne de longueur, et sont pressées sur un réceptacle sphérique, poilu, garni de paillettes fines, spatulées, velues, de même longueur que les fleurs. Le calice est partagé en cinq divisions ovoïdes jusqu'à moitié de sa hauteur. La corolle est pubescente à cinq divisions, et égale le calice; elle renferme cinq étamines, et un style terminé par un stigmate glabre, en massue, globuleux.

FAMILLE DES BORRAGINÉES.

55. HELIOTROPIUM PALLENS. (Pl. LXIV, fig. 4.)

H. caule molli pubescente pallidè virenti; foliis ovatis acutis; spicis prælongis ramosis; fructu glabro reticulato scaberulo. (Species plurimùm affinis Heliotropio europæo; sed Heliotropium europæum differt omnibus partibus minoribus, et fructu pubescente.)

Touche. Herbe odorante à petites fleurs blanches, découverte à Dongolah. (Notes manuscr. de M. *Cailliaud.*)

Plante herbacée, garnie de poils courts sur toutes ses parties, comme l'*Heliotropium europœum*, auquel elle ressemble beaucoup, et dont elle conserve la couleur vert-jaunâtre étant sèche.

Les rameaux ont la grosseur d'une plume d'oie médiocre ; les feuilles sont oblongues, aiguës, longues de deux pouces et demi, rétrécies en pétioles à la base, munies en dessous de nervures saillantes hispides.

Les fleurs viennent en longs épis latéraux, placés dans le milieu de la longueur des entrenœuds; ils se composent de deux branches formées par un pédoncule fourchu, et se divisent en trois à cinq branches, lorsqu'ils sont terminaux.

Les fleurs sont unilatérales, à calice hispide divisé en cinq parties linéaires. La corolle est blanche, tubuleuse, hypocratériforme, longue de trois lignes, à limbe large de deux lignes. Le tube est velu, plus long que le calice, étranglé au-dessus de sa base. Le limbe est à cinq divisions obtuses séparées par autant de plis ou d'angles mousses.

L'ovaire est pyramidal, posé sur un disque un peu saillant en anneau. Le style est en colonne, poilu, et porte un stigmate conique, pelté en dessous, aigu et pubescent au sommet, pressé entre cinq anthères subulées, insérées au milieu du tube. Le fruit consiste en quatre akènes rugueux, ovales, qui, vus à la loupe, sont couverts de petites fossettes en réseau.

C'est principalement par le fruit velu, par les feuilles mousses et par les fleurs plus petites, que l'*Heliotropium europæum* diffère de l'*Heliotropium pallens* découvert en Nubie.

56. ECHIUM RAUWOLFII.

E. caule ramoso erecto; spicis adultioribus virgatis, hispido-muricatis; corollis calyce paulò longioribus; seminibus nitidis lævibus. *Delil.* (Flor. Ægypt. pag. 51, tab. 19, fig. 3.)

KALLEH, en langue du pays, à Dongolah. Plante à fleur rose, garnie de poils piquans : les chameaux la mangent. (Notes manuscr. de M. *Cailliaud.*)

57. CORDIA?

OUMDRAPÉ, en langue du pays, au Djebel-Mouyl. Arbrisseau qui donne un fruit rouge que l'on mange. (Notes manuscr. de M. *Cailliaud.*)

Feuilles rudes à leur face supérieure, ovales-alongées, obtuses, pétiolées, opposées, longues de trois pouces à trois pouces et demi. Rameaux grêles, ayant l'écorce de couleur fauve-pâle.

FAMILLE DES PALMIERS.

58. PHŒNIX DACTYLIFERA.

> P. frondibus pinnatis; foliolis complicatis ensiformibus. *Lin.* (Spec. p. 1638.) — *Desfont.* (atl. tom. II, p. 438.) — *Delil.* (Flor. Ægypt. pag. 169, tab. 62.)

Le PALMIER DATTIER, en français.

NACHL, en arabe, est le nom de l'arbre; et son fruit ou la datte est appelé BALAH.

59. CUCIFERA THEBAICA.

> CUCIFERRA THEBAICA. *Delil.* (Descript. Flor. Ægypt. pag. 1, tab. 1 et 2.)
> PALMA THEBAICA dichotoma, &c. *Pocock.* (It. tom. 1, p. 280, tab. 72 et 73, édit. ang. in-fol.)

En arabe le DOUM.

FAMILLE DES AMARANTHACÉES.

60. CELOSIA TRIGYNA.

> C. foliis ovatis acuminatis planis; caule herbaceo; racemo laxo; bracteis scariosis; pistillo trifido. *Willd.* (Spec. tom. I, pag. 1201.) — *Lin.* (Mant. pag. 212.)

Plante médicamenteuse croissant à Dongolah,

appelée d'un nom collectif *Daouah*, c'est-à-dire, *drogue médicinale*, et dont on mange les feuilles à jeun pour se préserver ou se guérir des maladies des vers. (Notes manuscr. de M. *Cailliaud.*)

61. ÆRUA TOMENTOSA.

<small>Ærua tomentosa. *Forsk.* (Descript. pag. 170.) — *Delil.* (Flor. Ægypt. n.° 939.)</small>

Plante tomenteuse, dont les fleurs scarieuses et persistantes forment des grappes blanches sèches et molles qui ressemblent à celles des Amaranthacées en général, et se conservent comme la plupart des fleurs nommées vulgairement immortelles. Cette plante est très-commune en Arabie, où l'on se sert des fleurs comme de bourre ou de duvet pour remplir des coussins de meubles où les garnitures de selles de chevaux; à Dongolah, en Nubie, et près du Caire, où croît la même plante, on n'en fait point usage.

FAMILLE DES ACANTHACÉES.

62. ACANTHUS POLYSTACHIUS. (Pl. LXII, fig. 2.)

<small>A. caule frutescente; spicis paniculatis; bracteis pectinato-spinosis acutissimis; corollæ labio grandi, quinque-lobo; staminibus dimidium corollæ vix æquantibus.</small>

Arbrisseau de Singué.

Rameaux cylindriques, presque glabres, un peu

pubescens à leurs nœuds et sur leurs jeunes pousses ; quelquefois un peu teints en violet.

Feuilles opposées, sessiles, ovales-lancéolées, aiguës, longues d'un pied à six pouces, grandement dentées et un peu ondulées, dont les nervures principales se terminent en épine à l'extrémité des dents de ces feuilles. La face supérieure des feuilles est un peu rude et luisante ; l'inférieure est pâle et pubescente.

Les fleurs viennent en épis terminaux de quatre à six pouces, et qui sortent aussi des feuilles supérieures. L'axe des épis est pubescent ; les fleurs sont opposées, sessiles, imbriquées sur quatre rangs.

Les bractées sont ciliées au moyen d'épines grêles ; deux de ces bractées sont latérales et subulées ; l'inférieure est alongée, convexe en dessous, à cinq nervures.

Le calice est à quatre folioles conniventes par paires ; ses folioles latérales sont lancéolées ; les deux autres, dont une supérieure et l'autre inférieure, sont onguiformes, élargies à leur base, et varient de forme à leur sommet tantôt prolongé en langue, tantôt un peu tronqué, mais toujours obtus et denticulé ; la foliole inférieure est plus courte et binervée, la supérieure plus longue et trinervée ; les deux folioles latérales sont étroites et scarieuses à leurs bords.

La corolle est longue de deux pouces, rose-pâle,

rayée de nervures longitudinales, dilatée en une lèvre à cinq lobes arrondis, dont le terminal est plus étroit. Le tube de cette corolle est court, urcéolé, épais, caché dans le calice, et embrasse l'ovaire; il donne naissance intérieurement à un anneau de cils qui interrompent le tube au-dessus de l'ovaire.

Les étamines ont leurs filets glabres, fermes, épais, insérés au même point où un anneau de cils obstrue intérieurement le tube de la corolle. Les deux filets supérieurs sont plus arqués que les deux autres. Les anthères sont en brosse, agglutinées par les faces déhiscentes de leurs loges.

L'ovaire est velu, lancéolé; le style subulé, un peu plus long que les étamines, pubescent à sa base, glabre et fourchu au sommet.

63. RUELLIA NUBICA.

R. ramis fistulosis, glabris, subcylindricis, quadrisulcatis; foliis pellucido-punctatis, bi-tripollicaribus, acuminatis, ovatis, nodis transversim barbulatis; calycibus pilosis; fructibus clavatis, rostratis, pubescentibus.

SOURIP. Plante dont la graine est employée à Sennâr comme médicament. (Notes manuscr. de M. *Cailliaud.*)

Rameaux glabres, fistuleux, dichotomes, à quatre angles obtus, séparés par quatre cannelures. Feuilles entières, ovoïdes, acuminées, longues de deux pouces et demi à trois pouces, larges de quinze à dix-huit lignes, pubescentes sur les nervures à leur face supérieure, quand elles commencent à s'épanouir, presque glabres étant adultes, à l'exception de leur nervure moyenne en dessus et de la cannelure de leur pétiole, où l'on remarque un peu de duvet qui se continue en travers sur les nœuds de manière à joindre deux pétioles opposés. La longueur des pétioles est de quatre à cinq lignes ; le disque est criblé de points transparens visibles à la loupe seulement sur les feuilles adultes ; il y a de petites aspérités blanches, extrêmement courtes, disséminées à la face supérieure des feuilles et qui ne se découvrent point à la vue simple.

Les fleurs viennent en épis sur lesquels elles sont imbriquées, tournées d'un seul côté, portées sur de courts pédicelles menus solitaires. Le rachis est grêle, long de trois à quatre pouces, anguleux, formé de pièces articulées, pubescentes aux points d'insertion des fleurs : deux très-petites bractées subulées et opposées garnissent les pédicelles. Le calice est à cinq divisions subulées, aiguës, presque égales, velues. La corolle est infundibuliforme, longue de sept lignes, renflée, excepté à sa base, bilabiée en gueule à son ouverture : sa lèvre supérieure est dressée, elle forme un angle droit avec le tube, et consiste en un lobe plié longitudinalement en devant et rejeté en arrière par ses bords : la lèvre inférieure est trilobée ; son lobe moyen est le plus grand, droit, veiné, coloré en violet; les lobes latéraux sont rabattus un peu en dessous et en arrière. Le tube est garni intérieurement de quelques poils couchés dans sa partie la plus étroite. Les étamines sont didynames, à filets briévement soudés par paires. L'ovaire est aigu, s'amincissant en un style filiforme, dont le stigmate se termine en une petite tête turbinée, partagée par un sillon transversal.

La capsule, étroite à sa base, renflée en massue, et quelquefois toruleuse à son sommet, se termine en un bec étroit et velu.

FAMILLE DES SOLANÉES.

64. HYOSCYAMUS DATORA.

H. caule villoso; foliis petiolatis ovato-lanceolatis, subdentatis; floribus spicatis. *Forsk.* (Descript. pag. 45.)

HYOSCYAMUS BETÆFOLIUS. *Lippi* (Manusc.) — *Lamarck* (Dict. tom. III, pag. 329.)

HYOSCYAMUS MUTICUS: *Linn.* (Mantiss. 45.)

Plante de l'oasis du Dakhel.

65. PHYSALIS SOMNIFERA.

P. caule fruticoso; ramis rectis; floribus confertis. *Linn.* (Spec. 261.)—*Lamarck* (Dict. tom. II, pag. 99.) — *Desfont.* (Atl. tom. I, pag. 192.) — *Delil.* (Flor. Ægypt. n.° 246.)

AFNOU. Plante sans odeur, croissant à Dongolah. (Notes manuscr. de M. *Cailliaud.*)

Cette plante est du petit nombre de celles auxquelles les animaux ne touchent pas. Elle ne croît pas comme la précédente dans les déserts écartés, mais dans le voisinage des terres cultivées et dans les champs abandonnés. Elle est narcotique, comme son nom spécifique le fait connaître. Elle habite les régions australes de l'Europe, le Levant, l'Égypte, l'Arabie. Forskal (*Descript.* pag. 88) l'a comprise dans une liste de vingt plantes qu'il a désignées comme mauvaises et dangereuses, dans l'esquisse d'une Flore économique d'Arabie. C'est de cette plante que Pline (*Hist. nat.* lib. XXI, cap. 31) a parlé sous le nom de *Strychnos*, comme d'un poison connu en Grèce et en Égypte.

FAMILLE DES SÉSAMÉES.

66. SESAMUM ORIENTALE.

S. foliis ovato-oblongis, integris. *Lin.* (Spec. pl. 883.)
— *Lamarck* (Dict encycl. tom. VII, pag. 184.)

Le Sésame est une graine huileuse, de la forme et de la grosseur à-peu-près d'un pépin de raisin, mais moitié plus mince. On mange cette graine torréfiée; on en consomme l'huile, et le marc qui en est le résidu.

67. ROGERIA ADENOPHYLLA. (Pl. LXIII, fig. 3.)

ROGERIA. *Gay* (Monographie inédite des Bignoniacées. Mém. lu à la société d'hist. nat. de Paris, inséré par extrait dans les *Annales des sciences naturelles*, t. I, pag. 457.)

Character. gen: Corolla ringens, tubulosa, imâ basi supernè sulcata. Stamina didynama. Capsula pseudo-4-6-locularis, rostrata, irregularis, muricato-spinosa, extrorsùm gibba, semi-loculis duobus majoribus 10-20-spermis, introrsùm contracta semi-loculis duobus minoribus 1-2-spermis.

Descriptio. Calyx urceolatus, quinquefidus, minimus; corolla infundibuliformis, tubo elongato, ore bilabiato, labio superiori longiori bilobo, inferiori trilobo. Filamenta quatuor inclusa, fundo corollæ adnata; duo superiora breviora separata rudimento filamenti quinti intermedii suprà basim tubi saccatam inserto; filamenta duo lateralia longiora; antheræ didymæ conniventes, loculis ovatis propendentibus, loculo altero demissiùs affixo. Stylus filiformis longitudine staminum; stigma bi-trilamellatum. Capsula bi-trivalvis, rostri bi-trifidi dehiscentiâ semi-loculos majores aperiens; latere altero semi-loculos minores contrahens; valvulæ medio septiferæ : septum ex his axim fructus petit et marginibus productis ad suturas laterales valvarum vergit, undè semi-loculi è trophospermio constituuntur et capsula tota pseudo-quadrilocularis evadit. Semina imbricata, pendula, sacculo accessorio inclusa. Sacculus (Arillus Gærtn.) triqueter subovatus niger, foveolis plurimis impressus, punctis diaphanis fenestratus, in tres partes dehiscens.

Caulis herbaceus, obtusè tetragonus. Folia petiolata, opposita; disco subrhomboidali dilatato trinervi lobato subtùs glaucescente, margine sinuato. Flores terni axillares, oppositi. Pedicelli exteriores glandulis duabus stipati. Capsula apice pugioniformi truncato terminata.

Planta, toto habitu et affinitate partium, Pedalii congener. Specimina quædam africano-occidentalia à cl. Leprieur, è prov. Senegalensi missa, exhibent folia subtùs pruinoso-glandulosa; dùm specimina cl. Cailliaudii absque pruinâ glaucescunt.

ROGERIA ADENOPHYLLA. *Gay* (loc. cit.)

Kochokochou. Plante croissant au mont Mouyl.
Grennet. Herbe à Dongolah. (Notes manuscr. de M. *Cailliaud.*)

Tige droite, glabre, obtusément tétragone, remplie d'une moelle blanche, garnie de feuilles opposées en croix, pétiolées. Disque des feuilles trinervé, trilobé, un peu deltoïde, long et large de deux pouces, glauque en dessous, un peu sinueux, bordé de quelques dents subulées écartées. Pétioles de même longueur que le disque; nervures saillantes au revers des feuilles.

Fleurs opposées trois à trois, presque sessiles dans les aisselles des feuilles, les pédicelles extérieurs étant placés entre deux glandes noirâtres. Le calice est très-petit, en godet, déprimé, persistant, à cinq dents qui s'oblitèrent.

La corolle est tubuleuse, en gueule, infundibuliforme, longue de quinze à vingt lignes; les deux lobes de la lèvre supérieure sont les plus saillans; les trois autres plus courts appartiennent à la lèvre inférieure. Les lobes et l'orifice de la corolle sont d'une belle couleur violette. Les boutons de fleurs, les calices et les jeunes pousses sont couverts d'une matière pulvérulente, grenue, très-fine. Le tube est renflé en bourse à sa base; c'est à ce renflement que correspond intérieurement le rudiment d'une cinquième étamine avortée. Quatre étamines didynames ont leurs filets adnés latéralement au fond du tube, légèrement velus et arqués à leur base. Les anthères sont épaisses, biloculaires; leurs loges étant attachées par une portion de leur côté interne, de manière que l'une dépasse l'autre en dessus, tandis que cette autre descend davantage.

Le style est filiforme, de la longueur du tube de la corolle, et terminé en ovaire pyramidal; le stigmate est fendu en deux ou trois lames qui se fanent et s'oblitèrent après l'épanouissement de la fleur.

Le fruit est une capsule coriace, ovoïde, inégale, à cinq ou six épines à son contour, mucronée, épaissie en bosse sur son côté externe. Cette capsule s'ouvre incomplètement en deux valves, très-rarement en trois. Elle est à quatre ou six loges incomplètes dont deux demi-loges monospermes, closes, indéhiscentes, placées du côté le plus étroit de la capsule et tournées vers la tige de la plante. Deux portions de loge polysperme occupent le côté renflé de la capsule; elles ne sont partagées qu'inférieurement par une cloison propre et communiquent l'une avec l'autre supérieurement.

Les cloisons formées par l'endocarpe naissent longitudinalement de la concavité de chaque valve et se joignent vers l'axe du fruit; elles y fournissent des replis dirigés vers les sutures des valves. Ces replis sont de vrais placentas ou trophospermes qui pénètrent dans la suture des valves, mais qui ne s'y confondent pas par continuité de tissu. Les graines sont descendantes, au nombre de huit à dix dans chacune des demi-loges qui occupent le côté renflé du fruit, et seulement au nombre d'une ou deux dans chacune des demi-loges opposées très-petites ; elles sont imbriquées, noires, ovoïdes-tronquées, triquètres, et doivent cette forme à une enveloppe accessoire qui se fend en trois parties par les angles. Cette enveloppe est une membrane sèche, ponctuée de fossettes qui, vues à la loupe, sont criblées de trous concentriques. La graine, dépouillée de son enveloppe accessoire, est pyriforme, comprimée, brunâtre ; elle consiste en un endosperme assez mince né de la tunique propre brune et adhérente de cette graine. L'embryon est droit dans l'endosperme, dont il suit la direction longitudinale. Sa radicule est tournée vers le hile.

Cette plante, découverte par M. Cailliaud en Nubie, a été aussi trouvée au Sénégal et transmise à M. Gay, qui en a constitué un genre nouveau, dédié à M. Roger, gouverneur du Sénégal, et protecteur de l'histoire naturelle dans cette contrée. C'est sur de nouveaux échantillons envoyés du même pays à M. B. Delessert, par M. Leprieur, pharmacien de la marine, que nous avons comparé la plante du Sénégal à celle de Nubie. Nous avons conservé le nom générique proposé par M. Gay, pour ne pas donner à la hâte un nouveau nom à une plante déjà publiée. Nous pensons que le *Rogeria* ne repose pas sur des différences suffisantes pour établir un genre distinct du *Pedalium*.

FAMILLE DES CAPPARIDÉES.

68. CLEOME PENTAPHYLLA.

C. floribus gynandris; foliis quinatis; caule inermi. *Lin.* (Spec. 938.) — *Lamarck* (Dict. encycl. tom IV, p. 317, n.º 2.) — *Delil.* (Flor. Ægypt. n.º 614.)

TAMALAK. Herbe cultivée que les Arabes mangent à Dongolah. (Notes manuscr. de M. *Cailliaud.*)

69. CLEOME DROSERIFOLIA.

C. caule suffruticoso, hispido; foliis bituminosis orbiculatis trinerviis; floribus tetrandris. *Delil.* (Flor. Ægypt. p. 106, tab. 36, fig. 2.)

RORIDULA. *Forsk.* (Descript. pag. 35.)

RIHH EL-BARD. Petit sous-arbrisseau du désert de Syouah. (Notes manuscr. de M. *Cailliaud.*)

FAMILLE DES TILIACÉES.

70. GREWIA ECHINULATA.

G. foliis sub-orbiculatis cordatis; pedunculis extra-axillaribus : fructibus umbellulatis globosis depressis, verrucoso-hispidis, ossiculos quaternos conniventes, trispermos includentibus.

TAMAR-HENDI EL-ABYD. Arbre du Djébel-Mouyl. (Notes manuscr. de M. *Cailliaud.*)

Les jeunes rameaux de cet arbre sont tout-à-fait poilus. Le bois de l'année précédente est couvert d'une écorce glabre un peu ridée, pointillée de quelques tubercules ou glandes sèches éparses.

Les feuilles sont presque orbiculaires, cordiformes, un peu dentées ou rongées sur les bords, à cinq nervures principales. Les poils des rameaux et des pétioles sont fasciculés; ceux implantés au revers des feuilles où ils garnissent les nervures saillantes réticulées, sont étoilés. Les pétioles sont longs de deux pouces, et les feuilles ont trois à quatre pouces de diamètre.

Les fruits sont rassemblés au nombre de trois à quatre en grappes ou petites ombelles solitaires opposées aux feuilles. Le pédoncule commun de la grappe est court, plus gros que le pétiole des feuilles, cylindrique et recourbé. Chaque fruit est ensuite très-briévement pédicellé.

Le fruit est un drupe sphérique déprimé, devenant faiblement quadrilatère ou à quatre lobes peu distincts par la dessiccation, ombiliqué en dessous, large de six lignes, dont l'épicarpe friable et mince est hispide, couvert de papilles qui se terminent chacune par deux ou trois poils en faisceau. Cet épicarpe recouvre un peu de pulpe acidule sucrée qui unit quatre noyaux anguleux et aplatis par leurs faces contiguës, placés en croix vers l'axe du fruit, convexes, sculptés par des enfoncemens inégaux sur leur face extérieure. Chaque noyau est indéhiscent, à trois loges horizontales aplaties. Les graines sont obovoïdes, un peu lenticulaires, aiguës vers leur extrémité interne où est situé le hile. Trois tuniques les recouvrent et sont marquées vers le sommet extérieur arrondi de la graine par une chalaze brune. La tunique extérieure est blanche et friable. La tunique sous-jacente est plus dense, un peu cornée, couleur de rouille, et la chalaze y est noirâtre. La troisième tunique adhérente est à l'endosperme et couleur de rouille.

L'embryon est couché à plat dans la substance de l'endosperme; *il est composé de deux cotylédons presque orbiculaires, plats, légèrement verdâtres et marqués de plusieurs nervures. La radicule est courte cylindrique et regarde l'axe du fruit.*

71. XEROPETALUM QUINQUESETUM.

Character. gen. Calyx quinquefidus. Petala quinque cum calyce et genitalibus persistentia, nervosa, obovata, emarginata, obliquata. Staminum filamenta viginti aut circiter, quorum quinque longiora castrata. Capsula trilocularis trivalvis. Flores paniculato-racemosi, in umbellas bi-quadriradiatas digesti.

Descript. Caylx quinquefidus, sub-rotatus, basi campanulatus.

Petala quinque cuneata, oblonga, apice obliquo truncato emarginata, persistentia, nervosa.

Staminum filamenta viginti, basi coalita; horum quinque longiora castrata filiformia, apice incurva, è margine longiori cujusque petali orta. Antheræ 12-15, lineari-angustæ, filamentis breviusculis insertæ, terminales; filamenta ista bina terna-ve sterilibus interposita.

Germen globosum tomentosum, superum, triloculare, loculis bi-ovulatis. Stigmata duo seu tria, filiformia, pubescentia, apice spiraliter reflexa, basi in stylum brevem coeuntia.

Capsula (germen fœcundatum cum seminibus nondum perfectis) in valvulas tres medio septiferas dehiscens. Ovula plurima abortiva, duobus tantum intumescentibus fœcundatis; indè capsula disperma, interdùm bilocularis, loculo tertio obliterato, more stigmatis tertii sæpè deficientis.

Flores diametro pollicari, pedicellati, umbellati, racemosi, dispositi in paniculas bi-tripollicares, absque foliis collectas. Rami paniculæ primarii, pauci, alterni, glabri ; secundarii umbellati, bi-trifidi, desinentes in pedicellos duos vel quatuor umbellatos. Gemmulæ florales nonnullæ rudimentariæ, tomentosæ, pedicellis interjectæ.

Arbor aut frutex. Flos tiliaceus, peculiare genus constituens, corollâ persistente et filamentis elongatis quinque castratis à Grewiâ et affinibus discrepans.

Arbre ou arbrisseau dont nous ne connaissons que les fleurs recueillies sans feuilles, qui probablement ne paraissent pas dans le même temps. Ces fleurs viennent en grappes de deux à trois pouces, dont les rameaux primitivement alternes se partagent en ombelles bifides ou trifides et en ombelles terminales de trois à quatre fleurs pédicellées. Toutes les parties de la fleur sont persistantes. Le calice est quinquefide, étalé. La corolle est à cinq pétales oblongs, cunéiformes, obliquement tronqués, et émarginés au sommet. Les étamines sont au nombre de vingt; il n'y a que quinze filamens fertiles, les cinq autres plus longs n'ont point d'anthères; les uns et les autres sont soudés par la base en anneau sous l'ovaire. Trois filets courts anthérifères alternent avec les filets stériles qui sont adnés près du plus long des deux bords de chaque pétale. Les anthères sont terminales, linéaires, à deux loges. L'ovaire est sphérique, cotonneux et porte un style court, partagé en deux ou trois stigmates filiformes pubescens, recourbés en spirale. L'ovaire est à trois loges et contient six ovules. Cet ovaire, pris sur une fleur où il était un peu plus développé que dans les autres, s'est séparé par la pression en trois valves septifères sur leur milieu, dont chacune renfermait deux ovules ascendans, attachés latéralement à l'un et à l'autre côté de la base de chaque cloison. Deux de ces ovules seulement étaient fécondés et épais; ce qui fait voir que la capsule était destinée à contenir à maturité deux semences.

Les filets staminifères fertiles sont quelquefois réduits à douze au lieu de quinze.

L'un des stigmates et une des loges de l'ovaire sont sujets à manquer; et un des deux ovules de chaque loge, ou les deux ovules d'une ou de deux loges, avortent, de manière à réduire le fruit à une ou deux graines.

FAMILLE DES RUTACÉES.

72. TRIBULUS TERRESTRIS.

F. foliis sexjugatis subæqualibus; seminibus quadricornibus. *Lin.* (Spec. 554.)—*Delil.* (Flor. Ægypt. n.° 437.)

ADERASSA (*arabe*). Plante herbacée, à tiges couchées, à fruits épineux, et que les chameaux mangent à Sennâr. (Notes manuscr. de M. *Cailliaud.*)

73. ZYGOPHYLLUM COCCINEUM.

Z. foliis petiolatis; foliolis linearibus carnosis. *Lin.* (Spec. pag. 551.) — *Lamarck* (Dict. tom. II, p. 441.) — *Delil.* (Flor. Ægypt. n.° 429.)

Boubel. Plante à feuilles charnues, croissant sur le chemin de Rayân à Syouah. (Notes manuscr. de M. *Cailliaud.*)

C'est un sous-arbrisseau des déserts, qui croît principalement là où un certain degré de salure rend le sol et l'air assez hygrométriques, malgré le défaut de pluie, pour suffire à la végétation de quelques plantes charnues et amères : celle-ci n'est mangée par aucun animal. Sa fleur est blanche ; son fruit est rouge, globuleux, pulpeux, comme l'a décrit Forskal, page 87. Ce fruit, desséché, se réduit à une capsule mince cylindrique à cinq côtes ; en cet état nous l'avons quelquefois vu chez les droguistes du Caire qui le vendent comme épice, sa graine étant aromatique.

Suivant Shaw (*Specim. phyt. Afr.* n.° 231), cette plante, en Barbarie, aurait la fleur rouge.

FAMILLE DES TAMARISCINÉES.

74. TAMARIX AFRICANA.

T. foliis imbricatis minimis; floribus pentandris; spicâ tereti densissimâ; pedunculis squamosis; stylo trifido. *Desfont.* (Atl. tom. I, pag. 269.)

Tarfé (*arabe*). Arbres *Tamarix* qui croissent aux oasis. (Notes manuscr. de M. *Cailliaud.*)

75. TAMARIX ORIENTALIS.

T. floribus pentandris ; ramis ramulisque articulatis ; vaginis cylindricis, in squamam acuminatis. *Gmel.* (Syst. nat. tom. I, pag. 499.) — *Forsk.* (Descript. pag. 206.) — *Delil.* (Flor. Ægypt. illustr. n.º 351.)

Tamarix articulata. *Vahl* (Symb. bot. tom. II, p. 48. tab. 32.) — *Lamarck* (Dict. tom. VII, page 564.)

El-Atleh (*arabe*). Grande espèce de Tamarix. (Notes manuscr. de M. *Cailliaud.*)

FAMILLE DES RHAMNÉES.

76. ZIZIPHUS SPINA CHRISTI.

Z. *caule arboreo; aculeis geminis, altero recurvo; foliis ovatis, crenulatis, glabris; fructibus oblongis, pedicellatis. Desf.* (Atl. tom. I, pag. 201.) — *Lamarck* (Dict. tom. III, pag. 320.) — *Willd.* (Spec. tom. I, pag. 1105.) — *Delil.* (Flor. Ægypt. n.º 264.)

Rhamnus spina christi. *Lin.* (Spec. pag. 282.) — *Hasselq.* (Iter. pag. 523.)

Nebka et Nebakeh (*arabe*); Kor des païens. Arbre très-commun en Nubie et pays environnans. A Dongolah, on s'en sert pour laver les corps que l'on ensevelit. (Notes manuscr. de M. *Cailliaud.*)

77. ZIZIPHUS PARVIFOLIA.

Z. aculeis geminis, altero longiore recurvo; foliis integerrimis, breviter petiolatis, ovatis, acutis.

GARDEL (*arabe*). Arbrisseau au Dakhel. (Notes manuscr. de M. *Cailliaud.*)

Rameaux terminaux cylindriques, plus grêles qu'une plume de corbeau, munis d'aiguillons stipulaires geminés inégaux, dont le plus alongé est de deux lignes, un peu recourbé. Feuilles ovales, aiguës, très-entières, longues de quatre à cinq lignes. Pétiole court d'une demi-ligne.

FAMILLE DES EUPHORBIACÉES.

78. RICINUS MEGALOSPERMUS.

R. folio prægrandi; petiolo apice sub origine disci glandulifero; glandulis pariter 2-3 aggregatis petiolum utrinque stipantibus juxta cicatricem stipulæ deciduæ; capsulis echinatis nucem Juglandis æquantibus.

KHEROUEH. Gros ricin dont on fait de l'huile dans la province de Qamâmyl. (Notes manuscr. de M. *Cailliaud.*)

79. CROTON PLICATUM.

C. foliis ovatis plicatis crenatis hirsutis; caule herbaceo. *Vahl* (Symb. bot. I, pag. 78.) — *Delil.* (Flor. Ægypt. n.° 902.)

AL-TENOUN. Plante que les chameaux mangent à Dongolah. (Notes manuscr. de M. *Cailliaud.*)

FAMILLE DES DIOSCORÉES.

80. DIOSCOREA?

El-Gaïth ou Tay (*arabe*). Racine aussi grosse qu'une forte betterave, blanche et farineuse étant cuite, très-bonne à manger, se rapprochant beaucoup des meilleures pommes de terre. (Notes manuscr. de M. *Cailliaud.*)

FAMILLE DES AMOMÉES.

81. AMOMUM ZINGIBER.

A. scapo nudo; spicâ ovatâ. *Lin.* (Spec. tom. I.)— *Forsk.*(Flor. Arab. n.º 4.)—*Lamarck* (Dict. t. I, p. 133.)

Guinaby (*arabe*); Zymbané, en langue païenne. Le *Gingembre*, plante qui n'a guère qu'un pied de haut, à racine aromatique, rare à Qamâmyl, et qui vient principalement d'Abyssinie. (Notes manuscr. de M. *Cailliaud.*)

FAMILLE DES HYDROCHARIDÉES.

82. PISTIA STRATIOTES.

P. foliis obcordatis. *Lin.* (Spec. pag. 1365.) — *Lamarck* (Dict. tom. V, pag. 353.) — *Delil.* (Flor. Ægypt. n.º 630.)

Stratiotes. *Prosp. Alpin.* (Ægypt. pag. 106.) — *Vesling.* (Ægypt. pag. 44.)

Plante flottante sur le Nil, à Sennâr. (Notes manuscr. de M. *Cailliaud.*)

C'est une plante singulière, qui a les feuilles molles, celluleuses, cunéiformes ou obcordées, étalées en rosette, soutenues par des racines très-chevelues, plongées dans l'eau où elles flottent avec les feuilles qui surnagent. Prosper Alpin et Vesling, l'un en 1580, et l'autre en 1626, trouvèrent cette plante à Damiette. Nous l'avons trouvée une seule fois sur le canal de Mansourah, pendant le temps de l'expédition d'Égypte. Nous voyons évidemment, depuis qu'elle a été observée à Sennár par M. Cailliaud, que c'est une production du haut Nil, qui, comme diverses autres, a suivi le cours des eaux pour se naturaliser jusque dans la basse Égypte.

Les Grecs ne connaissaient cette plante qu'en Égypte; et d'après l'autorité des Égyptiens, leurs premiers maîtres dans les sciences, ils la vantaient comme un puissant remède pour les blessures et les érysipèles. Cette plante est tout-à-fait inusitée depuis Dioscoride et Galien. Il paraît que la crédulité porta à faire regarder comme très-rafraîchissant le *Pistia Stratiotes*, qui croissait sur les eaux. Il était employé, dit *Pline*, avec le vinaigre; genre de répercussif d'une efficacité bien constatée, et qui est demeuré d'un usage journalier.

Le *Pistia* croît non-seulement en Afrique, mais en Amérique et dans l'Inde.

FAMILLE DES ÉLÉAGNÉES.

83. TERMINALIA PSIDIIFOLIA.

T. foliis obovatis, oblongis, acutis, basi subcordatis, oppositis aut terno-verticillatis ; fructibus ovatis, acutis, angulis quatuor æqualibus carinatis.

AMEBECH. Grand arbre qui croît à Qamâmyl, dont la feuille a quelque ressemblance avec celle du Laurier (*Laurus nobilis*), et qui porte des fruits aigus, à quatre angles, jaunâtres à maturité, dont la graine est enduite de mucilage. (Notes manuscr. de M. *Cailliaud.*)

L'épiderme du rameau que nous possédons de cet arbre est naturellement soulevé et brisé en quelques parties par lames minces de couleur terreuse. Les feuilles sont rapprochées les unes des autres, opposées, ou verticillées trois à trois, obovales, alongées, aiguës au sommet, un peu cordiformes à la base, longues de deux à trois pouces, soutenues sur des pétioles pubescens longs de trois lignes. La côte moyenne des feuilles est pubescente en dessous et jaunâtre; les nervures latérales sont pâles, beaucoup plus fines, et glabres comme le reste de la feuille; les fruits sont des drupes pendans, longs de quinze lignes, réunis de deux à trois en grappes courtes.

Ces drupes sont coriaces, fibreux, ovoïdes, presque sans pulpe ou substance médulleuse; ils sont ovoïdes, aigus aux deux extrémités, cannelés à quatre faces profondes et séparées par quatre crêtes ou ailes tranchantes membraneuses; ils contiennent une amande verticale à quatre sillons et à quatre côtes demi-cylindriques, dont les cotylédons sont diversement contournés et couverts d'une membrane rouge-foncé, qui s'enferme dans leurs replis, et qui, ramollie dans l'eau, se couvre d'un mucilage transparent. L'amande est attachée par son extrémité supérieure, qui est très-aiguë, au sommet de la cavité du fruit.

FAMILLE DES NYCTAGINÉES.

84. BOERHAAVIA REPENS.

B. caule prostrato glabro; foliis ovatis subrepandis, apice mucronulatis, paginâ inferiore cinereis; calycibus papillosis. *Delil.* (Flor. Ægypt. pag. 2, tab. 3.)

BOERHAAVIA REPENS. *Lin.*

Plante herbacée à longues tiges couchées, étalées, croissant en Nubie. (Not. manusc. de M. *Cailliaud.*)

FAMILLE DES LABIÉES.

85. PHLOMIS NEPETIFOLIA.

P. foliis ovatis; calycibus decagonis septemdentatis, inæqualibus. *Lin.* (Spec. pag. 820.) — *Lamarck* (Dict. tom. V, pag. 278.)

Plante recueillie à Sennâr. (Notes manuscr. de M. *Cailliaud.*) Elle ne diffère du *Phlomis nepetifolia*, cultivé dans les jardins de botanique, que par la couleur plus pâle de la corolle.

FAMILLE DES SAPINDACÉES.

86. CARDIOSPERMUM HALICACABUM.

C. foliis lævibus. *Lin.* (Spec. pag. 525.) — *Lamarck* (Dict. tom. II, pag. 107.) — *Forsk.* (Flor. Arab. n.° 262.) — *Delil.* (Flor. Ægypt. n.° 413.)

TAFTAF. Espèce de liane, à Dongolah, que les chameaux mangent, et qui est remarquable par une petite fleur blanche sans odeur. (Notes manuscr. de M. *Cailliaud.*)

Les Égyptiens et les Arabes, peu soigneux de la culture des plantes d'agrément, n'ont point dédaigné celle-ci, qui est sauvage en Nubie et dans l'Yémen. On la trouve dans les jardins au Caire; on en fait des bouquets et des couronnes dans l'Arabie. On sera ainsi moins surpris que cette plante, peu élégante, soit répandue dans les jardins en Europe, où l'on aime beaucoup la variété; mais ce qui pique la curiosité dans cette plante, c'est une tache ou cicatrice blanche parfaitement dessinée en cœur sur la graine, qui est une petite boule noire.

FAMILLE DES AURANTIACÉES?

87. BALANITES ÆGYPTIACA.

B. ramis cinereis; foliis conjugatis, ellipticis; spinis supra-axillaribus; drupâ ovato-oblongâ, nuce pentagonâ monospermâ. *Delil.* (Flor. Ægypt. pag. 77, tab. 28.)

EL-HEGLYG (*arabe*).

El-Aiglait (*arabe*); el-Ka, en langue des païens. (Notes manuscr. de M. *Cailliaud.*)

Arbre d'une taille médiocre, toujours vert, qui a des branches effilées, garnies de longues épines vertes comme ses feuilles et ses rameaux, et non blanches et desséchées comme celles des Acacias. Son fruit a la forme d'une datte; il renferme un fort gros noyau à cinq côtes, sur lequel il y a peu de chair et que recouvre la peau sèche et durcie du fruit à maturité. Il est doux, la chair en est visqueuse; il a une amertume particulière qui n'est pas désagréable. Il est très-commun au pays de Fazoql et dans le sud depuis Sennâr. Les personnes de l'expédition en firent de l'eau-de-vie. M. Cailliaud ajoute que cet arbre est le même qu'il avait vu sur les rives de la mer Rouge, où les Arabes nommaient son fruit la *datte du désert*. (Extrait du manuscr. de M. *Cailliaud.*)

Cet arbre, dont on trouve l'histoire détaillée dans la Flore d'Égypte, est le *Léback* des écrivains orientaux, et le *Heglyg* (nom souvent défiguré) de plusieurs voyageurs d'Afrique, arbre que je crois avoir été le *Persea* de Plutarque, Théophraste, Pline et Strabon.

FAMILLE DES SARMENTACÉES.

88. CISSUS ?

A Dongolah et à Chaykye, il croît au pied des arbustes une plante grimpante très-branchue, verte, pliante ; ses rameaux sont à quatre angles tranchans, et creusés à quatre faces. Cette plante porte de petites fleurs roses. (Notes manuscr. de M. *Cailliaud.*)

FAMILLE DES ANONACÉES.

89. ANONA ?

Arbre ou arbuste du mont Aqarô.

Feuilles glabres, sans stipules, ovales-lancéolées, longues de quatre à cinq pouces, larges de dix-huit à vingt lignes, de la consistance de celles du Laurier [*Laurus nobilis*], unies, ayant leurs nervures latérales très-fines ; leur côte moyenne est demi-cylindrique, saillante en dessous, pâle ; les pétioles n'ont que deux à trois lignes de long. Une pointe ou feuille rudimentaire, subulée, un peu soyeuse, rousse, termine les axes foliifères ou rameaux. Un pédicelle solitaire de fructification avortée, se trouve dans l'aisselle de chaque feuille, et paraît y persister après la chute de la fleur qu'il a fournie ; ce pédicelle est court d'une ligne, un peu formé au sommet, en un bourrelet qui fait à peine saillie au-dessous de la terminaison demi-sphérique peu marquée de ce pédicelle.

Une portion coriace et ligneuse de péricarpe, sur un très-court pédicelle du rameau que nous examinons, indique un fruit qui devient volumineux en comparaison des pédicelles de fructification caduque, les uns naissans, les autres anciens et avortés, que nous avons décrits sur le même rameau.

FAMILLE DES RENONCULACÉES.

90. NIGELLA SATIVA.

N. pistillis quinis; capsulis muricatis subrotundis; foliis subpilosis. *Lin.* (Spec. p. 753.)—*Lamarck* (Dict. tom. IV, pag. 87.) — *Delil.* (Flor. Ægypt. n.° 517.)

HABBAH SOUDEH, graine aromatique.

FAMILLE DES SAXIFRAGÉES?

91. BISTELLA GEMINIFLORA. (Pl. LXIII, fig. 2.)

Charact. gen. Calyx adhærens, limbo quinquedentato. Corolla quinquepetala. Stamina quinque. Styli duo divergentes, imâ basi coëuntes. Capsula globosa genitalibus cum corollâ et calyce persistentibus coronata, pervia poro centrali inter stylos hiante. Trophospermium è disco floris sub basi stylorum pendulum bilamellatum, lamellis conniventibus semi-ovatis extrorsùm convexis.—Herba villis brevibus glandulosis obsita. Folia ovata sessilia opposita. Rami alterni. Pedicelli biflori aut flores geminati subsessiles in axillis foliorum.

AL SOUFERA, herbe, à Dongolah. (Notes manuscr. de M. *Cailliaud.*)

Toute cette plante est garnie de poils courts et glutineux ; elle produit beaucoup de rameaux alternes, cylindriques, grêles, noueux ou articulés comme ceux de plusieurs caryophyllées. Ses feuilles sont ovales, sessiles, molles, plus courtes que les entre-nœuds ; elle pousse de petites fleurs géminées sur une base ou pétiole commun, très-court, qui sort de l'aisselle d'une feuille. Ces pédoncules biflores alternent de l'un et de l'autre côté des rameaux, étant solitaires à l'aisselle d'une des deux feuilles d'un nœud, et placés ensuite au-dessus d'un premier nœud dans l'aisselle de la feuille opposée à celle qui inférieurement est florifère. Le calice est persistant, globuleux et forme l'écorce de l'ovaire et du fruit ; son limbe est à cinq dents aiguës ; les pétales sont au nombre de cinq, obovoïdes, un peu acuminés, persistans. Les étamines sont alternes avec les pétales, et opposées aux divisions du calice ; leurs filets sont poilus, de la longueur des pétales, insérés comme eux autour d'un disque qui forme le plateau supérieur de l'ovaire et de la capsule. Les styles sont subulés, au nombre de deux, terminés en tête. La fleur persiste sur l'ovaire qui devient une capsule globuleuse un peu moins grosse qu'un grain de poivre. Cette capsule s'ouvre par un trou entre les deux styles qui s'écartent; elle est uniloculaire, remplie de graines très-petites (un tiers de millimètre), attachées à un double trophosperme formé de deux appendices demi-ovoïdes, connivens et pendans au-dessous des styles.

FAMILLE DES FICOÏDES.

92. NITRARIA TRIDENTATA.

N. ramis spinosis, foliis truncatis cuneiformibus. *Desf.* (Flor. Atl. tom. I, pag. 372.) — *Delil.* (Flor. Ægypt. n.º 457.)

GARDEL, arbuste qui croît à Rayân. (Notes manuscr. de M. *Cailliaud.*)

FAMILLE DES TÉRÉBINTHACÉES.

93. AMYRIS PAPYRIFERA.

A. trunco arboreo, tunicato laminis corticalibus subdiaphanis nec fibrosis, membranam quasi pergamenam scriptoriam fingentibus; floribus racemoso-paniculatis, decandris.

KAFAL, en arabe, au pays de Fâzoql; GALGALAAN, en langue des païens; LOBAN-ADAN-COULÂN, à Sennâr.

Grand arbre, très-commun au pays de Bertât, formant quelquefois des bois entiers; il ne devient point fort gros, quoique très-haut. Il est très-branchu, sans épines; ses graines sont noires; il perd ses feuilles en hiver; ses fleurs sont roses, peu odorantes, en grappes pyramidales lâches. L'écorce du tronc se soulève en plusieurs feuillets minces comme du papier, et qui servent aux Musulmans pour écrire les légendes mystérieuses qu'ils portent au bras. Le tronc est tacheté de rose pâle, de vert pomme et de jaune pâle, par plaques. (Notes manuscr. de M. *Cailliaud.*)

FAMILLE DES CÉLASTRINÉES.

94. CELASTRUS DECOLOR. (Pl. LXIV, fig. 6.)

C. foliis obovato-oblongis serrulatis, exsiccatione griseis decoloratis; pedunculis axillaribus petiolo tenuioribus, subumbellatis.

Arbrisseau croissant à Sennâr.

Cet arbrisseau appartient à la section des *Celastrus* sans épines et à feuilles dentées. Ses jeunes rameaux sont lisses et les anciens fendillés; les feuilles sont ovales-oblongues, brièvement pétiolées, longues de deux pouces à deux pouces et demi, larges de six à douze lignes, finement dentées en scie, à dents couchées, terminées chacune par une glande. Les feuilles sont ordinairement plutôt obovales qu'ovales; elles se rétrécissent en lance par leurs bords décurrens et non dentés vers le pétiole.

Les fruits forment de très-petites grappes solitaires, axillaires, qui ressemblent beaucoup à des ombelles; mais on reconnaît aisément que les pédicelles de ces fruits, au nombre de quatre à six sur chaque grappe, naissent deux par deux, ou trois par trois, de points noueux distincts, quoique si rapprochés qu'ils semblent se confondre.

La capsule est accompagnée du calice très-petit, persistant, à cinq dents; elle est obovoïde, un peu turbinée, à trois ou quatre angles mousses, épaisse d'environ trois lignes; elle se compose de deux loges et de deux valves, dont chacune emporte moitié de la cloison qu'elles complettent à elles deux avant de s'ouvrir. Il y a dans cette capsule quatre graines montantes, dont l'insertion a lieu en bas et au côté de la demi-cloison propre à chaque valve. Un arille brun, charnu, sinueux sur le bord, enveloppe à demi et en manière de cupule chaque graine, qui, par son sommet est directement en contact avec la paroi interne de la capsule.

Toutes les parties de cet arbuste sont glabres; ses feuilles séchées sont pâles, leur épiderme devient opaque et grisâtre; il couvre un parenchyme brunâtre, assez épais; la côte moyenne des feuilles est leur seule nervure fort saillante en dessous : elle est demi-cylindrique, et souvent teinte en rose comme les rameaux tendres.

FAMILLE DES CUCURBITACÉES.

95. MOMORDICA BALSAMINA.

> M. pomis subrotundo-ovatis, utrinquè attenuatis, angulatis, tuberculatis; bracteâ cordatâ dentatâ suprà medium pedunculi ; foliis glabris quinquelobo-palmatis, dentatis. *Willd.* (Spec. tom. IV, pag. 602.)

MOMORDICA BALSAMINA. *Lin.* (Spec. pag. 1433.) — *Hasselq.* (It. pag. 487.) — *Lamarck* (Dict. tom. IV, pag. 238.) — *Delil.* (Flor. Ægypt. n.° 906.)

Plante recueillie à l'île d'Argo. (Notes manuscr. de M. *Cailliaud.*)

PLANTES INDÉTERMINÉES.

96. EUGENIA ??

Feuilles ovales, longues de six à sept pouces sur trois et demi de large, et que nous possédons incomplètes, en sorte que nous ne pouvons assurer que ce soient positivement des feuilles ou de simples folioles; leur face supérieure est unie et d'un vert foncé; leur face inférieure est mate, pâle, un peu jaunâtre; la côte moyenne et les nervures se dessinent en blanc à la face supérieure. Examinées au grand jour et à la loupe, ces feuilles présentent dans toutes leurs aréoles, entre les mailles des nervures, un tissu ponctué de glandes diaphanes d'une extrême petitesse : peut-être sont-ce des folioles de l'*Amyris* décrit ci-dessus n.° 93, et qui n'auront pas été recueillies en même temps que les fleurs, vues seulement séparées.

97. PLUMERIA ??

DÉROT, arbre formant des bois près de Singué. (Notes manuscr. de M. *Cailliaud.*)

Les rameaux épais, sur lesquels les pétioles ou les fruits laissent de larges cicatrices, et l'apparence de feuilles longues de huit à dix pouces, nous les font rapporter au genre *Plumeria,* quoique avec le plus grand doute. Les feuilles sont glabres, épaisses, obovales, lancéolées vers le pétiole, qui est court; leurs nervures latérales sont assez régulières, un peu arquées, au nombre de douze à quinze.

98. CHRYSOBALANUS ??

SAGÁR EL-MARAFYN, arbre qui donne un petit fruit rouge que l'on mange, croissant à Sennâr, au Djebel-Mouyl. (Notes manuscr. de M. *Cailliaud.*)

Ses rameaux, d'après l'échantillon sec que nous avons sous les yeux, paraissent effilés; les feuilles sont lancéolées, longues d'un pouce et demi, larges de quatre à cinq lignes, un peu coriaces, finement réticulées en dessous, pliées légèrement en dessus le long de la nervure moyenne.

Leur pétiole est grêle, pubescent si on l'examine à la loupe, long de deux à trois lignes.

Les feuilles sont insérées, en faisceaux de trois et plus, dans l'aisselle de légères saillies ou petites tubérosités qui soutiennent plusieurs pétioles entremêlés de stipules aiguës extrêmement petites.

99. GOKAN ou DJOKAN.

EL-DJOKANE, en arabe; MOUINKÉ ou MORKÉ, en langue des païens.

Arbre portant un petit fruit rond, bon à manger, doux, recherché quoiqu'il ait fort peu de chair : il est un peu moins gros que la cerise et en a la peau lisse et fine; il renferme des semences rouges plus alongées que celles du tamarin. (Notes manuscr. de M. *Cailliaud.*)

100. ****

Arbre toujours vert, croissant au mont Tâby, fort rare, dont les feuilles approchent du *Fenouil.* (Notes manuscr. de M. *Cailliaud.*)

Observation. Nous n'avons pas négligé les descriptions précédentes, quelque insuffisantes qu'elles soient, pour mettre sur la voie de connaître les végétaux qui y ont donné lieu, et qui pourront être découverts ailleurs.

EXPLICATION DES PLANCHES.

Planche LXII.

Fig. 1. MUSSÆNDA LUTEOLA. Portion d'un rameau de grandeur naturelle. — *a,* calice dont une des dents est changée en bractée pétiolée, nerveuse, colorée.—*b,* calice à dents inégales.—*c,* autre calice à dents égales.—*d,* ovaire couronné par les dents ou le limbe du calice, et portant le style. — *e,* corolle ouverte longitudinalement pour faire voir l'insertion des anthères dans la partie du tube dilatée à son sommet. —*f,* coupe transversale de l'ovaire. Tous ces détails sont représentés plus grands que nature.

Fig. 2. ACANTHUS POLYSTACHIUS. Un rameau de la plante, de grandeur naturelle. — *a,* trois bractées extérieures de la fleur, dont la plus grande soutient le calice en dessous, et dont les deux plus petites sont latérales. — *b,* foliole inférieure du calice. — *c,* foliole supérieure denticulée et folioles latérales étroites du même calice. — *d,* pistil. — *e,* corolle sortie du calice. — *f,* partie latérale de la corolle coupée pour montrer l'insertion des étamines et leur naissance de la portion rétrécie de la base du tube.

Planche LXIII.

Fig. 1. CARISSA EDULIS. Un bout de rameau de grandeur naturelle. — *a,* le calice et le pistil. — *b,* la corolle dont le tube est ouvert longitudinalement pour montrer l'insertion des étamines dans la partie évasée du tube. Ces deux figures *a* et *b* sont d'un tiers plus grandes que nature.

Fig. 2. BISTELLA GEMINIFLORA. Une portion de rameau, de grandeur naturelle. — *a*, un des petits bouquets de deux fleurs, représentées trois fois plus grandes que nature. — *b*, une fleur vue en dessus. — *c*, coupe verticale d'une fleur et de l'ovaire qui, commençant à se changer en fruit ou capsule, contient deux placentas ou trophospermes connivens dont un est coupé transversalement par moitié pour laisser voir le second. — *d,* les deux styles, le disque supérieur de la capsule, et les deux placentas descendans représentés séparément de la capsule : les placentas ou trophospermes sont tellement disposés, que leur largeur s'étend dans le sens suivant lequel les styles sont divergens, comme on le voit dans la figure *c*. Il en résulte que chacun des styles devient commun aux deux masses de placentas ou trophospermes, ce qui est représenté par la figure *d*. — *e*, une graine douze fois plus grande que nature.

Fig. 3. ROGERIA ADENOPHYLLA. Un rameau de la plante, de grandeur naturelle, où l'on distingue les feuilles, les fleurs, les fruits et les glandes latérales des pédicelles floraux et fructifères. — *a*, le calice et le pistil tirés d'une fleur qui était près de s'épanouir. — *b*, les mêmes parties que celles de la figure *a,* avec cette différence qu'elles sont tirées d'une fleur épanouie, et que le stigmate précédemment trifide est flétri en massue obtuse. — *c,* la corolle entière. — *d,* la corolle ouverte longitudinalement en dessous et étalée de manière à faire voir les étamines. — *e,* une capsule coupée obliquement du sommet vers sa base pour faire voir ses divisions intérieures. — *f,* coupe transversale de la base de la capsule, qui est divisée dans cette partie en quatre demi-loges, dont deux comprimées monospermes regardent la tige, tandis que les deux autres externes sont renflées et contiennent plusieurs semences attachées à un placenta ou fausse cloison qui ne complète entièrement deux loges qu'à la base même du fruit. — *g*, une graine couverte de son enveloppe accessoire. — *h*, enveloppe accessoire de la graine s'ouvrant en deux parties. — *i*, une très-petite portion de la membrane qui constitue l'enveloppe et dont les fossettes étant vues au microscope présentent des ouvertures concentriques dans un tissu en réseau. — *k*, la graine dépouillée. — *l*, coupe transversale de la graine faisant voir ses deux cotylédons au-dedans de la tunique propre épaisse de cette graine. Les figures *g*, *h*, *k*, *l*, sont environ trois fois plus grandes que nature; la figure *i* est vingt fois plus grande que nature; les autres détails sont de grandeur naturelle.

Fig. 4. CYNANCHUM HETEROPHYLLUM. Un rameau de la plante de grandeur naturelle. — *a*, une fleur entière vue au microscope, huit fois plus grande que nature. — *b*, fleur grossie dans la même proportion que la précédente, mais vue en dessus. — *c*, ovaires. — *d*, fruit ouvert longitudinalement par un de ses côtés pour faire voir l'insertion et la direction des graines. Ce fruit, représenté séparément, est trois fois plus grand que celui qui tient à la plante sur laquelle il n'a pu être observé qu'avant sa maturité, en sorte que la véritable dimension qu'il peut acquérir étant mûr, nous est inconnue.

PLANCHE LXIV.

Fig. 1. INDIGOFERA PARVULA. Une portion de la plante et de sa racine. — *a*, le calice, son pédicelle, et la bractéole sous-axillaire. — *b,* étendard de la fleur, vu en dessus avant son parfait épanouissement. — *c,* étendard vu en dessous ou en devant après l'épanouissement. — *d d,* ailes de la corolle. — *e,* la carène. — *f,* les étamines et le pistil. — *g,* la carène grossie beaucoup plus que dans les figures précédentes, de manière à rendre distinctes les deux pièces soudées dont elle se compose et l'éperon qui appartient à chaque pièce. — *h,* les étamines et le pistil considérablement grossis. — *i,* portion d'une feuille vue au microscope pour rendre sensibles les poils qui sont couchés et attachés, non par une de leurs extrémités, mais par le milieu de leur longueur.

Fig. 2. CROTALARIA MACILENTA. Un rameau de la plante. — *a,* calice. — *b,* étendard, ailes et carène de la corolle. — *c,* pistil. — *d,* étamines.

Fig 3. ASCLEPIAS LANIFLORA. Portion d'un rameau de la plante, de grandeur naturelle. — *a,* le gynostème ou corps staminifère et pistillaire central de la fleur, accompagné de ses appendices ou nectaires. — *b,* gynostème dépouillé des appendices pour faire voir les étamines réunies au nombre de cinq autour du plateau stigmatique. — *c,* masses de pollen adhérentes à la glandule qui les unit deux par deux.

Fig. 4. HELIOTROPIUM PALLENS. Une portion de la plante, de grandeur naturelle. — *a,* une fleur représentée trois fois plus grande que nature, et avec le calice rabattu exprès pour faire voir le tube étranglé de la corolle. — *b,* section verticale de la corolle pour faire voir la grandeur, et la position relative du pistil, de son disque, des étamines, et de la corolle. — *c,* fruit huit fois plus gros que nature.

Fig. 5. ETHULIA GRACILIS. Un rameau de la plante. —

a, une fleur entière trois fois plus grande que nature. — *b*, akène (graine, *Lin.*), considérablement grossi. — *c*, fleuron sept fois plus grand que nature.

Fig. 6. CELASTRUS DECOLOR. Rameau de feuilles et de fruits de grandeur naturelle. — *a*, fruit ouvert naturellement en deux valves et laissant voir quatre semences pourvues d'arilles et insérées au fond de la capsule de chaque côté de la base de la cloison des valves : cette figure est double de la grandeur naturelle.

Fig. 7. ACMELLA CAULIRHIZA. Un bout de rameau de la plante sur lequel les petites tubérosités que l'on voit au dessous de l'insertion des pétioles sont des mamelons radicellaires ou des bourgeons de racine. — *a*, involucre et réceptacle de la fleur après la maturité et la chute des akènes. — *b*, fleuron et paillette — *c*, demi-fleuron ou rayon.

TABLE

DES NOMS DE PLANTES DE LA CENTURIE.

NOTA. Les synonymes et les noms vulgaires sont en caractères italiques ; les chiffres indiquent les numéros des pages.

Absus, pag. 315.
Acacia gummifera, 311.
——— heterocarpa, 300, 309.
——— nilotica, 300, 312.
——— Seyal, 310.
——— *vera*, 312.
Acanthus polystachius, 362.
Acmella caulirhiza, 335.
Adansonia digitata, 351.
Aderassa, 376.

Ærua tomentosa, 362.
Afnou, 366.
Agihalid, 298.
Agul, 330.
Agoul, ibid.
Ahaddeh, 346.
Aizoon, 299.
Alaga, 337.
Algul, 330.
Alhagi Maurorum, *ibid.*

Alsinoïdes, 299.
Al-soufera, 388.
Al-tenoun, 389.
Amebech, 382.
Amomum Zingiber, 380.
Amyris papyrifera, 389.
Anona, 386.
Antura, 341.
Arak, 298 et 345.
Ardeb, 320.
Arereh, 319.
Argel, 338.
Arundo Bambos, 347.
Asclepias laniflora, 339.
Ascyroïdes, 297.
Astragalus, 299.
Athera, 341.
Atriplex Halimus, 346.
Atoutou, 341.
Balah, 361.
Balanites ægyptiaca, 298, 384.
Bambos arundinacea, 347.
Bambusa arundinacea, *ibid.*
Baobab, 301, 351.
Bauhinia tamarindacea, 324.
Bistella geminiflora, 297, 387.
Boerhaavia repens, 297, 383.
Boubel, 377.
Boudetarb, 343.
Buchnera hermonthica, 297.
Capparis Sodada, 298.
Capraria dissecta, 297.
Cardiospermum Halicacabum, 297 et 384.
Carissa edulis, 300, 341.
Cassia Absus, 315.
—— acutifolia, 317.
—— Arereh, 319.
—— *lanceolata*, 317.
—— obovata, *ibid.*
—— Sabak, 300, 318.
—— Senna, 317.
—— singueana, 318.
Celastrus decolor, 390.
Celosia trigyna, 361.

Chobbeyreh el-Gebel, 333.
Chrysobalanus ?? 393.
Chychm, 315.
Cissus? 386.
Cleome droserifolia, 372.
—————— pentaphylla, *ibid.*
Clitoria ternatea, 327.
Conyza Dioscoridis, 333.
—————— dongolensis, *ibid.*
Corchorus, 299.
Cordia, 360.
Cornulaca monacantha, 346.
Crotalaria macilenta, 325.
Croton plicatum, 379.
Cucifera thebaica, 361.
Culhamia, 302, 351.
Cynanchum Argel, 338.
—————— heterophyllum, 337.
—————— *oleæfolium*, 338.
Dahab, 297.
Dantia nubica, ibid.
Dérot, 393.
Djokan, 394.
Dioscorea? 380.
Doum, 361.
Dourah beledy, 347.
—————— *roumy*, ibid.
Echium Rauwolfii, 360.
Eclipta erecta, 335.
El-aiglait, 385.
El-ameyan, 328.
El-atleh, 378.
El-ayoun, 324.
El-djokane, 394.
El-gaïth ou *Tay* 298.
El-garada, 319.
El-héglyg, 298, 384.
El-houm, 343.
El-kd, 298, 385.
El-kongles, 351.
El-modus, 319.
El-omarah, 351.
Erget el-krone, 314.
Ethulia gracilis, 301, 334.

Eugenia?? 392.
Fagoniastrum, 299.
Feres, 346.
Fertaga, 325.
Ficus glumosa, 353.
—— intermedia, 364.
—— platyphylla, 352.
—— Sycomorus, *ibid.*
Figuier sycomore, ibid.
Gagou, 348.
Galega apollinea, 328.
Galgalaan, 389.
Ganyn ou *Gana*, 348.
Gardel, 346, 389.
Gash el-ganem, 335.
Gergydan, 350.
Glycine moringæflora, 327.
Gokan, 394.
Gonso, 351.
Gordodan, 350.
Grennet, 369.
Grewia echinulata, 372.
Guinaby, 380.
Gylgyl, 309.
Gymeyz, 352, 353.
Habbah soudeh, 387.
Habsymbel, 350.
Hedysarum Alhagi, 330.
Heliotropium pallens, 359.
Hian, 341.
Hibiscus dongolensis, 349.
Holcus Sorghum, 347.
Hombak, 298.
Hyoscyamus betæfolius, 366.
—————— Datora, *ibid.*
—————— muticus, 366.
Indigofera parvula, 328.
—————— paucifolia, 330.
Inula crithmoïdes, 333.
—— undulata, *ibid.*
Kafal, 389.
Kalleh, 360.
Kering, 331.
Kheroueh, 379.
Kikir, 331.

Kochokochou, 369.
Kor, 378.
Lancretia suffruticosa, 297.
Lathyrus spectabilis, 327.
Leback, 395.
Loban-adan-coulan, 389.
Manettia lanceolata, 355.
Maqal, 324.
Mayleh, 320.
Mecheka, 357.
Mesuak, 298, 345.
Mimosa gummifera, 311.
Mimosa Habbas, 314.
Mimosa nilotica, 312.
Mimosa polyacantha, 314.
Mincho, 352.
Momordica Balsamina, 392.
Mouïnké ou *Morké*, 394.
Mussænda ægyptiaca, 355.
Mussænda luteola, *ibid.*
Nachl, 361.
Nauclea microcephala, 357.
Nebakeh, 378.
Nebka, *ibid.*
Nigella sativa, 387.
Nitraria tridentata, 389.
Onagroïdes, 299.
Ophiorhiza lanceolata, 355.
Oryza sativa, 347.
Oufa, 351.
Oumdrapé, 360.
Palma thebaica, 361.
Palmier dattier, *ibid.*
Papularia crystallina, 299.
Persea, 395.
Phlomis nepetifolia, 383.
Phœnix dactylifera, 360.
Physalis somnifera, 366.
Pistia Stratiotes, 301, 380.
Plotia, 298.
Plumeria?? 393.
Psychotria nubica, 356.
Qadym el-Bint, 335.
Raba, 299.
Raphanus sativus, *ibid.*

Rhamnus Spina Christi, 378.
Ricinus megalospermus, 379.
Rihh el-bard, 372.
Rocama digyna, 299.
Rogeria adenophylla, 303, 368.
Roridula, 372.
Ruellia nubica, 364.
Sabak, 318.
Sagar el-marafyn, 393.
Sagaret el-fas, 314.
Salsola inermis, 326.
Salvadora persica, 299, 345.
Sant, pag. 312.
Senna alexandrina, 317.
———— *quadrifolia*, 315.
Sesamum orientale, 367.
Seyal, 310.
Sida mutica, 350.
Simaga, 299.
Sodada decidua, 298.
Sorghum vulgare, 347.
Sourip, 364.
Sterculia setigera, 303, 351.
Stratiotes, 380.
Strychnos innocua, 343.
Sycomore, 352.
Taftaf, 297, 384.
Talleh, 311.
Tamalak, 372.

Tamarendi-el-abyd, 372.
Tamar-Hendi, 320.
Tamarindus indica, *ibid*.
Tamarix africana, 378.
Tamarix articulata, ibid.
Tamarix orientalis, 378.
Tarfé, ibid.
Tautau, 298.
Tephrosia apollinea, 328.
Terminalia psidiifolia, 382.
Tertu, 351.
Tich, 333.
Torena, 299.
Touché, 330.
Touche, 359.
Traganum nudatum, 346.
Trianthema monogyna, 299.
———————— pentandra, *ibid.*
Tribulus terrestris, 376.
Verbenastrum africanum, 297.
Vernonia amygdalina, 331.
Xeropetalum quinquesetum, 303, 374.
Zarata, 333.
Zea Mays, 347.
Ziziphus parvifolia, 378.
———— Spina Christi, *ibid.*
Zygophyllum coccineum, 377.
Zymbané, 380.

FIN DU QUATRIÈME ET DERNIER VOLUME.

TABLE DES MATIÈRES

CONTENUES DANS CE VOLUME.

Description d'une momie greco-égyptienne........Pag. 1.
 Détail de la caisse et de ses peintures...... 2.
 Figures zodiacales...................... 7.
 La momie dans ses enveloppes........... 8.
 Développement de la momie............. 9.
 Écharpe marquée des lettres initiales du défunt............................... 11.
 Étendue des toiles et vêtemens trouvés sur la momie............................ 12.
 Plaques d'or placées sur la bouche et les yeux. Ibid.
 Rapprochement de divers usages funéraires.. Ibid.
 Couronne d'olivier...................... 14.
 Détails du corps de la momie............ Ibid.
 Inscriptions grecques.................... 17.
 Autre inscription sur le cercueil de Pétéménon. 18.
 Famille de Pétéménon................... 20.
 Notice par M. Champollion, sur le papyrus hiératique et les peintures du cercueil de Pétéménon......................... 22.
 Invocation ou litanies adressées à un grand nombre de divinités.................. 32.
 Formule de consécration des membres du corps humain placés sous la protection spéciale de divers dieux et déesses.......... 36.
 Détails des divinités peintes sur le cercueil et l'enveloppe de Pétaménoph............ 44.

OBSERVATIONS MÉTÉOROLOGIQUES faites en Egypte et en
    Nubie........................Pag. 55.
    Au Caire et à Medynet el-Fayoum......... 58.
    Sur la route du Fayoum à Syouah........ 60.
    A Syouah............................ 62.
    Sur la route de Syouah à el-Ouah el-Bahryeh.. Ibid.
    A el-Ouâh el-Baryeh................. 64.
    A el-Ouâh el-Bahryeh et dans les oasis au sud. 66.
    Du Khargeh à Syout et de Syout au Caire.. 68.
    Au Caire et à Gournah................ 70.
    D'Asouân à Dongolah................. 74.
    De Dongolah à Abou-Egli............. 80.
    D'Abou-Egli à Assour................ 82.
    D'Assour à Sennâr................... 86.
    A Sennâr........................... 90.
    De Sennâr à Singué et retour à Sennâr.... 100.
    De Djebel Barkal à Selimeh............ 106.
    A Gournah.......................... 108.

JOURNAL DES ROUTES suivies dans le voyage à Méroé et aux
    oasis................................ 113.
    Du Fayoum à Syouah................. 115.
    De Syouah à el-Ouâh el-Bahryeh........ 133.
    D'el-Ouâh el-Bahryeh à Faráfreh........ 144.
    De Faráfreh à Qasr Dakhel............ 149.
    De Qasr Dakhel au Khargeh........... 153.
    De Khargeh à Syout................. 158.
    D'Asouân à Ebsambol................ 163.
    D'Ebsambol à Solib.................. 172.
    De Solib à Dongolah................. 183.
    De Dongolah à Gebel Barkal.......... 196.
    De Gebel Barkal à Assour............ 202.
    D'Assour à Halfây................... 216.
    D'Halfây à Sennâr................... 226.
    De Sennâr à Fazoql.................. 240.
    De Fazoql à Singué.................. 255.

HISTOIRE NATURELLE.......................... 259.
    Coquilles fluviatiles et terrestres............ 261.
    Coquilles fossiles........................... 266.
    Singes....................................... 267.
    Chauves-souris.............................. 268.
    Oiseaux..................................... 269.
    Rapprochement entre les produits naturels de la
        haute Nubie et ceux du Sénégal........... 270.
    Descriptions des insectes.................... 271.
    Centurie de plantes......................... 293.
    Table des noms de plantes de la centurie....... 399.

FIN DE LA TABLE DU QUATRIÈME ET DERNIER VOLUME.

ERRATA.

Tome I.er

Au moment d'achever l'impresion de cet ouvrage, je reçois une lettre de M. Waddington, qui me fait observer que, lors de notre rencontre dans le Dongolah, je ne lui adressai aucune question sur les antiquités de Dâr Chaykyé, comme je l'ai avancé page 396 du I.er volume, et que nous ne nous sommes vus qu'un moment sur la route. Il résulte de cette explication que la personne qui me refusa des renseignemens, est M. Hambury, et non M. Waddington. La méprise doit être imputée à l'interprète de ces voyageurs, qui confondit leurs noms en me les citant. Je m'empresse en conséquence de publier cette note, pour rendre au noble caractère de M. Waddington la justice qui lui est due.

Pag. Lig.	Fautes.	Corrections.
j, 10.	Ce Monarque protecteur éclairé des sciences.	Louis XVI, protecteur non moins éclairé des sciences.
38, 14.	Agate.................	Jaspe.
82, 11.	29° 12′ 29″............	29° 12′ 19″.

Pag.	Lig.	Fautes.	Corrections.
82,	12.	23° 18'............	23° 38'.
117,	1.	Pl. XLVIII..........	Pl. XLIII.
138,	1.	26° 44'............	28° 44'.
152,	14.	Partie du sud-est.......	Partie du sud-ouest.
162,	2.	26° 34'............	26° 43' 36".
174,	25.	Les mmes portent aus....	Les femmes portent aussi.
203,	26.	Dans ma bìote.........	Dans ma boîte.
232,	2.	27° 18' 37"...........	28° 16'.
396,	3.	M. Waddington........	M. Hambury.

Tome II.

24,	1.	Cinq ou six cents ames....	Cinq ou six mille ames.
4, 27,		17° 57' 35"...........	18° 8'.
108,	2.	17° 30'............	17° 40' environ.
108,	23.	Musquée............	Musclée.
130,	26.	Fait la séparation.......	Elle fait la séparation.
196,	12.	Qui pour la plupart aussi sont des Hassânyehs.	Et un grand nombre d'Hassânyehs.
222,	2.	De la note, tome III.....	Tome IV, page 261.

Tome III.

227,	4.	N'est effectivement qu'à cette distance.	Est cependant à neuf jours de distance.
242,	20.	27° 19'............	27° 9'.
330,	13.	Son..............	Sont.
346,	19.	Selimeh 27° 19'.......	27° 9'.
418,	11.	Διηνεκὴς [ευερ]ουργσία....	Διηνεκὴς εὐεργεσία.

Tome IV.

26. n.*		Pl. I, n.° 3............	Pl. I, n.° 4.
26. n.**		Pl. I, n.° 4............	Pl. I, n.° 3.
27. n.*		Pl. I, n.° 4............	Pl. I, n.° 3.

PREMIÈRE LISTE

Des Personnes qui ont honoré de leurs souscriptions le Voyage à Méroé et au fleuve Blanc.

Sa Majesté le feu Roi LOUIS XVIII.
Sa Majesté CHARLES X, Roi de France.
Son Altesse Royale Monseigneur le Dauphin.
Son Altesse Royale Madame la Dauphine.
Son Altesse Royale Madame, Duchesse de Berry.
Son Altesse Royale Monseigneur le Duc d'Orléans.
Son Altesse Royale Mademoiselle d'Orléans.
Son Altesse Royale Monseigneur le Duc de Bourbon.
S. Exc. le Baron de Damas, Pair de France, Ministre des affaires étrangères.
S. Exc. le Comte de Corbière, Ministre de l'intérieur.
S. Exc. le Duc de Doudeauville, Pair de France, ex-Ministre de la Maison du Roi.
S. Exc. le Marquis de Clermont-Tonnerre, Pair de France, Ministre de la guerre.
S. Exc. le Comte de Chabrol de Crouzol, Pair de France, Ministre de la marine et des colonies.
M. le Comte de Chabrol de Volvic, Conseiller d'état, Préfet de la Seine.

SECONDE LISTE.

MM.

Acquary, notaire à Nantes.
Agier, maître des requêtes, conseiller à la cour royale de Paris, membre de la chambre des députés.

MM.

ALBAN DE VILLENEUVE-BARGEMONT (le vicomte), maître des requêtes au conseil d'état, préfet du département de la Loire-inférieure.

ALLAIS, graveur à Paris.

ALLONVILLE (le comte D'), conseiller d'état, préfet du Puy-de-Dôme.

ANATOLE-FOUQUET, archiviste adjoint de la couronne, à Paris.

ANDRÉOSSY (le comte), lieutenant général des armées du Roi.

ANTHUS RICHARD, à Nantes.

ARNOLD (Ernest), à Dresde.

ARTARIA, à Vienne.

ARTARIA-FONTAINE, à Manheim.

ARTHUS-BERTRAND, libraire-éditeur, à Paris.

ATHÉNÉE ROYAL de Paris.

AUBRON aîné, à Nantes.

AVERIN (H.), négociant à Nantes.

BALLAINVILLIERS (le baron DE), archiviste du Roi de France.

BAULIEU (Philippe), propriétaire à Nantes.

BÉCHET (Charles), à Paris.

BELLISLE (DE) père, à Nantes.

BERNABÉ DE LAHAYE (le baron DE), à Nantes.

BERTRAND-GESLIN fils, de Nantes.

BIBLIOTHÈQUE du collége académique de l'Université de Christiana.
——————— particulière du Roi.
——————— du Roi (division des imprimés).
——————— du Roi (division du cabinet des médailles et antiques).
——————— du Roi (département des estampes).

MM.

BIBLIOTHÈQUE de la Chambre des Pairs.
————— royale de Berlin.
————— de l'Arsenal, à Paris.
————— de la ville de Nantes.
————— de la ville de Moscou.
————— de la ville de Paris.
————— de la ville de Pétersbourg.
————— royale, à Turin.
————— de la ville de Marseille.
————— de la ville de Vienne (Autriche).
————— de la ville de Montpellier.
————— royale, à Stuttgard.
————— de la ville de Lyon.

BLACK, à Édimbourg.
BOISTEAU, pharmacien à Nantes.
BOIS-AYMÉ (DU), directeur des douanes, membre de la commission d'Égypte.
BONAMY (Alexis), négociant à Nantes.
BONARD, propriétaire.
BONNE-DEBRUC (Mlle), à Nantes.
BOSSANGE père, à Paris.
BOUCHÈRE (DE LA), négociant à Nantes.
BOURNICHON aîné, négociant à Nantes.
BOUSCAREN, négociant à Nantes.
BOUTIN fils, négociant à Nantes.
BRACK, architecte à Paris.
BRAGÉ aîné, notaire à Nantes.
BRAGER, notaire à Ancenis.
BRETESCHE (le marquis DE LA), à Nantes.
CASSIGNARD, mécanicien.
CASTELNAUT, à Paris.
CHAMBRE DE LECTURE, dite *des Tourelles*, à Nantes.

MM.

CHAPELAIN, docteur.
CHARLIER (LE), à Bruxelles.
CHOMART, propriétaire à Nantes.
CLERMONT-TONNERRE (la duchesse DE).
COLNET, homme de lettres, à Paris.
COMYNET, agent de change à Paris.
CONSTANTIN (Auguste), architecte à Paris.
CORMERAIS, propriétaire à Nantes.
CRUCY, propriétaire.
CUVIER (le baron), conseiller d'état.
CYVRAC (le marquis DE), maréchal de camp, à Nantes.
DEBURE frères, libraires du Roi et de la Bibliothèque du Roi, à Paris.
DECAZES (le duc), pair de France.
DECOÜESSIN, propriétaire à Nantes.
DELABROSSE (A.), négociant à Nantes.
DELAMARCHE (Mme), à Paris.
DELAPORTE, courtier à Nantes.
DELESSERT (Benjamin), banquier à Paris.
DEMOLON père, architecte à Nantes.
DENON (feu le baron), membre de l'académie des sciences.
DÉPÔT de la guerre.
DÉPÔT de la marine.
DESFORGES (Mme), à Paris.
DESSENTIS, à Nantes.
DEURBROUCQ, homme de lettres, à Paris.
DEVERE, capitaine au corps royal d'état-major.
DEVILEMORGE, maire d'Angers.
DEVILLIERS, ingénieur des ponts et chaussées, membre de la commission d'Égypte.
DOLOMIEU (le marquis DE), à Paris.
DORÉ-GRASLIN, propriétaire à Nantes.

MM.

Dubois fils, notaire.
Ducan (de la Rue), propriétaire à Nantes.
Duchesne (J.), contrôleur des messageries à Nantes.
Dufart, à Paris.
Dufour et d'Ocagne, libraires à Paris.
Durand, à Nantes.
Drouet, docteur à Nantes.
Drummond (le chevalier W.), à Naples.
Eckstein (le baron d').
Étienne fils, négociant.
Esmein père, docteur à Nantes.
Favre (Émile), négociant à Nantes.
Favre (Lucien), négociant à Nantes.
Favre-Bertrand, à Genève.
Féret, à Paris.
Fitz-James (le duc de), pair de France.
Fonteneau fils, négociant.
Foucault, libraire-éditeur à Paris.
Fourcroy (M.me la comtesse de).
Forbin (le comte de), directeur général des Musées royaux.
Fortin-Duplessis (J.-J.), propriétaire à Paris.
Freiou, géomètre à Nantes.
Fréon, de l'île Bourbon.
Gagariu (le prince Grégoire), conseiller de la légation de Russie, à Rome.
Gavet, propriétaire à Paris.
Gébobe, à Paris.
Gide, à Paris.
Giquieau, notaire à Nantes.
Giteau (M.lle), institutrice à Paris.
Goesin-Verhaeghe (de), à Gand.

MM.

Golowkin (le comte).
Gonette, à Paris.
Goupilleau, courtier à Nantes.
Grélier, littérateur à Nantes.
Grignon-Dumoulin, négociant à Nantes.
Grurchy (de), à Paris.
Gulman père, négociant à Nantes.
Halgan (le baron), contre-amiral.
Haranchipy (J.-C.), négociant à Nantes.
Hardouin, négociant.
Huchet, colonel de gendarmerie en retraite à Nantes.
Huet, opticien à Nantes.
Hurtaut (feu), architecte, membre de l'institut.
Janwin (R.-G.), à Nantes.
Jardin du Roi (Administration du).
Jaubert (le chevalier Amédée), maître des requêtes, professeur de turc à la Bibliothèque du Roi.
Institut royal de France (académie des inscriptions et belles-lettres).
Jollois, ingénieur en chef des ponts et chaussées, membre de la commission d'Égypte.
Jouhaud de la Bachellerie (Étienne), à Nantes.
Jullien (Antoine), fondateur-directeur de la *Revue encyclopédique*.
Koreff (J.-F.), professeur en médecine à Paris.
Laffitte (Jacques), banquier.
Lafond père, propriétaire.
Lafond fils, naturaliste à Nantes.
Lafont, maréchal de camp, membre de la Chambre des députés.
Lambin, propriétaire à Paris.
Lamotte (de), gentilhomme honoraire de la chambre du Roi.

MM.

Langlès (feu), membre de l'institut, académie des inscriptions et belles-lettres.
Laribe, chef de bureau à la préfecture.
Launoy (de la Creuse), avoué à Paris.
Lebourg, libraire à Nantes.
Lebreton, adjoint de la mairie à Nantes.
Leduc fils, courtier.
Le Roux (J.-A.), banquier à Paris.
Letronne, membre de l'institut (académie des inscriptions et belles-lettres).
Lévesque (Louis), maire de Nantes, membre de la Chambre des députés.
Levis (le marquis de), maréchal de camp.
Levrault, à Strasbourg.
Luchtmans, à Leyde.
Mabon, négociant.
Maczou, négociant.
Manceau, commis à la mairie de Nantes.
Mangin fils, libraire à Nantes.
Mariano de Romanis, à Rome.
Marolles (G. de), propriétaire à Nantes.
Martinet, notaire à Château-Gontier.
Mat (de), à Bruxelles.
Maussion, propriétaire à Nantes.
Melinet, libraire à Nantes.
Menard-Roux, horloger à Chollet.
Merlin (le général), à Paris.
Ministère des affaires étrangères.
——————— de la Maison du Roi.
——————— de l'intérieur.
——————— de la marine et des colonies.
——————— de la guerre, bureau de l'artillerie

MM.

Monstiers (Mmes la marquise et la comtesse des), à Paris.
Montgrand (le marquis de), maire de Marseille.
Montholon (le comte), à Paris.
Morétus (Constant), gentilhomme belge.
Morville, courtier à Nantes.
Mosneron-Dupin, négociant à Nantes.
Mouchy (sa seigneurie le duc de), prince de Poix, chevalier des ordres du Roi, pair de France.
Moutier (Jean-Julien), sous-commissaire de marine en retraite, à Nantes.
Musée britannique, à Londres.
Muy (feue la comtesse de), à Paris.
Narcillac (le baron de), à Paris.
Normand, notaire à Nantes.
Orloff (feu le comte), sénateur de Russie.
Panckoucke, libraire, éditeur de la réimpression de la *Description de l'Égypte.*
Parizot, à Nantes.
Pâris (Émile), négociant à Nantes.
Pastoret (le marquis de), vice-président de la Chambre des pairs, membre de l'institut.
Périn de Sérigny, avoué à Paris.
Piet, notaire à Noirmoutiers.
Pontet (Mlle), institutrice à Dublin.
Potreky (le comte Olfred).
Pourtalès-Gorgier (le comte de).
Powis, juge à Bruxelles.
Pradal (E.), à Nantes.
Pussin fils, négociant.
Querhoënt (le marquis de), à Nantes.
Raymond (de), inspecteur des postes à Nantes.
Régley, aide-naturaliste au Jardin du Roi, à Paris.

LISTE DES SOUSCRIPTEURS.

MM.

Renaud, négociant horloger.
Rey et Gravier, à Paris.
Ricou, négociant à Nantes.
Robet, à Nantes.
Robinau (M.mes de), à Nantes.
Rougemont de Lowenberg, banquier à Paris.
Rousseau, propriétaire à Paris.
Saint-Amand, négociant à Nantes.
Saint-Genis, ingénieur en chef, directeur au corps royal des ponts et chaussées, membre de la commission d'Égypte.
Saint-Thomas (le chevalier de).
Salm (le prince de), à Paris.
Ségur (le vicomte de), à Paris.
Seheult (F.-L.), architecte à Nantes.
Sesmaisons (le comte Humbert de), membre de la Chambre des députés.
Siochan de Kersabiec (le comte), capitaine de vaisseau.
Siochan de Kersabiec (le vicomte), colonel.
Société académique de la Loire-inférieure, à Nantes.
Sorgo (le comte de), à Paris.
Soult (le maréchal), duc de Dalmatie, pair de France.
Speckmann (P.), à Nantes.
Stroyanf, à Paris.
Sueur-Merlin, membre de la commission centrale de la société de géographie.
Tchitchagarff.
Teste (le chevalier), sous-intendant à Paris.
Thoinet, propriétaire à Nantes.
Thouanel, à Nantes.
Tilliard frères, libraires de sa majesté le roi de Prusse, à Paris.

MM.

Toché jeune, négociant à Nantes.
Treuttel et Würtz, libraires à Paris.
Tussa, à Dijon.
Ursin (P.-S.-M.), membre de diverses sociétés académiques.
Van-Neunen (François), négociant à Nantes.
Van-Neunen fils, négociant.
Vauloup fils, négociant.
Verger (F.-J.), négociant à Nantes.
Vérigny (feu Brochet de), préfet, conseiller d'état.
Verne, propriétaire à Nantes.
Vial, à Paris.
Viaud de la Roche (Melle), à Nantes.
Vilcocq, notaire à Paris.
Villeneuve (le baron de), à Paris.
Villers (de), à Dresde.
Vissering (J.-P.), propriétaire à Berne.
Walckenaer (le baron), préfet de la Nièvre, membre de l'institut.
Warée, à Paris.
Weyher, à Saint-Pétersbourg.
Wismes (le baron de), préfet de l'Aube.

Pl. 1.

Légendes Hiératiques.

www.ingramcontent.com/pod-product-compliance
Lightning Source LLC
Chambersburg PA
CBHW050438170426
43201CB00008B/724